本书为国家社科基金艺术学青年项目"互联网时代公共文化服务体系建设研究"（16CH177）结项成果

# 互联网式治理

## 公共文化服务的制度思考

刘京晶 ◎ 著

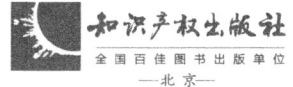

图书在版编目（CIP）数据

互联网式治理：公共文化服务的制度思考 / 刘京晶著 . —北京：知识产权出版社，2022.8

ISBN 978-7-5130-8248-8

Ⅰ . ①互… Ⅱ . ①刘… Ⅲ . ①互联网—应用—公共管理—文化工作—研究—中国 Ⅳ . ① G124

中国版本图书馆 CIP 数据核字（2022）第 124578 号

### 内容提要

本书总结归纳了国内外公共文化服务发展的理论基础及互联网对构建公共文化服务体系的核心意义，深入探析 1994 年我国接入国际互联网以来国内公共文化服务的决策回应，全面客观分析了互联网给公共文化服务带来的机遇与挑战，构建了互联网时代公共文化服务体系建设的全新评估指标，对互联网时代公共文化服务体系的构建提出了前瞻性思路和可行性对策。

本书适合公共管理、艺术管理、文化产业管理、数字治理等领域的研究者、从业者使用。

责任编辑：李石华　　　　　　责任印制：孙婷婷

## 互联网式治理——公共文化服务的制度思考
HULIANWANGSHI ZHILI——GONGGONG WENHUA FUWU DE ZHIDU SIKAO

刘京晶　著

| | | | | |
|---|---|---|---|---|
| 出版发行 | 知识产权出版社有限责任公司 | 网　址 | http://www.ipph.cn | |
| 电　话 | 010-82004826 | | http://www.laichushu.com | |
| 社　址 | 北京市海淀区气象路50号院 | 邮　编 | 100081 | |
| 责编电话 | 010-82000860转8072 | 责编邮箱 | laichushu@cnipr.com | |
| 发行电话 | 010-82000860转8101 | 发行传真 | 010-82000893 | |
| 印　刷 | 北京中献拓方科技发展有限公司 | 经　销 | 新华书店、各大网上书店及相关专业书店 | |
| 开　本 | 720mm×1000mm　1/16 | 印　张 | 16.5 | |
| 版　次 | 2022年8月第1版 | 印　次 | 2022年8月第1次印刷 | |
| 字　数 | 250千字 | 定　价 | 75.00元 | |

ISBN 978-7-5130-8248-8

出版权专有　侵权必究

如有印装质量问题，本社负责调换。

# 前　言

2016年，我出版了专著《互联网时代的公共文化服务治理变革》，它有幸被很多学界朋友评价为国内最早在互联网视阈下系统研究公共文化服务的学术著作。当时的研究敏锐地捕捉到公共文化服务的管理思维、内容结构、治理秩序在互联网浪潮中的嬗变，使其成为国内这一领域研究的重要参考并获得国家出版基金资助。取得的小小成绩给了我深耕此领域研究的无穷动力。此后，我成功申报了国家社科基金艺术学青年项目"互联网时代公共文化服务体系建设研究"（16CH177）。这项研究开展得漫长且艰辛，用了整整四年时间。项目研究期间，团队通过实地调研、文献梳理、访谈获得数据资料100万余字，内容涵盖国内外公共文化数字发展、公共文化服务社会化、公共文化服务均等化、公共文化服务法制建设等，对产学研各界的访问、座谈、实地走访，全面深入了解当时公共文化服务发展的情况。团队的调查足迹遍布河北、湖南、浙江、江苏、内蒙古、北京、上海等全国10余个省区市。研究之所以持续如此之久，一方面是互联网发展太快，不断更新和突破了人们的认识，我总有赶不上趟的焦虑；另一方面是我内心已经不满足于观察、总结、提炼，更迫切地想探索互联网时代公共文化服务体系建设的理论框架。最终，《互联网式治理——公共文化服务的制度思考》这本书诞生了。

本书总结归纳了国内外公共文化服务发展的基础理论及互联网对公共文化服务体系构建的核心意义，对1994年我国接入互联网以来国内公共文化服务的决策回应进行了深入探析，全面客观地分析了互联网给公共文化服务带来的机遇与挑战，创新性地提出公共文化服务"互联网式治理"模式的概念、内涵、理论框架，构建了审视互联网时代公共文化服务体系建设的全新评估指标，对互联网时代公共文化服务体系的构建提出了前瞻性思考与可行性对策。我认为本书有以下三大创新点："互联网式治理"模式图景为公共文化服务体系的制度建设提供了崭新的视角；对公共文化服务"互联网式治理"的理论框架和评价指标的研究体现了理论创新，有力地补充了公共文化服务研究的理论工具箱；创新性地将协同治理理论、地缘认同理论引入公共文化服务研究，丰富了公共文化服务的理论研究方法。最终，"互联网时代公共文化服务体系建设研究"（16CH177）的研究成果以"良好"等级顺利结项，被鉴定为"构建的理论架构具有启发意义和理论价值"。

本书内容还有很多遗憾和有待改进之处，如评估指标体系构建由于时间和资料占用的限制，没有进行实证运用、优化和检验等，但此时出版，一是对国家社科项目有个交代，二是激励自己轻装前行奔赴下一段科研旅程。本书凝聚了很多人的心血，尤其是我的七位研究生，孙瑞、郭琦、刘璐瑶、王琮、陆家玲、刘芳宇、栾学奇。本书的第一章、第二章有孙瑞同学参与撰写，第三章有王琮同学参与撰写，第四章有刘璐瑶同学参与撰写，第五章有郭琦、王琮同学参与撰写，第六章有郭琦同学参与撰写，第七章有陆家玲、刘芳宇同学参与撰写，第八章有栾学奇同学参与撰写。

难忘2020年1月师生共同在中国传媒大学校园2号楼1201闭关研究写作的五天，那时还约定春节过后一起去深圳继续调研，谁也未曾想到新冠肺炎疫情不期而至，也没想到三个月后我远赴内蒙古自治区科右前旗挂职扶贫。而在此书付梓之际，我已从决战脱贫攻坚转向乡村振兴。

科研人，心怀星辰，脚踏泥土。

书于内蒙古自治区兴安盟科右前旗
2021年12月18日

# 目录
CONTENTS

第一章 　**互联网时代公共文化服务的发展环境**　　// 01

　　一、新时代互联网技术的新浪潮 ..................................................01
　　二、互联网技术浪潮下的新世界 ..................................................06

第二章 　**互联网式治理的研究基础与分析框架**　　// 18

　　一、研究基础 ......................................................................................18
　　二、相关概念梳理 ............................................................................39
　　三、理论关照与制度框架 ................................................................43

第三章 　**互联网式治理的行为理念**　　// 50

　　一、以人为本——用户思维把握公共文化服务态度 ..............50
　　二、开放共享——平台思维拓宽公共文化服务广度 ..............53
　　三、创新治理——精益思维增进公共文化服务效能 ..............56
　　四、联结重构——融合思维丰富公共文化服务内涵 ..............59

第四章 　**互联网式治理的决策回应**　　// 65

　　一、互联网时代公共文化服务制度演进 ......................................65

二、公共文化服务法律体系梳理 ...... 73
　　三、公共文化服务管理机构沿革 ...... 84
　　四、国外公共文化服务决策的经验借鉴 ...... 86

## 第五章　互联网式治理的内容供给与职能拓展　// 96

　　一、互联网时代公共文化服务平台的发展与创新 ...... 96
　　二、公共文化服务的融合与职能拓展 ...... 120

## 第六章　互联网式治理的传播与保障　// 137

　　一、公共文化服务的传播 ...... 137
　　二、公共文化服务的保障 ...... 142

## 第七章　互联网式治理的评估指标体系构建　// 156

　　一、国内相关评估指标体系回顾与梳理 ...... 156
　　二、互联网式治理公共文化服务评估指标体系制定依据 ...... 161
　　三、互联网式治理公共文化服务评估指标体系设计原则 ...... 166
　　四、互联网式治理公共文化服务评估指标体系构建与说明 ...... 167
　　五、互联网式治理公共文化服务评估指标体系评分细则 ...... 187

## 第八章　建议与展望　// 224

　　一、坚守价值 ...... 224
　　二、借力技术 ...... 227
　　三、丰富主体 ...... 230
　　四、优化行为 ...... 233

# 第一章 互联网时代公共文化服务的发展环境

如今,我们生活在一个互联网时代。互联网技术革命是人类历史上第三次伟大的技术革命,这场革命始于技术革新,但最终引起了人类社会质的变革。公共文化服务作为中国特色社会主义建设的重要组成部分,在互联网时代的大环境下应当如何进行制度化建设与现代化治理是一个具有时代意义的议题。对于这一议题的思考首先要从增进对互联网时代背景的深刻理解开始。沿着一个又一个互联网技术浪潮留下的历史印迹,我们可以更加深入地理解公共文化服务治理所处的新时代、新世界,以及治理变革背后的政治、经济、社会、文化图卷。

## 一、新时代互联网技术的新浪潮

互联网发展带给世界的是一个与以往人类社会截然不同的新时代,互联网技术的不断迭新正是原动力。从 Web 1.0 到 Web 2.0,再到移动互联及正在发展中的智能互联、万物互联,每一次技术进步都会激起一次社会发展的新浪潮。

### (一)互联网技术的不断发展

1. 全球概况

互联网最早被称为阿帕网(ARPANET),是冷战后基于国际政治、军事需要的产物。1969 年 10 月 29 日被公认为互联网的诞生日。1973 年,ARPANET 接入除美国之外的第一个节点挪威,同年英国的伦敦大学学院也接入ARPANET，这标志着国际互联网的出现。1986年，美国国家科学基金会（NSF）组建了链接超级计算机中心的网络NSFNET，1989年ARPANET关闭，NSFNET成为互联网的主干网络。虽然美国被认为是互联网的诞生地，但在20世纪60—80年代互联网的初创阶段，其基础协议、基础应用的研究则是当时美国和欧洲顶尖科学家的集体智慧。

20世纪90年代，互联网结束了在军事和学术研究领域的封闭应用，开启了商业化征途，逐渐走下神坛进入普通大众的生活。1993年，全球网民仅有200余万人，到1999年年底激增至2亿多人。门户网站蓬勃发展，网络已经成为新型信息载体，传统的中心化信息传播结构开始瓦解，新的去中心化信息传播结构逐步形成，这一时期也被称为Web 1.0阶段。互联网热潮席卷全球，如国际著名社会学家曼纽尔·卡斯特尔（Manuel Castells）[1]在20世纪末所预言的那样，新世纪一个网络社会正在崛起。

21世纪前十年，互联网发展进入Web 2.0阶段。世纪之初，互联网经济泡沫破灭引发了美国经济的衰退并牵连其他国家，互联网单纯依靠技术驱动和商业驱动的发展时期终结了，政治、社会等因素开始渗入其中。在这一时期，互联网对传统媒体产生了颠覆性革新，重构了信息生产传播机制，脸书（Facebook）、优兔（You Tube）、推特（Twitter）等网络社交媒体的兴起激发了网民的创造力，2006年"网民"被评为《时代》周刊年度风云人物。同时，网络信息安全的问题开始引起关注，网络治理进入国际视野，互联网发展不再局限于以美国为中心，开始进入全球化发展阶段。

21世纪初，世界进入移动互联网时代。随着智能手机等移动终端的普及和3G、4G等移动互联网技术的快速发展，全球网民规模迅速扩大。据相关统计数据，2018年全球互联网普及率超过50%，2019年全球网民达到45亿，其中有超过一半是在2010年后的十年间增加的。[2]移动支付、超级平台等移动互联网产品出现后，互联网已经深度融入人们衣、食、住、行等日常生活的方方面面，演变为一种生活方式。同时，信息安全事件频繁发生，也使世界各国更

---

[1] 曼纽尔·卡斯特尔，"信息时代三部曲"（《网络社会的兴起》《认同的力量》和《千年的终结》）作者，国际知名互联网研究领域社会学家，洛杉矶南加州大学传播学院教授。

[2] 方兴东，钟祥铭，彭筱军. 全球互联网50年：发展阶段与演进逻辑[J]. 新闻记者，2019（7）：4-25.

加慎重地对待技术与人文的关系，国际网络治理的重要性更加凸显。从整个人类社会发展来看，互联网已经从最初军事、科技领域的技术革新演化为当今时代以信息为核心进行资源配置的社会运行状态。

站在 21 世纪 20 年代这个承上启下的历史节点，可以预见的是接下来互联网发展将进入智能物联、万物互联阶段。2019 年是世界公认的 5G 元年，区块链、人工智能等相关技术也在飞速发展，而且与 5G 技术协同更深刻地改变社会。未来的世界充满未知，未知中潜藏机遇与挑战，这是人类所要共同面对的全新时代。

2. 中国概况

1994 年中国第一次接入国际互联网，开启了中国的互联网时代。中国互联网的发展与世界互联网的发展脉络基本一致，但在发展过程中中国从最初的追随者逐渐成为引领者。

20 世纪 90 年代至 21 世纪初，刚刚接入国际互联网的中国相较于世界互联网先行者美国还有很大差距。中国互联网的发展主要依靠对美国技术、模式和机制的模仿与学习。短短的十几年间，中国迅速追赶世界互联网 Web 1.0 和 Web 2.0 时期发展的脚步，缩小国际差距。2000 年，在全球互联网经济寒冬中，新浪、搜狐和网易三大门户网站却逆势上扬在国际市场上市，为日后中国互联网产业蓬勃发展奠定了基础。2003 年的"非典"对中国的卫生安全是一次大考，但也为中国互联网平台拓展社会信息传播和舆情导向等功能提供了契机，去中心化的互联网是中国传统媒体解构与重构的开始。中国互联网络信息中心（CNNIC）数据显示，2005 年中国网民数量突破 1 亿大关。人们不再只是信息内容的接受者，正在成为互联网的生产者和创造者，但在迅速追赶国际互联网的这一急速发展时期也出现了虚假信息泛滥、网络诈骗等问题。2000 年 12 月第九届全国人民代表大会常务委员会第十九次会议通过了《关于维护互联网安全的决定》，明确危害国家安全和社会公共利益，个人、法人和其他组织的合法权益的网络行为将受到法律甚至刑法制裁。此外，中国政府还出台了《互联网信息服务管理办法》《互联网上网服务营业场所管理条例》《互联网电子公告服务管理规定》《信息网络传播权保护条例》等一系列有关网络治理的政策法规。

2008 年是中国互联网发展史上的一个转折点，中国网民数量接近 3 亿，超过同期美国网民数量，跃居世界首位。2010 年，中国家庭联网程度及 CN 域名注册数量均达到世界第一，为接下来进入移动互联网时期的中国奠定了庞大的市场基础。在 3G 与 4G 移动通信标准的制定上，中国已经具有一定的国际话语权。以阿里巴巴集团控股有限公司为代表的中国互联网企业在海外上市，比肩谷歌公司、苹果公司、微软公司等顶级国际互联网企业。移动互联网技术在中国的应用及对社会的影响比世界其他国家更加深入。21 世纪 10 年代中国移动互联网的发展是中国互联网产业在世界范围迅速崛起的时期，也是中国在世界互联网发展过程中从追随者转变为引领者的过渡时期。

在 21 世纪 20 年代的开端，在由移动互联向万物互联、智能互联转变的阶段，中国社会联网程度不仅处于世界领先水平，而且成为目前全球唯一近 10 亿级大规模同时在线的单一市场。根据 CNNIC 第 45 次报告数据，截至 2020 年 3 月，中国网民数量达 9.04 亿，互联网普及率达 64.5%，网民使用手机上网比例达 99.3%。以华为 5G 技术为代表的互联网技术发展在全球 5G 技术竞赛中领先，在布局未来的 6G 研发上，中国投入也最大。在区块链、人工智能等相关前沿技术上，中国不断加大重视程度和支持力度。这些都为中国在互联网发展的下一阶段走在国际前列奠定了基础。

中国在成为移动互联、万物互联和智能互联时代引领者的同时，更加重视网络治理，对内建立健全网络综合治理体系，提高治理能力，不断完善组织结构、政策法规，并开展专项行动措施。党的十八大以后，成立了中共中央网络安全和信息化领导小组，统一领导和协调各个领域的网络安全与信息化重大问题，并于 2018 年 3 月改为中共中央网络安全和信息化委员会，负责网信领域重大工作的总体布局和推进落实。2017 年，网络立法领域基本法——《中华人民共和国网络安全法》正式开始实施，随后在此基础上制定并实施了《互联网新闻信息服务管理规定》《儿童个人信息网络保护规定》《网络信息内容生态治理规定》《网络安全审查办法》等具体领域的重要法规制度，并在近年来开展了"剑网""净网""清朗""护苗""网络扶贫"等多领域专项行动，维护良好的网络生态。中国对外积极承担大国责任，针对当今国际互联网发展不平衡、规则不健全、秩序不合理的现实问题，积极贡献中国网络治理经验，提出与世界各国携手共同推进国际网络治理体系建设，构建网络空间命运共同体。习近平总书记提出了推动全球互联网治理体系变革的四项原则和构建网络空间命运共同体的五点主张，为世界网络治理贡献中国智慧。

### （二）现阶段互联网发展的三大技术

区块链、5G移动网络和人工智能是互联网现阶段发展最受关注的三大技术，这些新兴技术的发展有利于推动社会治理从"互联网+"向"智能+"迈进。公共文化服务是社会治理的重要组成部分，前沿技术的应用为公共文化服务在互联网时代的发展提供了更多的可能性。

#### 1. 区块链

区块链（Blockchain）是一种由多方共同维护，使用密码学保证传输和访问安全，能够实现数据一致存储、难以篡改、防止抵赖的记账技术，也称为分布式账本技术（Distributed Ledger Technology）。❶ 区块链技术凭借独特的信任建立机制，能够在陌生的竞争环境中以低成本建立信任，实现多方协作。如果说最初的互联网技术建立了信息传播的去中心化结构，那么区块链技术实现了信息记录的去中心化，并以其不可篡改性和开放自治大大提高了信息的透明度、真实度与可信度。目前，区块链仍处于技术研究和应用的初级阶段，实际应用主要集中在数字经济相关领域。中国信息通信研究院指出，区块链技术在赋能智慧城市建设方面具有较大潜力。

公共文化服务是智慧城市建设不可或缺的重要组成部分。根据区块链技术的分布存储、不可篡改、多方维护、智能合约等特点，在公共文化服务领域，区块链能够大力推动政府数据的开放度、透明度，促进跨部门的数据交换和共享，实现公共文化服务治理主体多元化、透明化，有利于政府职能的疏解简化、管理机制扁平化，提高服务的专业化。

#### 2. 5G移动网络

5G移动网络作为第五代移动网络技术，具有大带宽、低时延、广连接等特点。云边端一体化将构建5G时代全新生态。5G通过云网融合、边缘计算、终端多样化相结合，引领网络社会的整体创新。❷ 5G目前正在逐渐实现商业化，其开启的万物互联时代将为社会带来更加深刻的变革。

---

❶ 中国信息通信研究院. 区块链白皮书（2019）[EB/OL].（2019-11-12）[2021-12-20]. http://www.ceweekly.cn/2019/1112/274880.shtml.

❷ 翟尤. 5G创造全新智能网络社会[J]. 探索与争鸣, 2019（9）: 61-63.

5G 的应用主要包括产业互联网、产业数字化和政府数字化治理。❶ 在公共文化服务领域，5G 技术与高清视频、增强现实（AR）、虚拟现实（VR）、无人机及机器人等通用技术相结合，能够丰富内容供给，提升公众服务体验，同时其自身特点也能够进一步增强公共文化服务的便捷化、均等化，为公共文化服务建设带来创新性发展。

3. 人工智能

人工智能是用机器模拟人类的思维过程，使其达到甚至超越人类的智能，在互联网发展中发挥信息处理、分析等功能。人工智能技术诞生于 20 世纪 60 年代，最初的两代人工智能技术发展都是基于预先设置的机器语言编码，但得益于算法、数据和算力等方面的进步，如今人工智能发展已经进入以深度学习为代表、能够使用复杂模式分析方法处理场景问题的新阶段，呈现出专业性、专用性和普惠性的特征。

人工智能技术与区块链、5G 等新兴信息技术的结合能够为互联网时代国家治理体系和治理能力现代化赋能，在公共文化服务领域通过对相关数据的分析助力决策的科学化、促进内容供给的精准化、实现过程管理的智能化，提高服务效能。

## 二、互联网技术浪潮下的新世界

互联网技术浪潮下，人类社会发生了前所未有的颠覆性重构，进入一个致力于追求平等、开放、包容、高效的新世界：人类社会的发展理念深度革新，经济发展形态发生结构性改变，社会发展出现全新变革，人们的需求日益多元个性。

（一）新发展理念

互联网技术对世界的颠覆性重构始于技术，但更关键的是改变人类认识世界、改造世界的思想路径，从根本上推动了世界各个国家和地区发展理念的革新。

---

❶ 王志勤.5G 成果专题报告［EB/OL］.（2019-12-26）［2021-12-20］.http://www.caict.ac.cn/pphd/zb/ict/2020/main/201912/t20191225_272507.htm.

1. 国际

（1）美国。美国作为互联网发源地，在新技术浪潮下萌发的发展理念早于其他国家，十分重视互联网技术对经济的推动。在 20 世纪 90 年代，互联网商业化浪潮兴起之际，美国出台了《戈尔法案》推动互联网发展，1993 年提出加快建设国家信息高速公路。美国国家科学基金会在这一时期大力引导新互联网架构，助推互联网的商业化。在 20 世纪 90 年代后期，美国加强对互联网的规范，1996 年通过《电信法案》规范网络竞争与传播。

进入 21 世纪初，一方面美国互联网经济泡沫崩盘；另一方面互联网国际化程度不断加强，美国逐渐重视互联网技术在政治方面的应用。2003 年，美国公布《国家网络安全战略》，将互联网安全提升至国家安全的战略高度。作为互联网先行国家，在国际互联网治理中，美国始终致力于主导互联网治理进程。在 2009 年的美国国家安全体制改革中，美国组建网络司令部并提名当时的国家安全局局长兼任司令。2010 年谷歌公司退出中国事件后，美国借"网络自由"的名号开始积极推行"网络外交"，通过社交网络传播潜移默化地输出美国意识形态。2011 年美国联邦政府六大核心部门联合发布《网络空间国际战略》报告，2013 年斯诺登事件更是将国家间的网络冲突上升为政治问题，互联网发展介入国际政治。

近年来，随着脸书数据"泄密门"等事件爆发，美国越来越重视互联网治理对国家综合发展的重要意义，积极争取国际网络治理的话语权。2018 年特朗普政府推出《国家网络战略》，一方面突出互联网技术对促进国内经济发展和改善人民生活的应用；另一方面高度强调保持美国对互联网的领导地位，显示出极强的国际政治意图。

在布局互联网新兴技术方面，美国更是不遗余力，2016 年发布美国国家人工智能研发战略计划，2019 年成立美国能源部人工智能和技术办公室（AITO）通过"美国人工智能倡议"（American AI Initiative）。特朗普在发表美国 5G 部署的讲话中宣布"5G 是一场美国必须赢得胜利的竞赛"。

（2）欧洲。同样作为早期互联网技术发达阵营的欧洲，更为关注互联网技术对地区经济发展的推动作用。欧盟作为欧洲区域政治经济一体化组织，其成员包括超过半数的欧洲主权国家和地区，2010 年欧盟委员会发布《欧洲数字议程》，该议程是"欧盟 2020 战略"的七大旗舰计划之一，目的是实现欧洲各国智慧化、可持续和包容性增长。"建设数字单一市场战略"是《欧洲数字议程》的重要举措,为配合这一战略,欧盟于 2016 年、2017 年颁布了《欧洲工业数字化战略》《建立欧盟数据经济》等相关政策文件。❶

在互联网空间治理、网络制度建设方面,欧洲一直走在世界前列,不仅首创网络"被遗忘权"维护消费者权益,还率先利用反垄断法进行全球互联网领域反垄断实践。2018 年 5 月欧盟出台《通用数据保护条例》(GDPR),第一次确立了网民的网络主权。GDPR 被称为"全球网民的《独立宣言》",为世界各国数据保护立法和司法提供了先行参照。

欧洲各国深刻认识到要将互联网治理融入欧洲发展。2018 年 6 月,欧盟委员会发布《投资未来:欧洲 2021—2027 数字化转型》报告。该报告提出了"数字欧洲计划",重点资助超级计算、人工智能、网络安全与信任、先进数字技术、经济和社会中数字技术的广泛应用这五大领域。

在支持新兴技术发展方面,2013 年欧盟先后提出"人脑计划"和"石墨烯旗舰项目",开启了欧盟在人工智能领域的探索。近年来,欧盟又相继通过《人工智能通讯》《人工智能合作宣言》,鼓励加强欧盟各国之间的合作交流,提升欧洲整体人工智能研发能力,推动人工智能的应用。在 5G 领域,2018 年英国推出了获得政府支持的 5G 联盟,德国宣布了国家 5G 战略,助力本国成为 5G 研发和应用的领先者。

(3)印度。作为互联网时代发展中国家的典型代表,印度在互联网相关前沿技术的研发和应用上更关注国家整体发展和国民生活的改善。印度于 2011 年推出国家光纤网络计划,重点实现本国逾 20 万个村庄的宽带接入,提高本国的互联网普及率。得益于互联网技术为印度带来的迅速发展,其城市化进程迅速推进,在 2014 年成为全球第二大城市体系。2015 年,印度开始推出"智慧城市计划",注重新技术在城市建设中的应用,这一计划至今仍在推进中。2016 年,印度互联网用户数量超过美国,成为继中国之后的又一个互联网发展大国,且互联网使用率增长迅速。

在新兴技术方面,印度积极同微软公司、华为技术有限公司等具有国际技术优势的公司建立战略合作,推动本国在 5G、数据分析、人工智能、识别服

---

❶ 闫德利. 欧盟:建设数字单一市场[J]. 互联网天地,2019(4):34-42.

务、区块链、物联网和边缘计算等方面的技术发展。2018年，印度发布了《人工智能国家战略》讨论报告，主要关注医疗、农业、教育、智慧城市与基础设施建设、智能通信与交通这五个方面。

2. 中国

中国是互联网发展的后起之秀。2013年，习近平主席就深刻指出，我国现代化同西方发达国家有很大不同。西方发达国家是一个"串联式"的发展过程，工业化、城镇化、农业现代化、信息化按顺序发展，发展到目前水平用了二百多年时间。我国要后来居上，把"失去的二百年"找回来，决定了我国发展必然是一个"并联式"的过程，工业化、信息化、城镇化、农业现代化是叠加发展的。❶在这种"并联式"发展过程中，以互联网发展为代表的信息化对中国现代化建设具有驱动引领作用。

近年来，中国一直高度重视互联网技术的综合性应用。2014年，习近平主席强调，要从国际国内大势出发，总体布局，统筹各方，创新发展，努力把我国建设成网络强国。❷2015年全国"两会"的《政府工作报告》中首次提出"互联网+"计划，推动互联网创新成果与经济社会各领域深度融合。2016年，国家"十三五"规划明确提出实施网络强国战略及与之密切相关的"互联网+"行动计划，网络强国上升为国家发展战略。在2018年全国网络安全和信息化工作会议上，习近平主席再一次发表重要讲话，明确了网络强国战略思想。❸通过"互联网+"行动计划和网络强国战略，中国不断提升互联网在国家发展中的重要地位，同时将互联网发展与智慧城市、数字中国等国家现代化建设紧密结合。

在国际网络治理方面，作为目前在国际上具有广泛影响力的网络大国，中国一直致力于反对网络霸权，提倡通过国际合作建立多边、民主、透明的国际互联网治理体系，建设和平、安全、开放、合作的网络空间。从2014年开始，

---

❶ 中共中央文献研究室.习近平关于科技创新论述摘编[M].北京：中央文献出版社，2016.

❷ 总体布局统筹各方创新发展 努力把我国建设成为网络强国[EB/OL].（2014-02-27）[2021-12-18].http：//www.gov.cn/xinwen/2014-02/27/content_2625112.htm.

❸ 人民日报评论员.坚持网络强国战略思想：一论贯彻习近平总书记全国网信工作会议重要讲话[EB/OL].（2018-04-21）[2021-12-18].http：//www.xinhuanet.com//politics/2018-04/21/c_1122720285.htm.

中国每年在乌镇举办世界互联网大会，搭建中国与世界互联互通的国际平台和国际互联网共享共治的中国平台，与世界各国一道探求国际互联网治理路径，贡献中国方案。

在新兴技术方面，中国在 5G 领域已经占据了领先地位，同时积极推动其他技术的研发与应用。在人工智能领域，2017 年 7 月，国务院发布《新一代人工智能发展规划》，这是人工智能首次被加入国家战略规划。该规划提出到 2030 年中国要实现人工智能理论、技术与应用总体达到世界领先水平，成为世界主要人工智能创新中心的目标。2019 年 3 月，人工智能连续第三年被写入全国"两会"的《政府工作报告》，并提出拓展"智能+"。2019 年 6 月，中国政府发布《新一代人工智能治理原则——发展负责任的人工智能》，提出人工智能治理框架和行动指南。在区块链领域，2016 年 10 月工业和信息化部首次提出了国家区块链技术发展的标准路线图，2016 年 12 月国务院发布的《"十三五"国家信息化规划》将区块链技术列入国家级信息规划层面。2017 年 11 月，国务院发布《关于深化"互联网+先进制造业"发展工业互联网的指导意见》，指出要促进区块链等新兴前沿技术在工业互联网中的应用研究和探索。2019 年 10 月，在中央政治局第十八次集体学习中，习近平总书记强调构建区块链产业生态，加快区块链和人工智能、大数据、物联网等前沿信息技术的深度融合，推动集成创新和融合应用。

（二）新经济基础

每一次科技革命都会重塑经济。互联网时代到来，数字经济的崛起形成社会新的经济基础，共享经济的发展丰富了经济要素的配置方式。

1. 数字经济

数字经济是互联网时代的新经济形态，并逐渐成为主导世界经济格局的重要力量。早在 2015 年安塔利亚峰会上，二十国集团领导人认识到互联网经济时代将给全球经济增长带来的机遇与挑战。2016 年通过的《二十国集团数字经济发展与合作倡议》正式定义了这一概念：数字经济是指以使用数字化的知识和信息作为关键生产要素、以现代信息网络作为重要载体、以信息通信技术的有效使用作为效率提升和经济结构优化的重要推动力的一系列经

济活动。❶

中国信息通信研究院在 2019 年发布的《全球数字经济新图景》中指出，数字经济是生产力和生产关系的辩证统一，包括数字产业化、产业数字化及数字化治理。❷ 数字产业化是数字经济内部结构中的先行者。信息通信技术产业（Information and Communication Technologies，ICT）就是数字产业化的代表性产业。以电信业、互联网行业、软件和信息技术服务业为主要组成部分的 ICT 服务业是当前数字产业化中的支柱性产业。产业数字化，即互联网时代传统产业的数字化转型升级，成为各国寻求应对经济增速放缓、优化产业结构的应对策略。2018 年，各国产业数字化占数字经济比重过半，其中，德国产业数字化占数字经济比重高达 90%。❸ 近年来，随着工业互联网领域的快速发展，市场规模不断扩大，根据美国调查机构 Grand View Research 的报告数据，2018 年，全球工业物联网市场规模为 1611.4 亿美元，预计在预测期（2019—2025 年）内复合年增长率为 29.4%。世界各国已将发展工业互联网作为传统工业转型升级、提质增效的战略推动力。

目前，发展数字经济已经成为全球共识，各国纷纷将其作为国家发展战略。全球数字经济规模不断扩大，已经成为各国国民经济的重要组成部分。2018 年，美国作为世界最大数字经济体，产值达到 12.34 万亿美元，占 GDP 比重超过 60%；中国以 4.73 万亿美元的规模位居世界第二，占比达 34.8%。在全球经济面临增速下行风险的形势下，数字经济成为带动经济增长的强劲力量，各国数字经济增速高于同期 GDP 增速。以中国为例，2018 年数字经济对 GDP 增长的贡献率达到 67.9%，超过部分发达国家水平，成为带动中国国民经济发展的核心关键力量。❹

数字经济在带动经济增长的同时，也在优化经济结构，促进新型就业和新业态的增长，数字创意产业就是其集中体现。互联网技术发展推动了文化与科

---

❶ 二十国集团数字经济发展与合作倡议［EB/OL］.（2016-09-20）［2021-12-18］. http://www.g20chn.org/hywj/dncgwj/201609/t20160920_3474.html.

❷ 中国信息通信研究院. 全球数字经济新图景（2019 年）［EB/OL］.（2019-12-25）［2021-12-18］. https://www.jinchutou.com/p-118777895.html.

❸ 中国信息通信研究院. 中国数字经济发展与就业白皮书（2019 年）［EB/OL］.（2019-04-19）［2021-12-18］. https://www.sohu.com/a/309109951_210640.

❹ 同❸。

技的深度融合，作为国家"十三五"发展规划中的战略性新兴产业，2020年我国数字创意产业相关行业产值约8万亿元。数字创意产业的发展在供给侧结构性改革中能够与农业、工业、服务业等各行业深度融合，吸纳就业人口，在消费端能够刺激文化消费，增加经济活力，提升城市、国家发展软实力。

数字产业化和产业数字化所带来的新型生产力正在改变现有的经济运行规则，带来新的数字经济治理问题。在这一新经济形态下，数字化治理成为生产力重塑生产关系的重要组成部分，目前主要集中在加强平台治理和探索数字税两大方面。

数字经济作为新经济形态，重塑了生产力和生产关系。数字产业化、产业数字化和数字化治理协同发展，构筑互联网时代世界发展的新经济基础。

2. 共享经济

早在20世纪70年代末就有社会学家提出"协作经济"的概念，这一概念与如今共享经济的核心理念一致，但当时受限于技术条件，共享信息无法实现有效流通。而随着信息革命的到来，尤其是移动互联网技术的发展，信息共享不再是问题，共享经济应运而生。共享经济是指利用互联网等现代信息技术，以使用权分享为主要特征，整合海量、分散化资源，满足多样化需求的经济活动总和。❶

近年来，共享经济不断发展，经济规模不断扩大，增长迅速。根据英国市场调研公司朱尼普研究公司（Juniper Research）的数据，2017年全球共享经济的市场规模为186亿美元，预计到2022年将达到402亿美元。工业和信息化部的数据显示，2018年中国共享经济交易规模达到29 420亿元人民币，比2017年增长41.6%。截至2018年年底，在进入全球独角兽企业前305的中国企业中有41%具有典型共享经济属性。❷

共享经济能够整合社会分散资源、准确发现多样需求，是当前实现供需双方快速匹配的最优路径，在生活服务、交通出行等领域提高了人们的日常生活质量，目前在共享办公、生产能力、知识技能等领域的快速增长为产业领域的资源优化配置带来新发展。这一新型经济模式所蕴含的资源共享理念是互联网

---

❶ 国家信息中心. 中国共享经济发展年度报告（2019）[EB/OL].（2019-03-01）[2021-12-18]. http://www.sic.gov.cn/News/568/9906.htm.

❷ 同❶。

时代强调以人为本获取最佳体验和多方协同促进可持续发展的新经济发展观的生动体现。

（三）新社会发展

互联网时代，技术深度融入人们的日常生活，信息的流通共享、社会联结的紧密加强，使人们的生产、生活方式发生改变，长尾效应凸显，并进一步重塑人们的行动机制。

1. 生产、生活方式改变

互联网技术带来社会信息流通的数字化转型，打破了以往普遍存在的信息壁垒，降低了沟通成本，社会生产和日常生活都在逐渐向数字化、网络化、智能化转变。

工业时代实现了机器生产取代传统生产中的简单重复性人类劳动。互联网时代，运用互联网及相关技术能够完成复杂劳动的自动化生产甚至定制化生产，同时打通产业链上下游之间的生产信息与生产环节优化资源配置。互联网平台能够拓宽从生产端到消费端的流通渠道，优化供给。目前在智能化的趋势下，生产方式进一步发展完善，解放生产力，提高生产效率和生产能力。而生产方式的变革要求互联网时代的劳动者更加注重提高数字素养，在技术日新月异的发展下必须保持终身学习、不断更新知识体系。

移动互联网普及之后，人们的日常生活进入深度联网状态。一个人日常的衣、食、住、行都离不开互联网，一部小小的智能手机可以帮助人们完成在线购物、即时点餐、生活缴费、交通出行、住宿订票等基本生活需要，生活的便捷度大大提高。除了生活方面，远程教育、远程办公的出现也为人们的学习和工作带来极大改变。人们的社交方式同样发生颠覆性改变，人与人之间无论是熟人社交、陌生人社交，还是介于两者之间的其他社交，都能在网络世界实现。即时通信和网络社群已经成为当代网民社交生活的重要组成部分。人与社会之间的沟通大大加强，互联网创造了一个广阔的公共空间，让个体能够方便直接地接收社会信息并表达自己的真实观点，表露自己的想法意愿和利益诉求，越来越多的人参与公共话题的讨论，行使自己的公共权利。

2. 长尾效应凸显

长尾理论在互联网时代应运而生。信息的共通共享让人们可以以极低的成本表达多样化的需求，同时可以获取主流之外的小众信息，去中心化的社会网络结构使长尾模型中"尾部"的需求比以往任何时代显现得更加充分。

最直观的体现是在消费领域。阿里巴巴集团控股有限公司旗下的购物平台淘宝被很多人称为"万能的淘宝"，不仅实现了以往传统实体商店内主流商品的线上转化，还为各种小众化商品需求提供了生存平台。众多垂直领域品牌的出现正是利用了尾部需求带来的市场分众化契机。多样化、分众化需求的出现倒逼社会生产的供给端提供更加丰富、精准的产品和服务，进而使社会向着更加精细的方向发展，为更多人提供了展示创造力和个人才华的机会。

长尾效应凸显的实质是信息流通成本大幅度降低后，人们追求个性化的人文精神的彰显，是社会向着更加以人为本的方向发展的体现。

3. 行动机制重塑

互联网对社会发展的深层次影响在于对人们行动机制的重塑。信息发布和传播门槛降低，个体以往被中心化传统媒体束缚的信息传播欲望得到极大满足，人们乐于在互联网上分享信息、生产信息，信息来源得到极大丰富。Web 2.0时期，普通人成为内容领域的创作主力，自媒体成为继传统媒体之后崛起的新生传播力量。分享—交流—合作成为人们新的行动机制。

信息分享为实现跨越时空界限的信息交流提供可能，建立起个体之间、个体与群体之间、群体之间的双向互动，分享与交流能够建立基于互联网的线上线下合作，滴滴打车、爱彼迎等共享经济形式正是这种行动机制的商业转化。互联网等新兴技术的发展强化了基于信息互联实现的跨越时空界限，可以形成规模化的集体行为。除了集体行为，信息的互联互通还能在分享交流中形成网络舆论，进而影响人们的行为，形成一种没有预期的、具有潜在一致性的合作行为。

当前，网络舆论已成为反映现实社会问题、影响现实社会发展的重要力量。但网络舆论在形成过程中，信息的分享与交流极易受到干扰和误导，这使网络舆情监测成为越来越多的国家重点关注的对象，网络信息传播也成为互联网治理中的关键一环。营造风清气朗、生态良好的网络空间是国家信息化、现代化建设中的社会共识，也是使互联网时代分享—交流—合作的行动机制能够更好促进人类社会发展的前提。

（四）新文化需求

在互联网时代，人们的物质财富不断丰富，精神文化生活也在发生巨大变化，文化价值得以强化、文化生态逐渐形成、文化偏好悄然转变。

1. 文化价值强化

互联网进入中国初期正值全面建设中国特色社会主义市场经济，文化的经济价值逐渐显现。尤其是进入 21 世纪后，中国全面深化文化体制改革，明确区分了公益性文化事业和经营性文化产业，同时出台了一系列文件和配套政策，解放和发展文化生产力，互联网技术发展也成为文化经济发展繁荣的重要推动力。文化产业在中国蓬勃发展，文化市场不断扩大，文化消费潜力得以释放，文化经济成为推动国民经济发展的重要力量。2009 年，《文化产业振兴规划》出台，文化产业上升为国家战略性产业。

近十年来，中国经济实力不断增强，已经发展成为仅次于美国的世界第二大经济体。物质文明建设取得重大成就的同时，精神文明建设愈发受到重视。中国文化建设践行"双效统一"的原则，坚持把社会效益放在首位，社会效益和经济效益相统一。新时代，我国社会主要矛盾发生转变，实现人民对美好生活的向往不仅要满足人民群众的物质需要，更要满足其精神需要，文化在这方面具有无可替代的作用。互联网文化已成为社会文化的重要组成部分，与社会生活的相互作用大大加强。此外，互联网的融合属性也渗透到文化之中。近年来，中国文化产业与文化事业融合的趋势不断增强，产业与事业不再泾渭分明，最终目标都是满足人民群众的精神文化需要。

在互联网不断加强国际联结的过程中，国家之间的矛盾摩擦不可避免，文化越来越成为应对矛盾、解决矛盾的重要手段，文化治理成为国家和国际现代化的重要路径。对内，坚定文化自信是国家和民族立于世界的重要支撑，正如习近平总书记所言："文化自信是一个国家、一个民族发展中更基本、更深沉、更持久的力量。"对外，文化的交流沟通、求同存异是各国实现共赢发展的前提，我国积极倡导"一带一路"建设、构建"人类命运共同体"，文化是其中增进与各国人民相互了解、相互认识的重要纽带。

在我国文化建设的不断发展变化中，文化的丰富价值不断被明确。有一个核心价值贯穿始终,那就是"以人民为中心"。我国在国家文化建设中始终强调文化创作"以人民为中心",坚持文化为人民服务、为社会主义服务,坚持百花齐放、百家争鸣。技术发展是实现文化以人为中心的工具、手段。

2. 文化生态形成

互联网技术浪潮下,文化在基础设施、内容形态及供需主体关系上都形成更加丰富的生态。除了广播电视台、博物馆、文化馆、图书馆等传统文化基础设施外,互联网设施已成为当今时代发展的"新基建"。网络通信设施的覆盖和移动通信、区块链、人工智能、大数据、云计算、AR、VR等新兴技术的应用共同搭建起文化建设的技术基底。文化云、数据库,以及文学、音乐、视频、学习等在线媒体成为文化资源平台,公众通过个人计算机(PC)、智能手机等终端就可以轻松便捷地享受文化服务。

技术的进步带来文化内容形态的丰富。文化数字化已成为主流,数字图书馆、数字博物馆等新型场馆不断涌现,运用科学技术手段丰富传统文化的表现形式,不仅能通过在线的数字文本、音频、视频接受文化,还能在交互式、沉浸式体验中感受和享受文化。文化融合发展是内容形态不断丰富的另一个体现。文化与科技融合,电竞、动漫等数字创意产业蓬勃发展;文化与旅游融合,网红打卡地、特色小镇等文旅新景象蔚然成风;文化与城市发展融合,夜经济、城市更新、乡村振兴等城市发展新方向积极布局。

去中心化的信息交互结构及技术门槛的不断降低也使文化供需主体关系发生改变。在互联网时代,每一个人既是文化生产者又是文化消费者。自媒体的崛起,用户原创内容(UGC)的大量涌现,都是这一时代个体文化创造力释放的体现。同时,基于原始文化内容的二次创作和传播延展了文化供需的单次链条,许多文化原始内容消费者的优秀二次创作能反向被供给方采纳,形成二次消费。

3. 文化偏好转变

基于文化价值的强化和文化生态的形成,人们的文化偏好也在悄然发生转变。与以往中心化信息传播时代相比,互联网时代人们的文化偏好更为多元、包容。

"以人为中心"等文化价值的强化、文化内容形态的丰富及个体文化创造力的释放使人们拥有更广阔的追求文化个性的空间,有更加多样、平等的文化选择机会。网络圈层社群为人们多样化的文化爱好发展提供了栖息之地。亚文化兴起就是互联网背景下人们多元文化偏好的典型代表,很多亚文化已经在发展中逐渐出圈主流化。主流文化与亚文化的和谐共处甚至相互融合,体现了互联网时代人们在文化偏好多元中又具有很强的包容性。

  基于这种多元、包容的文化偏好,互联网时代人们具有追求个性化、均衡化和品质化的新文化需要。

# 第二章　互联网式治理的研究基础与分析框架

在了解当今公共文化服务治理所处的时代背景后，聚焦公共文化服务领域进行深层次的制度思考，可以发现虽然国内外对互联网时代公共文化服务的研究重心有所不同，但从文化治理视角探讨公共文化服务的内部治理和其作为城市、国家治理手段是当前国内外研究共同关注的前沿主题与重点问题。这些研究成果为本书的深入与细化提供了重要基础。

## 一、研究基础

### （一）国外研究

虽然国外发达国家和地区的公共服务起步早于中国，但国外的学术研究领域并没有完全与"公共文化服务"直接对应的概念，公共文化服务被包含在公共服务整体中，具体由相关文化行政部门、文化机构、社会组织或市场主体来提供服务。"公共文化服务"这一名词是具有中国特色的概念，在进行国外有关互联网时代的公共文化服务研究文献搜集时无法直接使用"公共文化服务"作为搜索关键词，因此对公共文化服务的概念进行了词义扩展，并结合"数字化""互联网"等关键词进行文献检索，同时结合国内研究者对国外公共服务、公共文化数字化等相关领域已有的文献成果开展研究。

目前，国外的公共文化服务在发展中已形成了三种主要模式。一是以美国为代表的市场主导模式。政府不设文化部门，主要通过政策法规和资金扶持进行调节，文化服务的管理和运营由非营利文化机构和市场主体实施。二是以英国为代表的政府与社会共同治理模式。这一模式遵循"一臂之距"原则，政府公共文化部门负责宏观政策和财政拨款，非政府组织负责政策的具体执行和款项分配，基层政府部门等相关机构和组织作为服务主体，在监督之下具体使用经费并实施文化政策和项目。三是以法国为代表的政府主导模式。该模式通过中央和地方政府行政机构来完成，中央负责总体管理和对地方的监督评估，地方负责具体文化政策制定、管控及评估，并提供具体公共文化服务和广泛动员社会力量参与公共文化服务管理。❶本书的重点聚焦于互联网时代的公共文化服务建设，由于检索文献涉及图书馆情报学、信息科学、政策研究、公共管理、城市建设等多个细分领域，较为分散，从研究时间线梳理较为冗杂，而对国外研究部分进行梳理的出发点是期望互联网背景下国外的研究新进展能够给研究带来启发，所以笔者选取近年来国外研究中的新关注点进行综合论述，研究历史和时间线梳理不作为单独部分展开，而是融入其中。

1. 互联网时代公共文化机构及公共媒体研究

（1）GLAM 文化机构相关研究。国外公共文化服务在具体实施层面主要通过 GLAM 文化机构，GLAM，即美术馆（Galleries）、图书馆（Libraries）、档案馆（Archives）和博物馆（Museums）的缩写。这些文化服务场馆是公共文化垂直领域的产品和服务提供机构，为公众提供日常的基本文化服务。GLAM 不局限于政府资助机构，也包括私人或社会组织设立并进行管理运营的 GLAM。国外研究者在互联网技术发展下将研究视角聚焦于这些与公众日常生活相关的公共文化机构，主要围绕技术应用、职能拓展、理论探索及数字化技术带来的新问题等方面展开。

互联网技术的发展首先为传统文化机构带来了关于形态革新的讨论。2005 年，美国佐治亚州格温奈特郡公共图书馆技术服务部主任迈克尔·凯西（Michael Casey）在他的博客上首次使用了"图书馆 2.0"（Library 2.0）。大英图书馆系统供应商 Talis 发文宣称："图书馆 2.0 是一个特殊的图书馆服务概念，它面向当今图书馆用户的需求和期望。在这一愿景中，图书馆在用户需要的任何地方和任何时候提供信息，并设法确保消除使用和重用的障碍。"拉鲁阿·科恩（Larua Cohen）指出，图书馆 2.0 是对 Web 2.0 的

---

❶ 曹福然，詹一虹. 国外公共文化服务供给体系建设及启示［J］. 图书馆工作与研究，2019，276（2）：18-25.

回应，Web 2.0 是人们创建、编辑、搜索、评估、组织和共享信息方式的革命。与 Web 1.0 基于冲浪的环境不同，Web 2.0 的特点是网络社区，用户可以在其中提供内容、交互和协作。在 Web 2.0 中，图书馆变成了社会化的机构，用户的积极参与被视为是必不可少的。❶ 图书馆 2.0 提倡图书馆在 Web 2.0 时代应提供与时代要求相适应的服务，构建信息的社交网络。但也有研究者对图书馆 2.0 这一概念质疑。弗兰德瑞克·内斯塔（Frederick Nesta）认为图书馆 2.0 是一个不具备实质价值的营销概念，互联网时代谷歌等搜索引擎就能够提供比图书馆更好的信息服务，图书馆发起的社交网络功能实际使用率很低。用户仍然将图书馆视为重要的学术研究附属机构。图书馆是研究网络，而不是社交网络，应当回归其本职服务工作，构建资源共享的专业网络。他指出，图书馆必须推动技术，而不是由技术驱动，更不能营销炒作。真正关注用户的图书馆必须调查、量化、质疑和衡量项目的预期影响和结果，避免将有限的时间、金钱和人员资源用于不需要的项目。❷ 国外关于图书馆 2.0 的这场学术争论带来的启发是互联网技术发展能够实现传统文化服务的形态更新，但在进行技术应用的同时需要慎重考虑其必要性和合理性，避免资源浪费。

关于互联网技术应用对 GLAM 文化机构的职能拓展，国外研究多集中于实践结果和现实问题。欧夫·墨菲（Oonagh Murphy）指出，在 Web 2.0 和社交媒体时代，博物馆不仅要借助新技术实现藏品展示、研究支持等对传统博物馆实践功能的数字化模拟，还应该借助藏品资源和公共空间为公众和社会提供进行参与式创造的更多可能。通过对美国、澳大利亚和新西兰三家博物馆的探索实践进行走访，她提出了互联网时代博物馆利用自身资源和空间为创意类企业提供"创业中心"（Start up Hubs）。通过调查数据，欧夫·墨菲发现数字技术的应用可以为博物馆腾退一部分物理空间。一方面博物馆希望资金来源多样化，另一方面当代文化创意领域的创业者初期并不需要特别大的工作空间，因此这部分物理空间可以成为结合双方需求的"创业中心"。正如墨菲所说："这种新的博物馆实践模式——博物馆创业中心，是一种令人兴奋和可行的新方

---

❶ COHEN L B. Library 2.0 Initiatives in Academic Libraries [M]. Chicago: Association of College and Research Libraries, 2007.

❷ NESTA F. Marketing Library Services to the Net Generation [J]. Library Management, 2006 (27): 411-422.

式。"❶ 创业者可以基于博物馆本身馆藏资源开展自己的创业项目，这将不止于提供共享空间使用，还能建立博物馆和社会力量有关创意项目孵化的深度共赢合作。在城市日益拥挤的商业景观中，博物馆作为"创业中心"的职能拓展，可以开辟一条支持文化和经济并行发展的独特路径。朱莉·东（Julie Higashi）则通过对广岛和平资料纪念馆翻新项目的调研，指出借助投影地图和计算机图形学等数字信息技术，将现在与过去联系起来重新展示城市风光，长崎市的小学生可以通过使用与 GPS 设备连接的平板电脑，体验以 3D 增强非战争一代人的地方感，同时也能促进全球禁止核武器观念的传播，强化博物馆在当代教育中的使命。❷ 马丁·芬隆（Martin Fenlon）等还针对现实中印刷出版业难以满足人文学科研究中不断增长的出版需求这一问题，提出学术研究支持的图书馆可以通过数字出版加以解决。随着互联网技术的发展，图书馆的数字出版能够为学术出版生态系统做出独特贡献，容纳和维持更加多元化的数字学术产品，支持新的创作模式，并帮助学者通过跨学科和开放获取式出版接触到更广泛的受众。❸ 这些新模式不仅基于技术应用，而且其体现的跨界、融合等理念也是互联网思维的产物。国外学者的这些研究为国内公共文化服务在互联网时代的新发展开拓了思路。

除了技术应用与职能拓展，国外 GLAM 文化机构领域的研究近年来还关注数字化治理的问题，如数字版权合理使用。文化资源数字化能够为公众提供享受文化产品和服务的机会，但 GLAM 文化机构在进行资源数字化过程中普遍面临着与传统版权使用不同且更为复杂的数字版权问题。欧美等文化产业较为发达的国家对版权的重视和保护程度较高，相关法律法规在内容和执行方面非常严苛。科德·萨缪尔（Coad Samuel）以新西兰为例，系统地分析了目前 GLAM 文化机构在进行数字化过程中的版权障碍：一是现行的版权法律中合理使用范畴不涵盖数字版权；二是数字化内容会带来大量直接复制和间接复

---

❶ MURPHY O. Coworking Spaces, Accelerators and Incubators: Emerging Forms of Museum Practice in an Increasingly Digital World [J]. Museum International, 2018, 70（2）: 62-75.

❷ HIGASHI J. The Destruction and Creation of a Cityscape in the Digital Age: Hiroshima Peace Memorial Museum [J]. Museum International, 2018, 70（2）: 104-113.

❸ FENLON M, ect. Humanities Scholars and Library-Based Digital Publishing: New Forms of Publication, New Audiences, New Publishing Roles [J]. Journal of Scholarly Publishing, 2019（50）: 159-182.

制的可能，这使合理使用与侵犯版权之间的界限十分模糊。目前，GLAM文化机构通常使用转让和非排他性许可证两种合法手段来确保数字化符合版权要求，但这两种方式都会给运营带来巨大成本。❶GLAM文化机构对数字版权的使用具有创新性特征，能实现更为广泛的公众利益，同时机构对文化产品的展示对版权市场本身是有利的，能够为版权所有者带来潜在收益。罗斯马里·钱德勒（Rosemary Chandler）从美国学院艺术协会在对视觉艺术合理使用的实践中受到启发，提出通过制定和遵守行业内部使用准则来获取集体版权使用特权的CAA code模式，可以为文化机构的数字版权使用提供借鉴。❷科德·萨缪尔则提出建立版权使用安全港的做法，即从制度上为GLAM机构不过分受版权约束，为数字化应用提供自由空间。安全港的设立不损害商业版权利益，安全港内的成员对于版权使用必须出于非商业目的，并建立准入和退出机制进行持续性保护。安全港的运作施加附加条件，如文化机构具有普及教育用户注重数字产品版权意识的义务。❸针对公共文化机构合理使用数字版权问题的研究，国内目前还比较少。近年来随着我国对知识产权的保护和重视不断加强，我国在互联网时代的公共文化服务同样面临这一问题，国外的研究可以提供先行参考。此外，私人图书馆等个性化公共文化服务中，数字平台设计者通常会面临由用户主导的灵活型和系统主导的自适应型两种模式设计：前者用户可以通过自由调整内容和界面布局来适应个性化服务，后者则通过对用户使用行为分析来自动调整。在某一领域具有独立性的用户能够自己做出判断，更多用户依靠自己内部的参照，会更偏好灵活型模式。而依存性的用户独立性差，易受他人影响，需要根据他人的提示或者帮助做出决定，更偏好自适应型模式。个性化服务不仅在内容上也在平台模式设计上需要提供者进行更细致的、因人而异的区分。这正与国内所提倡的公共服务供给精准化具有一致性，国外这种关照文化机构服务细节的研究也启发国内研究和实践可以细致深入、贴近实际，为提

---

❶ SAMUEL S. Digitisation, Copyright and the Glam Sector: Constructing a Fit-For-Purpose Safe Harbour Regime [J]. Victoria University of Wellington Law Review, 2019, 50（1）: 1-32.

❷ CHANDLER R. Putting Fair Use on Display: Ending the Permissions Culture in the Museum Community [J]. Duke Law & Technology Review, 2016, 15（1）: 60-83.

❸ SAMUEL S. Digitisation, Copyright and the Glam Sector: Constructing a Fit-For-Purpose Safe Harbour Regime [J]. Victoria University of Wellington Law Review, 2019, 50（1）: 1-32.

升公共文化服务效能提供指导。

（2）公共媒体相关研究。互联网改变了传统的信息传播方式，新媒体的崛起冲击了广播、电视等传统媒体。关乎公共利益的媒体传播渠道被视为公共财产的一部分，即使私营媒体同样承担着社会的政治、文化使命，探讨公共媒体在互联网时代的发展是国外学者关注的一个重要议题。盖坦·特雷姆布雷（Gaeetan Tremblay）指出，公共媒体在社会个人和群体获取、占有及分享知识方面能够发挥主要作用。数字网络时代，公共媒体在增强社会包容和多元个性方面具有巨大潜力，比以往任何时候更能履行使命，向民众提供充足的信息，促进民众合作和终身学习，激发民众的创造力，帮助民众与他人分享创意世界。面对新媒体的冲击，传统广播电视媒体应当增强创新能力，在信息告知、公众教育和提供娱乐等方面创造出有别于私营媒体的独特产品，而公共媒体的革新是一个政府、民众和专业知识人士共同参与的过程。他也同时指出捍卫和促进公共服务媒体并不等于倡导私营广播公司国有化和公共部门垄断，应当支持强大的公共媒体与繁荣的私营企业共存❶，以便更好地实现文化产品多样性及媒体作为"第四权力"的社会监督功能。对于互联网时代兴起的社交媒体与社会公共领域参与的关系，雷蒙德·科里沃（Raymond Corriveau）和法兰西·奥宾（France Aubin）通过一场公众实验发现，脱离传统公共媒体仅通过数字社交媒体进入公共领域的意见领袖无法代表公众意愿实现社会批判。面对社交媒体中纷繁复杂的信息，有必要建立一个民间社会主导的机构来监测数字社交媒体，从而增进公众对媒体和公共领域的了解，促进共同利益的实现，并通过提出解决办法提高共同生活的潜力。❷ 国外的媒体体制机制与国内虽然不完全相同，但有关公共媒体在互联网时代的创新和继承及对网络媒体的管理等的讨论也为国内公共媒体发展提供了研究思路。

2. 互联网时代文化治理研究

对于文化治理的内涵，学者们有狭义和广义两种不同层次的认识。蒙·米兰诺（Moon Milano）将文化治理定义为政府以财务和行政安排直接或间接参与

---

❶ TREMBLAY G. Public Service Media in the Age of Digital Networks [J]. Canadian Journal of Communication, 2016, 41（1）: 191-206.

❷ CORRIVEAU R, AUBIN F. Digital Social Media and Access to Public Sphere [M]. Hoboken: John Wiley & Sons, Ltd, 2020: 18.

在特定地理区域内存在的文化组织的推广和管理，其与文化政策、文化实践联系密切。❶ 而约翰·加尔顿（Johan Galtung）认为，文化是治理的手段，借助文化可以实现治理，而不是对文化进行治理。文化借助价值引导、柔性协调和组织动员等介入社会治理过程，建立社会的核心价值观，提升政府管理软实力，培育社会资本的文化。❷ 文化治理相关方面的研究主要从对文化资源进行治理的微观视角和以文化为治理手段的宏观视角展开。

（1）文化治理的微观视角。从文化治理的微观视角来看，近年来对互联网时代文化资源的治理研究有以下几个关注领域。

一是治理主体的参与和运作机制。互联网去中心化的特征为多元主体参与公共文化服务提供了技术条件，同时国外公共文化服务出于资源使用效率考虑也鼓励社会力量参与公共文化服务。以市场为主导的美国提倡多元主体参与，1965 年的《国家艺术与人文基金会法案》阐明了艺术与人文对美国人民的价值，为在国家联邦和地方各州一级发展机构奠定了基础。埃莱奥诺拉·雷达利（Eleonora Redaelli）通过调查指出，美国多层次治理的做法体现了在文化治理问题上更具包容性，它吸收了来自全国不同群体和部门的参与者，包括政治家、指定官员、行政人员、不同州的代表和各学科的专业人员。但他也指出，美国的文化多层次治理十分依赖机构间协商沟通关系，因此政府应主要在制度的形成和机构间关系协调中发挥主导作用，而不是形成行政统治局面。❸ 丽莎·马克斯（Lisa Marx）则对瑞士地方文化治理的主体参与方式和运作机制进行了研究。瑞士的治理模式结合了长期存在和新形成的治理路径，这一路径受到自上而下的精英治理和基层自下而上的民主治理两种方式的影响，两种治理方式的结合基于不同地区的政治和文化动态差异。丽莎·马克斯指出，文化决策的参与者需要具备一定的时间、财富和专业知识等资源，这使得文化决策主要集中于具有专业话语权的艺术和文化精英，而不是鼓励更多的公民参与。只

---

❶ MILANO M. Cultural Governance: a Comparative Study of Three Cultural Districts [J]. Administration & Society, 2001, 33（4）: 432-454.

❷ GALTUNG J. Peace by Peaceful Means: Peace and Conflict, Development and Civilization [M]. Thousand Oaks: Sage, 1996: 22.

❸ REDAELLI E. Understanding American Cultural Policy: the Multilevel Governance of the Arts and Humanities [J]. Policy Studies, 2018（1）: 18.

有打破障碍才能重塑文化政策治理甚至民主参与式政治决策。❶ 国外关于主体参与和运作机制的研究既提供了理想化路径，又指出了鼓励多元民主参与面临的现实问题。尽管技术发展可以提供问题解决的条件，但更广泛的非技术问题仍然存在。在互联网时代背景下审视社会主体参与和运作机制模式应该更具有系统性、全局性视角。

二是有关互联网时代文化机构人才的培养。互联网时代，文化机构自身在发生变化，对其管理者和工作人员也提出了新的职业要求。迪安娜·马库姆（Deanna Marcum）站在一个图书馆多年从业者的视角指出，数字时代下图书馆的生存取决于能否顺利从地方机构过渡到国家和国际信息生态系统的节点，图书馆领导者不再局限于对地区性馆藏具有专业性，仅建立当地机构所需的技能无法应对全球环境中的挑战和机遇，具有国家性甚至全球化视野才是关键。他结合管理界专家克里斯托弗·纳德恩（Christopher Nadhern）、达纳·瓦德（Dana Wade）、乔纳森·哈珀（Jonathan Harper）和格兰特·邓肯（Grant Duncan）提出的人才 3.0 中培养数字领导者准则，阐述了图书馆领域培养专业人员的准则，包括提升数字素养、注重用户体验、考虑用户全球文化差异等。❷ 国外学界、业界对文化机构工作人员全球化思维和能力的关注值得国内借鉴。

三是经典理论在公共文化服务领域的实践应用，主要集中在新公共管理理论和网络治理理论的应用。从 20 世纪 80 年代以来，新公共管理的理念开始被运用于图书馆，其基本理念是向产品导向转变，以市场和消费者为导向提高图书馆服务质量，强调服务效率，如尼尔斯·奥勒（Niels Ole）等总结的那样："新公共管理是一场试图将原则从私营部门转移到公共领域的运动。"❸ 互联网时代，以信息作为资源配置的驱动力，提高生产效率成为国际共识。在国外公共文化服务领域，新公共管理得到更多研究者的认可。21 世

---

❶ MARX L.Participation as Policy in Local Cultural Governance [J]. Cultural Trends，2019（28）：294-304.

❷ MARCUM D. Library Leadership for the Digital Age1. [J]. Information Services & Use，2016（36）：105-111.

❸ OLE N，ect. Carl Gustav. Library Directors Under Cross-Pressure Between New Public Management and Value-Based Management [J]. Library Management，2003，24（1/2）：51-60.

纪10年代后,受经济增长放缓影响,公共支出预算缩减,德·弗里斯(De Vries)等指出新公共管理发展的两大改革方向:一是旨在提高代表客户提供公共服务的质量;二是强调缩小公共服务规模的必要性,市场能够提供的就交给私营部门。❶ 亚尔莫·萨尔蒂(Jarmo Saarti)等通过东芬兰大学的调研指出数字信息技术的兴起和对公众科学开放的要求,给公共图书馆尤其是高校图书馆带来了全新的任务和挑战,而新公共管理方法能用于创造卓越的服务。❷ 网络治理理论也是学者在互联网时代公共文化中采用的理论之一,玛瑞纳·马尔扎诺(Marianna Marzano)和莫里亚·卡斯特里尼(Monia Castellini)从网络治理视角分析了与意大利国家博物馆机构改革有关的法律文本,发现机构改革中的亮点是区域博物馆中心和地方自治博物馆形成的横纵服务网络与分级指导,通过地方和其他实体关系及共享策略来实施网络治理可以将资源联系在一起,并促进系统的同质性,地方博物馆凭借其自主权,可以启动分支网络来重写地区间公共和私人行为者之间的关系,并实现他们一直需要的效率和收益。❸ 国外关于新公共管理理论和网络治理理论的研究与应用都还在不断发展中,但现有对于文化机构服务运营和结构调整的研究为国内公共文化机构在互联网时代运营和管理策略提供了参考。

(2)文化治理的宏观视角。从文化治理的宏观角度看,文化在当代城市治理中的地位越来越突出,阿拉姆·查希尔(Allam Zaheer)和纽曼·皮特(Newman Peter)指出,在当代智慧城市建设中存在重视技术应用而忽略人文历史的现象,城市的文化和历史属性为当地社群和游客创造了独特的城市风貌,文化可以成为恢复经济增长的特殊动力。他们认为,文化是新智慧城市建设模式中的支柱之一。❹ 学者们对于宏观视角研究的关注点之一是文化治理的

---

❶ VRIES D, ect. Public Sector Reform: an Overview of Recent Literature and Research on NPM and Alternative Paths [J]. International Journal of Public Sector Management, 2013, 26 (1): 4-16 (13).

❷ SAARTI J, ect. New Public Management and Libraries: a Success Story or Just an Excuse for Cost Reduction [J]. Library Management, 2017, 38 (8): 477-487.

❸ MARZANO M, CASTELLINI M. The Reform of the Italian Ministry of Cultural Heritage: Implications for Governance of the Museum System [J]. The Journal of Arts Management Law and Society, 2018, 48 (1): 1-15.

❹ ZAHEER A, PETER N. Redefining the Smart City: Culture, Metabolism and Governance [J]. Smart Cities, 2018, 1 (1): 4.

本地化，文化已逐渐成为城市吸引"创意阶层"的核心竞争力之一，而互联网的发展为多元文化的呈现提供了更多平台，也使得已有的和正在形成的性别、种族和信仰等文化构成更加复杂。皮特·琼斯（Pete Jones）等通过对英国伯明翰的调查研究发现，关于文化和艺术的地理论述需要更多地考虑本地的性别、信仰和种族等因素，在种族、文化构成多元的地区城市中，本地化、多元化的文化治理提供了一种新的方法来解决当地的社会凝聚力和融合中存在的长期问题，能够协调个人身份和共同身份、强调差异性和矛盾的存在价值。❶ 扎伊德·明蒂（Zayd Minty）、劳拉·恩库拉·温兹（Laura Nkula Wenz）通过对万隆和开普敦两个具有相似发展背景的城市进行文化治理路径对比分析发现，文化治理需要国际化工具和本地化治理。国际认可能够提升一个城市政府和人民对文化建设的重视程度；国际"最佳实践"的模式如果要在当地扎根，建立起"创意城市"，需要了解当地政治、文化需求和发展重点。而类似于万隆创意经济委员会和创意开普敦计划、开普敦设计网等认知共同体在本地化治理中十分重要。这类共同体强调知识共享和围绕文化价值发展的共同话语沟通、城市建设的活力和设计。地方政府必须认真重视和对待认知共同体的角色，通过提供金钱支持和正式的伙伴关系增强其参与文化治理的可持续性和韧性。❷

文化生态系统也是国外近年来逐渐受到关注的一个研究领域，通常被认为是通过人与环境的关系从生态系统中获得的非物质利益。在人们的日常生活中，文化生态是人们最能高度认同和直接感觉到的，并且与人类的福祉有着最直接的联系。马克·海伦斯（Mark Hirons）等指出，文化与环境有着内在的联系，两者相互影响，文化进程产生社会价值，这些价值能够为具有环境影响的行为和政策提供支撑，所有生态系统都受到个人和社会价值的影响，反过来生态环境又在塑造着人们的文化进程。❸ 有关将文化生态系统纳入城市公共决策和治理流程的重大讨论进一步刺激了学界对文化生态系统的研究兴趣，但对文

---

❶ JONES P, ect. Diversity: Resident Perspectives from Birmingham, UK. [J]. Tijdschrift Voor Economische En Sociale Geografie, 2017（5）: 25.

❷ MINTY Z, WENZ L N. Effecting Cultural Change from Below? A Comparison of Cape Town and Bandung's Pathways to Urban Cultural Governance [J]. Cultural Trends, 2019, 28（4）: 281-293.

❸ HIRONS M, ect. Valuing Cultural Ecosystem Services. [J]. Annual Review of Environment and Resources, 2016（7）: 32.

化生态系统如何评估还是一个尚未解决的问题。学者们承认对文化生态系统服务的评估进行货币式量化可能是有益的，但如果纯粹通过货币量化方法嵌入生态决策，可能会使穷人利益边缘化并侵蚀支撑文化生态系统服务的价值体系。评估文化生态系统具有深远的政治意义，考虑清楚评估的综合背景十分重要，尤其是由谁评估文化生态系统、为了谁的利益、怎样评估及评估目的等问题更加关键。马克·海伦斯等学者指出文化生态系统最好通过讨论性和参与性方法来监测，并允许纳入多元价值。❶随着互联网时代、信息技术的不断发展，适当采用定性和定量组合的方法可以追踪监测个人和集体文化生态系统，有助于为公共决策提供依据。安娜·阿莱西亚（Anna Alessia）等通过对在意大利文化生态系统评估处于领先水平的托斯卡纳和阿普利亚进行比较分析，主张在现代城市生态系统规划的文化生态系统评估中，政策制定者和研究者应当考虑与文化相关的技术和指标。❷

文化治理的本地化研究和文化生态系统的相关研究将文化治理置于城市、国家发展等更广阔的研究视野，超越了公共文化服务本身的范畴，而这正是互联网发展带来的社会跨领域联结的体现。在强联结甚至超联结的社会运行状态下，从整体性、全局性的视角研究公共文化服务与社会各部分协同发展是互联网背景下的应然之义。

（二）国内研究

有关互联网背景下公共文化服务的国内研究，笔者借助中国知网进行了文献搜集工作，对 CSSCI 期刊和核心期刊库进行同时包含"互联网"及"公共文化服务"主题关键词搜索，为使收集文献更加全面，同时对包含"公共文化服务"和"数字"主题关键词进行搜索，总共获得 472 条建设性结果，在对新闻资讯等无关文献进行人工筛选后获得 415 篇文献作为研究样本，综合运用量化和质化研究方法，借助华裔学者陈超美教授开发的 Citespace 软件对研究的样

---

❶ HIRONS M, ect. Valuing Cultural Ecosystem Services [J]. Annual Review of Environment and Resources, 2016（7）: 32.

❷ ALESSIA A, ect. Towards an Integrated Assessment of the Cultural Ecosystem Services in the Policy-Making for Urban Ecosystems: Lessons from the Spatial and Economic Planning for Landscape and Cultural Heritage in Tuscany and Apulia（IT）[J]. Planning Practice & Research, 2018, 33（4）: 441-473.

本文献进行计量分析，构建知识图谱，用数据描绘该领域研究概况，同时选取重点研究内容相关文献进行定性思辨分析。

从研究的时间跨度来看，中国于1994年正式接入国际互联网，此后互联网在中国不断发展并深刻改变了社会生活。"公共文化服务"概念在2006年被正式提出，此时正值我国互联网发展到Web 1.0阶段，互联网虽然已经开始进入社会生活，还未深度融入，但我国有关互联网背景下公共文化服务的研究已经逐渐展开。根据文献发表年份及数量，可以看到十几年来我国有关互联网时代公共文化服务研究的总体趋势（见图2-1）。

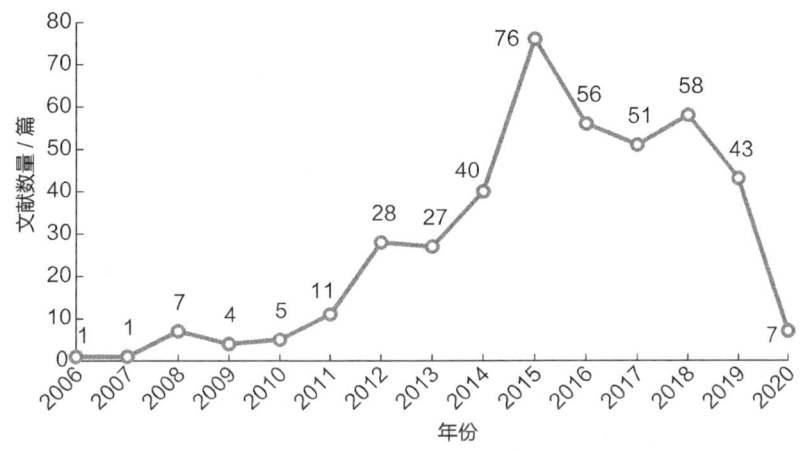

图2-1　互联网时代公共文化服务研究年度文献数量

注：研究者根据搜集文献自绘，文献搜集截至2020年4月。

从整体来看，我国有关互联网时代下公共文化服务的研究呈上升趋势。2011年之前，该领域的研究还比较匮乏，但2011年后，研究数量快速增加，尤其是2014年之后，该领域研究数量相较于以前大幅度增加，在2012年、2015年、2018年左右出现阶段性文献研究数量峰值。

研究文献的关键词能够反映出研究议题方向。整体来看，互联网时代公共文化服务研究议题分布范围具有广泛性，"公共文化服务""公共文化""公共数字文化服务"等重要节点是对筛选样本研究主题聚焦性的印证，在这些概括性关键词之外，"公共数字文化资源""公共图书馆"和以"政府和社会资本合作（PPP）模式"为代表的围绕公共数字文化服务的众多模式、机制关键词反映了更具体的研究方向。公共数字文化资源的整合、互联网背景下以图书馆为代表的公共文化机构建设，还有"PPP模式""全媒体推广""媒体融合"等互联网时代公共文化服务运营管理模式的探索是整体研究较为集中的议题，在这些方面的研究文献数量也较多。此外，法律维度的"知识产权法""版权法"、技术维度的"大数据""人工智能"，以及治理维度的"文化扶贫""数字文化治理"等都是延伸性议题方向。

在借助量化分析结果得到互联网时代公共文化服务研究的基本情况后，通过重点领域文献阅读对该领域研究文献内容做进一步分析。

1. 研究特点

在对文献内容进行梳理之后发现，研究文献内容在时间维度的变化上整体具有法规政策引导、技术发展推动及实践与理论结合三大特征。

（1）法规政策引导。从时间维度看，国内关于互联网时代公共文化服务研究趋势与相关法规政策具有密切联系。在研究发文数量达到峰值的三个年份时间段前期，有互联网相关或公共文化服务领域相关法规政策出台。2012年这一峰值年份前期，文化部❶、财政部于2011年11月联合发布了《关于进一步加强公共数字文化建设的指导意见》，该意见指出"公共数字文化建设作为公共文化服务体系建设的重要组成部分，是数字化、信息化、网络化环境下文化建设的新平台、新阵地，是利用信息技术拓展公共文化服务能力和传播范围的重要途径"，并且在同年推出了"十二五"期间重大文化惠民工程——"数字图书馆推广工程"。就研究内容来看，2012年至2013年的研究聚焦"公共数字文化""数字图书馆"等关键词。

在2015年峰值产生前夕，2013年9—10月国家主席习近平提出了建设"新丝绸之路经济带"和"21世纪海上丝绸之路"的合作倡议；2014年11月李克强总理出席首届世界互联网大会时指出，互联网是大众创业、万众创新的新工具。2015年1月14日，中共中央办公厅、国务院办公厅印发的《关于加快构建现代公共文化服务体系的意见》，指出要推进公共文化服务与科技融合发展。2015年"两会"期间，国家发改委、外交部、商务部联合发布了《推动共建丝绸之路经济带和21世纪海上丝绸之路的愿景与行动》，提出文化建设

---

❶ 2018年3月，组建文化和旅游部，不再保留文化部。

是"一带一路"建设的重要组成部分；同时，李克强总理在《政府工作报告》中首次提出"互联网+"行动计划，"互联网+"上升为国家发展战略。"一带一路"和"互联网+"在政策方面被提到了前所未有的高度。此外，2015年经济领域提出的供给侧结构性改革也为公共文化领域研究带来了启发影响。2014—2016年有关互联网与公共文化服务的融合、利用互联网技术建设"海疆万里数字文化长廊"及从供需角度剖析公共文化服务等成为研究热点，"互联网+""一带一路"和"供给侧"等关键词也常常出现在研究文献中。同时，这一时期也是国家"十二五"规划和"十三五"规划的过渡时期，在上一历史时期有关公共数字文化建设的研究也得到延续，这一阶段的研究数量较之前得到了极大丰富。

第三个峰值出现在2018年左右。2016年末，《中华人民共和国公共文化服务保障法》（以下简称《公共文化服务保障法》）公布，2017年3月1日起实施；2017年末，《中华人民共和国公共图书馆法》（以下简称《公共图书馆法》）作为中国第一部图书馆专门法颁布，2018年1月1日起实施。这两部公共文化服务领域重量级法律中都特别提到了加强数字化、信息化、智能化建设，倡导互联网技术在公共文化服务领域的应用。该时期涉及互联网、数字文化的公共文化服务研究内容在保持以往研究热度的同时再度出现峰值，并且与公共图书馆建设、公共文化服务体系制度建设相关的研究内容更加丰富，而基于上一阶段的"互联网+"等国家战略也在该时期政策上不断得到强化，相关研究承袭之前的积累得到进一步发展。

近年来，随着国家文件中对公共文化服务的目标要求从之前的"标准化"进一步提高到"均等化""精准化"，研究者在研究文献中对互联网在推动公共文化服务发展的相关认识上也不断深入。综合前文分析，公共文化服务建设在我国一直是由政府主导，重大法规政策的发布和实施对互联网背景下公共文化服务的研究具有引导作用。

（2）技术发展推动。互联网背景下公共文化服务相关研究与技术发展密切相关，研究文献数量在整体时间跨度上的分布与之呼应。在2012年之前相关研究文献一直数量较少，该时期我国互联网发展主要还处于PC互联时期，互联网技术首先在文化产业的经营性活动中得到应用，在公共文化服务发展中的应用还十分有限，因此该时期的研究文献较少，对相关技术的应用研究也处在初步探索或者设想阶段，如研究者探讨数字版权在公共文化服务中的使用问题及有关文化资源实现信息化、数字化的模式设想等。

而在 2012 年，尤其是 2014 年之后研究文献数量大幅度增加，一方面与前文提到的国家法规政策的引导有关，另一方面是在 21 世纪 10 年代以后，我国互联网发展进入移动互联网时代，2009 年、2013 年分别是 3G、4G 元年，3G 和 4G 技术在发布后的一到两年内实现普及，移动互联网技术革新后，与之相匹配的智能手机替换之前的功能性手机，移动终端的换代使得每一个普通人能够真正成为技术进步的受益者。根据中国产业信息网的数据分析，2012—2013 年是 3G 智能手机的换机过渡期，而 2014 年是智能手机历史上重要的一年，首个季度就迎来了 4G 进、2G 退的换机大潮。❶ 移动互联网技术的进步及智能手机的普及使互联网开始深度融入每个人的生活，而公共文化服务与每个人的日常生活息息相关，互联网与公共文化服务的深度结合也自然而然发生在这一历史阶段，因此这一时期的相关研究也大幅度增加。

2014 年之后，研究文献年均数量基本都维持在 40 篇以上，并且研究内容也越来越多地紧跟技术发展潮流。在互联网电视发展初期，不少研究者探索将互联网电视与公共图书馆资源相结合的新型文化服务模式。而后在大数据、云计算技术兴起时，也出现了将这些技术应用到公共图书馆、博物馆及传媒等文化服务的研究。近年来，随着 5G、虚拟现实、人工智能、区块链等新兴技术的发展，"全域服务""智能服务""体验服务"等公共文化服务领域相关研究也纷纷出现，同时媒体融合、跨界融合、文化治理等基于互联网技术发展带来的互联网思维也在研究内容中逐渐得到广泛体现。

互联网背景下公共文化服务的研究伴随互联网技术的发展不断丰富、创新，实现研究数量的增长和研究广度的拓展。

（3）实践与理论结合。我国互联网背景下公共文化服务研究内容和成果在时间分布上还具有的一个特征是实践与理论的结合，这个结合过程也是随着时间发展逐步推进。

在初期阶段，我国互联网与公共文化服务的结合大多是始于实践的，研究

---

❶ 中国产业信息网.中国智能手机行业发展现状行业发展趋势分析［EB/OL］.（2018-06-04）［2021-12-18］.http：//www.chyxx.com/industry/201806/646243.html.

也大多是对具体的文化服务形式、场馆或区域建设的互联网相关探索实践成果进行整理介绍，在实践基础上进行理论的抽象总结并对未来发展进行展望。比如，对"中国盲人数字图书馆""家庭虚拟图书馆""永乐农村院线数字电影平台"及区域数字图书馆建设等进行介绍和经验总结。

随着研究数量逐渐增多，以及法规政策引导和技术发展推动，互联网与公共文化服务走向深度融合，在研究领域不止有对实践成果的总结，也开始进行先于实践的制度、模式构想，在借鉴国外公共文化服务建设经验上提出的新型路径探索，"PPP模式""O2O"等概念也逐渐出现在公共文化服务研究领域。此外，除新公共服务理论、治理理论等经典公共管理理论外，7PS营销理论、定价理论、信息集群理论、数据包络分析等跨学科、跨领域的理论和研究方法也被运用到互联网时代的公共文化服务研究。同时，研究中也不乏有关法规政策梳理解读及对已有公共文化服务研究的数据化、可视化分析。学者王林生和金元浦曾就"互联网+"和"双创"时代的全国文化中心建设进行了2014—2015年人文北京的研究综述❶；学者宗何婵瑞对2007—2018年我国公共文化服务图书出版进行了概要梳理❷；学者严贝妮和程昊运用计量工具对我国公共图书馆治理研究进行可视化分析。❸

近年来，我国关于互联网视域下公共文化服务的研究在中国特色社会主义理论指导下，研究方向始终紧跟时代大势和国家发展动态，既有现实的建设实践回顾和模式总结，也有前瞻性的制度构想、战略设计及模型搭建等理论研究，理论和实践的有效互动愈发显著。

2. 研究领域

（1）公共数字文化。研究文献中有近六成与公共数字文化建设相关，公共数字文化是研究中的重点领域。我国系统化、整体性的公共数字文化建设始于2002年起正式实施的全国文化信息资源共享工程。随着数字图书馆推广工程、公共电子阅览室建设计划的陆续开展，形成了我国公共数字文化建设的三大重点文化惠民工程，一直持续至今。公共数字文化建设有着丰富的实践案例，研究成果也占

---

❶ 王林生，金元浦. "互联网+"和"双创"时代的全国文化中心建设：2014—2015年人文北京研究综述［J］. 北京联合大学学报（人文社会科学版），2015，13（4）：19-26.

❷ 宗何婵瑞. 2007—2018年我国公共文化服务图书出版概观［J］. 图书馆建设，2019（5）：28-35.

❸ 严贝妮，程昊. 我国公共图书馆治理研究的可视化分析［J］. 图书馆，2019（1）：35-41.

据了较大比例，在研究视角上主要聚焦顶层设计和具体实施两个维度。

顶层设计主要包括公共数字文化体系构架、法规政策解读、文献梳理等领域。有关体系建设的早期研究文献大多关注将互联网信息技术运用到公共文化服务中的优势，2012年学者高福安和刘亮在《基于高新信息传播技术的数字化公共文化服务体系建设研究》中强调新技术应用是公共文化服务体系的创新路径。❶而后随着互联网思维的渗透，在体系建设方面的研究不再仅停留在技术应用层面，进一步深化和拓展到转变服务思维理念，改善主体结构和合作机制，革新服务管理、运营和评估机制等方面。2017年，学者张鑫、王丹、陈则谦运用文献计量方法对我国公共数字文化服务的研究进展进行了总结，指出公共数字文化服务研究受政府和政策驱动明显，核心发文期刊、高产作者和学术合作团体主要来自图书情报学界，研究热点的演化线索是公共文化服务的数字化趋势、公共文化服务及其数字化的参与主体的多元化趋势、公共数字文化服务研究问题的实践导向趋势。❷2019年学者魏大威指出，面对新时代数字技术的不断发展和人民对美好生活的新期待，公共数字文化工程急需主动适应新形势、新要求，按照"能融则融、宜融尽融"的原则，加快转型升级、深度融合，创新业态，提升服务效能。❸

在具体实施层面，公共数字文化的相关研究主题集中在以下几个方面。第一，有关内容供给的研究。研究者们关注运用互联网信息技术实现文化资源的数字化和资源整合，打破之前实体资源整合的障碍和壁垒，探讨数字文化资源整合的运作机制。同时，关注资源整合后供给平台建设和服务功能设计，强调一站式的简约和服务供给的均等化、精准化，提出了共享云平台等模式。在内容供给领域，也有研究人员提出XML中间件、原数据仓储、大数据等技术在资源存储整合和用户需求分析方面的应用前景。第二，在公共数字文化服务的主体关系及合作机制方面的研究。除了强调政府、社会力量和公众三者在决策、供给、监督、保障等运行环节的多方参与外，也有对公共文化机构之间协调合作机制的研究。此外，还有研究者关注在具体项目中行为主体的角色期

---

❶ 高福安，刘亮.基于高新信息传播技术的数字化公共文化服务体系建设研究[J].管理世界，2012（8）：1-4.

❷ 张鑫，王丹，陈则谦.我国公共数字文化服务的研究进展[J].图书馆，2017（12）：93-99.

❸ 魏大威.浅析公共数字文化工程融合创新发展[J].图书馆理论与实践，2019（8）：26-31.

待,学者张芳源调研发现我国公共数字文化资源整合项目中,同行政级别合作意愿更高,角色分配应结合《文化部信息化发展纲要(2013—2020年)》。考虑从业者的角色期待,为各行为主体分配合理的角色,特别注意第三方机构的协调和中介作用;在此基础上,项目建设之初应该根据已有角色分配对角色职能进行详细扩展。❶ 第三,对服务效能监督评估方面的研究。近年来有关这方面的研究逐渐成为热点,研究者们从不同角度提出自己的观点。学者钱丹和陈雅构建并检验了用户采纳公共数字文化服务的计划行为理论模型,提出以公平、公正和均等作为价值取向,培育用户信息素养,促进社会资本流动,建立信息反馈机制的建议。❷ 学者吴高、林芳和韦楠华研究发现,当前公共数字文化服务考核评估存在评估指导法规缺乏、评估实施主体单一、评估运行规范缺失、评估结果反馈不足等主要问题,提出加强评估法规建设、构建多元评估主体、完善评估运行机制、优化评估反馈机制等对策建议。❸ 第四,法治建设方面的研究。这方面的研究也是贯穿于公共数字文化发展的整个历史阶段。从最开始,研究者们就具有对数字化所带来的版权问题的敏感度,研究聚焦公共数字文化知识产权在文化机构之间、公众之间的使用规范问题。我国知识产权的相关法律法规建设目前仍处于不断完善阶段,研究者们在针对相关问题进行剖析后提出加强法治建设和专门法律人才培养等建议。同时,值得注意的是随着互联网的不断深化发展,公共文化服务中涉及的公众数据隐私安全等信息伦理也逐渐进入研究视野,这是当前我国公共数字文化建设从研究到实践都需要更加关注的问题。此外,还有传播推广方面的研究,但该部分的专门研究目前较少,研究者们多借用广告学中的营销视角,倡导从用户角度出发,提出在完善公共文化产品和服务质量的基础上,加强营销现状调查、改善服务营销方式、组建营销团队等建议。这对加强公共数字文化服务与公众之间的联结具有指导作用。

(2)公共文化设施网络。除了公共数字文化建设的相关研究外,互联网时代下公共文化服务的设施网络构建也是研究的一个重要领域。

---

❶ 张芳源.公共数字文化资源整合项目中的角色期待研究[J].图书情报工作,2015(11):28-35.

❷ 钱丹,陈雅.公共数字文化的一体化服务效能探析[J].图书馆,2017(6):60-64.

❸ 吴高,林芳,韦楠华.公共数字文化服务绩效评价现状、问题及对策分析[J].图书情报工作,2019(2):60-67.

从主要场域设施来看，图书馆建设是我国公共文化服务建设的一个重要组成部分，与之相关的研究较于其他场馆和服务载体更加丰富。这部分研究虽然注重图书馆建设中对OTT TV、大数据、人工智能等新技术的应用，但更多的是对互联网时代图书馆服务的新模式、新形态关照，"泛在图书馆""电视图书馆""智慧图书馆""地铁图书馆"及"图书馆+"等概念的提出都是研究者们基于技术发展和互联网思维的创新构想，尤其是近年来倡导图书馆进行跨界合作的研究增多。此外，还有研究者探讨图书馆运营过程中优化资源配置的多方参与机制，提出PPP模式、图书馆众筹、高校图书馆与社会公共图书馆联动、组建区域图书馆联盟等合作方式。关于博物馆的研究也成为近几年关注增多的领域，但相关研究文献数量还不多，研究主题也较为分散，有关于高校数字博物馆建设探索的案例研究，也有基于移动互联网背景下数字博物馆的共享机制研究，还有对博物馆知识产权风险、文物知识图谱建设等垂直细分领域的学术探讨。除了公共文化服务场馆建设外，互联网时代新型媒体崛起、与传统媒体融合发展也成为公共文化服务研究者的关注点。新媒体的出现对公共文化服务传播产生了影响，塑造了多元化传播者、海量化信息、个性化受众，重新构建公共文化传播的新环境。[1]对传统广电媒体而言，增强了公共文化供给和服务能力。同时，媒体融合环境下，传媒领域也出现了对财政支撑模式创新、引入PPP模式等体制机制方面的创新研究。

此外，个案研究占研究成果的比重较高。公共文化服务建设是一个复杂系统的构建，我国幅员辽阔，地域、城乡、群体间差异较大，地方在多年探索和实践中总结出一些经验和模式，具有较强的参考价值。东部地区案例研究成果要明显多于中部和西部地区，这与东部地区互联网和公共文化服务发展程度较高有关。近几年关注中西部欠发达地区互联网时代公共文化服务的研究增多，如2019年的研究中有对西藏自治区康马县数字公共文化服务平台构建的案例进行总结，也有对湖南省衡南县公共数字文化服务供给与利用的田野调查。在对城乡关注方面，更多的研究关注农村地区互联网公共文化服务建设。一方面，这与我国的实际国情有关，在城乡二元结构下我国农村地区和人口还依然占很大比例，这也是我国未来要持续深耕的领域。另一方面，我国农村地区的

---

[1] 赵娟娟. 新媒体发展对公共文化服务的影响［J］. 青年记者，2014（11）：67-68.

公共文化服务建设目前普遍存在着基础较差、资金短缺等问题，在人才队伍建设、馆藏资源建设、基础设施建设、数字图书馆建设等方面存在不足，且资源供给能力较弱，服务水平较低❶，在国家倡导实施乡村振兴战略的政策引领下，这些问题亟须得到改善解决。学者曾鸣通过数据分析指出互联网使用通过促进政府财政支出、居民公共事务参与及完善财政监督的途径提高了农村公共文化服务满意度，在完善农村公共文化服务建设过程中，应该重视发挥互联网的积极作用，从而实现公共文化服务的均衡发展。❷

（3）其他视角。在互联网背景下的公共文化服务研究成果中，还有一些独特视角。

首先，对特殊群体的关注。这部分研究体现了我国公共文化服务以人民为中心的核心价值，是公共文化服务建设中不可或缺的人性关怀。在2009—2010年的研究中，国家图书馆研究员李春明等人在中国盲人数字图书馆实践成果基础上深化对盲人这一特殊群体的公共文化服务研究，总结了网页设计无障碍、内容呈现无障碍、辅助技术兼容无障碍、后台管理无障碍等无障碍技术在盲人数字图书馆网站建设中的应用❸；在借鉴国际盲人与残疾人图书馆服务实践经验基础上，提出开展面向残障人士的数字图书馆技术指南和建设标准研究、探索资源共享与收割新模式、加强信息无障碍技术手段的开发与应用等做法，有助于推动信息无障碍在公共文化共享领域的实践步伐，促进残障人士文化事业的可持续发展。❹ 此后，对特殊群体图书馆的服务研究一直持续。2014年学者洪伟达和王政对黑龙江省图书馆特殊群体信息权益保障情况进行了实证研究，得出特殊群体对图书馆认知度较低，不能完全满足信息获取需求，信息获取权益无法得到有效保障等结论，建议以数字资源服务方式弥合图书馆建设和使用差距，为老年人、残疾人、农民工、未成年人等特殊群体提供具有针对

---

❶ 雷兰芳.精准扶贫视域下贫困县公共图书馆发展研究：基于福建省23个省级扶贫开发工作重点县公共图书馆的调查［J］.图书馆工作与研究，2019（11）：106-111.

❷ 曾鸣.互联网使用与农村公共文化服务满意度［J］.华南农业大学学报（社会科学版），2018（4）：84-94.

❸ 张炜，李春明.积极推进信息无障碍建设 人人共享公共文化服务：中国盲人数字图书馆网站介绍［J］.图书馆建设，2009（9）：65-67.

❹ 李春明，陈力，张炜.中国残疾人数字图书馆建设展望［J］.图书馆建设，2010（11）：16-18.

性、差别性、高效性和可操作性的公共信息服务等建议。❶ 而在近年来随着对特殊群体公共文化服务设施建设在各地区的不断完善，直接从特殊群体视角进行的研究数量减少，但在"数字鸿沟"、信息贫富分化等新问题出现的背景下，研究者们从关照性更强的"信息无障碍"视角进行研究，关照互联网时代下处于信息获取弱势的更广泛人群，提出在我国已有的"信息可及性"建设的基础上，未来基于多媒体融合的信息无障碍建设应为发展的重点。❷

其次，互联网发展也为公共文化服务建设开拓了更加广阔的服务空间，基于特殊服务空间的研究也逐渐出现。学者户晓坤提出，将培育青年学生群体的社会责任意识与媒介素养作为构建新媒介公共文化空间的价值引导和内在支撑，抓住新媒介公共文化空间在青年群体中发展的契机，引导和培养其自觉、自由、自为的公共理性和参与能力。❸ 在推广全民阅读的浪潮下，有研究表明基于PPP模式下的地铁图书馆有效满足读者的服务需求，提升地铁图书馆的运营效率，减轻政府投资压力，有助于扩大社会资本的影响力。❹ 此外，研究者有关互联网虚拟空间、融媒体智慧空间等探索研究也为公共文化服务空间创新提供了新思路。

在研究中，还有学者通过对理论的跨界应用开阔了互联网时代公共文化服务研究的思路和视角。学者刘香兰基于生命周期理论，提出运用采集、加工组织、存储、版权保护、集群高并发检索与动态调度、智能展示等数字化高新技术，汇集、整合不同文化机构的数字文化资源，实现文化资源的集中管理、统一检索与联合展示，实现异构多形态文化资源的数字化建设。❺ 学者李硕、肖希明从视频源数据映射的信息技术角度出发，提出为解决公共文化服务机构中对视频资源的描述没有形成统一的视频元数据标准带来的数字视频资源整合不便问题，可以对公共文化服务部门描述数字视频资源使用的主要元数据标准进

---

❶ 洪伟达，王政.图书馆弱势群体信息权益保障情况的实证研究[J].图书与情报，2014（6）：59-68.

❷ 李东晓，熊梦琪.新中国信息无障碍70年：理念、实践与变迁[J].浙江学刊，2019（5）：14-23.

❸ 户晓坤.新媒介公共文化空间建构与青年学生公共精神培育[J].思想理论教育，2017（8）：80-84.

❹ 傅宝珍，章忠平.PPP模式下的地铁图书馆建设研究[J].图书馆，2018（11）：70-76.

❺ 刘香兰.基于生命周期的跨机构文化资源数字化建设[J].图书馆，2016（4）：62-65.

行映射和转换。❶ 学者易玲从专业法律角度指出，传统博物馆在关注构建数字博物馆的技术议题时也应同步关注数字博物馆的潜在知识产权要素，完善知识产权风险识别工作。对于潜在的知识产权风险，博物馆可采取消极的侵权应对策略及主动的著作权许可策略，同时需注意的是，博物馆应当注意公益性与知识产权私权保护之间的冲突，突破保守的知识产权守护者角色，对部分进入公有领域的文物藏品开放获取，增强其开放性、包容性。❷ 这些研究成果对实现互联网时代跨学科、跨领域研究具有示范作用。

总体来看，目前关于互联网背景下公共文化服务的研究成果比较丰富，但国外的案例、模式等成果较为匮乏。公共文化服务建设研究应当更具有国际视野。此外，从治理角度进行互联网时代公共文化服务研究的趋势已经有所显现，但还不够深入。在国际研究视野和治理研究深度两方面的拓展，正是本书的价值所在。

## 二、相关概念梳理

### （一）公共文化服务体系

"公共文化服务体系"是具有中国特色的公共服务概念。党的十八大以来，随着国家治理体系和治理能力现代化的提出，发展现代公共文化服务成为全面深化改革的重要战略任务，成为"推进文化体制机制创新"的一项重要内容。公共文化服务体系建设不仅是现代化国家治理体系的组成部分，也是构成国家治理能力现代化的必备要素。

2005年10月1日，党的十六届五中全会通过的《中共中央关于制定国民经济和社会发展第十一个五年规划的建议》提出"加大政府对文化事业的投入，逐步形成覆盖全社会的比较完备的公共文化服务体系"，这是"公共文化服务体系"概念首次出现在官方文件中。2007年出版的《科学发展观百科辞典》中对"公共文化服务体系"这一词条作了概念解释，对公共文化服务体系的属性和基本内容作了界定。

2012年，党的十八大后，以习近平同志为核心的党中央将加快构建现代

---

❶ 李硕，肖希明.公共数字文化资源中视频源数据映射研究［J］.图书馆杂志，2016（8）：67-75.
❷ 易玲.文化法2.0时代博物馆知识产权风险控制研究［J］.法学评论，2019（4）：139-149.

公共文化服务体系纳入全面深化改革的全局。"现代公共文化服务体系"的提出对"公共文化服务体系"概念的现代性进行了补充。2013年,"现代公共文化服务体系"概念有了初步解释。2015年,《关于加快构建现代公共文化服务体系的意见》及相关标准发布,"现代公共文化服务体系"概念进一步得到了完善,着重提出了其"现代性"所体现的五个现代化要求(见表2-1)。

表2-1 公共文化服务体系相关概念梳理

| 时间 | 概念 | 定义 | 阐释 |
| --- | --- | --- | --- |
| 2007年 | 公共文化服务体系 | 公共文化服务体系是面向大众的公益性的文化服务体系 | 主要包括先进文化理论研究服务体系、文艺精品创作服务体系、文化知识传授服务体系、文化传播服务体系、文化娱乐服务体系、文化传承服务体系、农村文化服务体系七个方面 |
| 2013年 | 现代公共文化服务体系 | 现代公共文化服务体系是指兼具时代性、创新性和开放性特征,有中国特色的公共文化服务保障体制、运行机制的总称[a] | 现代公共文化服务体系以塑造时代精神和弘扬社会主义核心价值观为目标,以保障基本公共文化服务为基础,以文化体制改革和科技创新为驱动力,要求进一步实现政府职能转变,以政府政策和公共财政为支撑、以公共文化机构为建设主体的同时,充分发挥市场资源配置和多元社会力量的积极作用,科学运用现代传播方式,努力建立政府主导、社会多元参与的发展格局 |
| 2015年 | 现代公共文化服务体系 | 现代公共文化服务体系指体现时代发展趋势,适应社会主义初级阶段基本国情和市场经济特征,符合文化发展规律,具有中国特色的公共文化服务保障体制、运行机制的总称[b] | 现代公共文化服务体系除具有公共文化服务"公益性、基本性、均等性、便利性"特征之外,还突出了现代性、创新性和开放性特征。其中,现代性包括价值取向现代化、建设理念现代化、服务内容现代化、服务能力现代化、服务方式现代化 |

注:a. 张永新. 构建现代公共文化服务体系的重点任务[EB/OL].(2014-04-22)[2021-12-18]. http://views.ce.cn/view/ent/201404/22/t20140422_2701959.shtml.
b. 张永新. 深入学习贯彻《意见》《标准》 全面推进现代公共文化服务体系建设(上)[J]. 人文天下,2015(3):7-15.

通过表2-1梳理,现代公共文化服务体系是基于时代需要,对公共文化服务体系概念的补充和完善。新时代背景下,从国家发展和治理的现实意义层面，现代公共文化服务体系的概念更适用于"公共文化服务的互联网式治理"这一主题的研究，更具有时代性。

（二）互联网时代与互联网思维

1. 互联网时代

"互联网时代"的概念目前在学术界并未达成共识，许多学者在研究互联网各垂直领域问题时，并未对"互联网时代"做特殊的界定与说明，而是作为既定条件与背景。但本书所指的"公共文化服务的互联网式治理"是基于互联网时代的产物，"互联网时代"对当前公共文化服务体系建设具有特殊的时代意义，因此需要明确"互联网时代"的概念。

根据前文对互联网技术发展史的梳理，21世纪互联网在经历商业化后开始介入媒介改变，并逐渐进入人们生活，社会联结由弱变强，而在21世纪10年代以后，移动互联网的迅速发展使得互联网深度融入日常生活，改变人们的生产生活方式，社会联结进一步加强。这种强联结不仅改变了每个人的日常生活，也深刻影响着国家和社会发展。2015年，"互联网+"被写入全国"两会"的《政府工作报告》，上升为国家战略。范周教授在梳理"互联网+"相关概念后，给出了"互联网+"的定义："互联网+"指的是以终端、软件、网络三大技术的创新和相关基础设施的安装为基础，充分发挥信息在资源配置中的作用，将互联网成果与业已成型产业链上的各个环节深度融合，并由此拓展，广泛作用于经济、政治、社会、文化等诸多领域的一种社会运行状态。❶本书认为，"互联网时代"是指以互联网技术为代表的科学技术创新及配套基础设施建设与社会逐渐走向深度融合，充分发挥信息在资源配置中的作用，引起经济、政治、文化、社会、生态等方面深刻变革的人类历史时期。

2. 互联网思维

互联网时代社会的颠覆性变化，不只源于以互联网技术为代表的科学技术发展，更重要的是人类思维方式的转变。关于"什么是互联网思维"这一问题，金元浦教授指出，互联网思维是第三次工业革命的先导理念，是当代高科技与

---

❶ 范周. 重构·颠覆：文化产业变革中的互联网精神［M］. 北京：知识产权出版社，2016：15.

文化创意跨界融合实践的新思维方式，是科技革命中范式转换的必然成果。❶ 周文彰教授指出，互联网思维是人们立足于互联网去思考和解决问题的思维：它以互联网技术为思维基础，以重视、适应、利用互联网为思维指向，以收集、积累、分析数据，用数据"说话"为思维特点。互联网思维是人类思维的合乎逻辑、合乎规律的发展，服从人类各种思维的共同法则。❷ 谭天教授认为，互联网思维有三大要义：颠覆性创新、开放中博弈、合作中共赢，同时这三大要义要始终围绕一个核心点"人"，即以人为本。在社会实践中，雷军发明了互联网思维七字诀：专注、极致、口碑、快。马化腾提出互联网思维的五个关键词：便捷、表达（参与）、免费、数据思维、用户体验。赵大伟总结了互联网九大思维：用户、简约、极致、迭代、流量、大数据、社会化、平台、跨界。

尽管互联网思维并没有统一的权威定义，但研究学者和实战企业家们对互联网思维的认识具有共性。首先，互联网技术的诞生与发展都来源于人类自身的需求，在这一过程中技术只是工具，口碑、用户、简约、极致、便捷、免费等互联网思维的提出都源于对"以人为本"的理念的强化，因此人本思维是互联网思维的代表之一。其次，正如1969年阿帕网诞生前夜第一份RFC文档本身作为开放文档所体现的那样，"合作比研究人员之间的竞争更强大"。互联网技术在诞生之初，技术本身的开放属性就决定了其代表的开放思维，开放能够带来表达、参与、社会化、合作共赢等，开放思维也是互联网思维的重要内涵。互联网技术发展作为信息载体实现了信息资源的解放，带来信息共享，也使人们可以借助信息共享实现对社会其他资源的共享，共享思维已成为互联网思维的应有之义。互联网技术对社会的变革始于对社会的连接，连接能够重构各种社会关系，带来融合，打破原本不同概念、系统的壁垒，实现不同要素的优化整合，跨界、平台都是融合思维的产物，融合思维也是互联网思维的突出特征。最后，互联网技术本身就在不断发展变化、迭代更新，创新是互联网时代的常态，创新思维也是互联网思维中不可缺少的一部分。基于对前人互联网思维的整合与分析，本书认为人本思维、开放思维、共享思维、融合思维、创新思维代表了互联网思维的主要维度，其中人本思维是核心思维。

---

❶ 金元浦. 互联网思维：科技革命时代的范式变革[J]. 福建论坛（人文社会科学版），2014（10）：42-48.

❷ 周文彰. 简论互联网思维[J]. 北京联合大学学报（人文社会科学版），2016，14（2）：1-7.

## 三、理论关照与制度框架

结合对互联网时代背景的理解认识,梳理研究相关概念,本书选择以协同理论与领土—文化认同理论为研究框架,尝试对互联网时代的公共文化服务治理制度进行理想化设计,提出"互联网式治理"的治理模式。

互联网式治理是一种多元主体协同参与、兼顾公共文化服务体系内部与外部城市其他系统的协同治理并注重地缘文化认同的理想化制度设计,以实现公共文化服务系统内外的协同善治为目标,包含技术基底、价值理念、主体关系和行为运作四个子系统(以下简称"技术系统、价值系统、主体系统和行动系统")。

### (一)理论关照

协同理论的提出者赫尔曼·哈肯(Hermann Haken)教授在其著作《协同学——大自然构成的奥秘》的前言中写道:改善每个人的生活是人类当今最重要的任务之一。无论对社会或个人来说,这个任务所提出的问题日益复杂。当前,公共文化服务体系建设正面临着"如何更好地满足人民日趋多样化的精神文化需要"的目标。

互联网本身是一个复杂的系统,公共文化服务体系同样也是。两个复杂系统既嵌入政治经济社会发展的大环境,又彼此耦合、迭代,从制度结构、组成要素、参与主体等方面都相互作用。研究"互联网式治理"模式,既需要系统审视,又不能缺少对部门之间关联的体察。因此,本书选择系统理论中的经典理论——协同理论作为研究的逻辑起点和分析框架,同时融入新内生发展理论中的领土—文化认同理论,形成对"互联网式治理"的系统观察。

1. 协同理论

在系统理论研究领域,20世纪70年代之后迅速发展的是新三论,即结构耗散理论、协同理论、突变理论。其中,赫尔曼·哈肯提出的协同理论始于物理学领域激光路径的形成过程,但其主张协同理论致力于探寻适用于不同科学领域的原理,包含物理学、化学、生物学、社会学和经济学等多种学科。

作为一门在普遍规律支配下的、有序的、自组织的、集体行为的科学[1]，协同理论强调系统内各部分的协调合作，旨在研究复杂系统中有序结构形成的普遍规律，探讨最终形成的总体模式，这与本书的逻辑高度契合。同时，协同理论指出要关注系统与系统外部的连接协同，这与公共文化服务体系在社会治理中的作用高度相似。

另外，协同理论的核心概念，如开放系统、子系统、序参数、支配作用、自组织等与公共文化服务体系的构成要素趋于统一。开放系统使得内部各部分不断探索、相互作用，这些部分组成整体系统的子系统，在子系统的相互作用中，序参数能对子系统的演化起支配作用，它产生于子系统，又反过来支配子系统。在序参数的支配作用下，子系统协调合作，通过自组织形成系统结构。协同理论通过这几个核心概念对系统的协同和最终模式进行描述。遗憾的是，赫尔曼·哈肯教授在书中并未构建起统一的协同理论框架，现存的集中在自然科学领域研究中的更多地抽象为数学关系和公式。不过，在2019年的一次访谈中，赫尔曼·哈肯教授对协同学在管理中的运用给出过一个简略的理论框架，如图2-2所示。

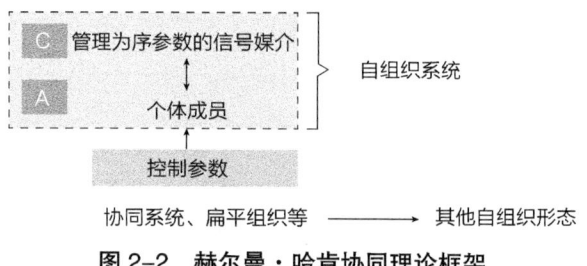

**图 2-2　赫尔曼·哈肯协同理论框架**

**图片来源**：鲍勇剑．协同论：合作的科学——协同论创始人哈肯教授访谈录[J]．清华管理评论，2019（11）：6-19．

其中，C代指集体层面活动，A代指个人层面活动。在社会科学的运用中，协同理论不仅关照系统内部，也关照自组织系统外部的其他影响因素（即图2-2中的控制参数）对系统的影响，这些因素是可以通过转译为序参数的一部分作用于系统。

---

[1] 赫尔曼·哈肯．协同学：大自然构成的奥秘[M]．凌复华，译．上海：上海译文出版社，2005：9．

## 2. 领土—文化认同理念

致力于欧洲农村地区内生发展的英国纽卡斯尔大学学者克里斯托弗·雷（Christopher Ray）指出，地区内生发展是基于地方资源和参与的发展，文化标志在欧洲许多农村地区已成为地区激发社会经济发展的重要指标。他提出了领土—文化认同理念，强调在地区内生发展过程中应重视领土和文化两个关键点，领土以文化为边界，文化以领土为根基。领土—文化认同能够使地方居民确定社会身份特征，加强地方居民对区域的主人意识与归属感，进而形成区域的特色表达。

公共文化服务建设是基于技术发展浪潮的新世界背景下，技术发展在带来公共文化资源共享便捷的同时，不能忽视大量信息共享可能带来的文化建设趋同隐患，各个城市、地区都应注重特色文化的保护。领土—文化认同理念的应用不局限于乡村地区内生发展，也同样适用于城市地区内生发展。新内生发展理论中的这一理念对互联网时代公共文化服务体系建设具有重要意义。

### （二）公共文化服务的互联网式治理图景

以协同理论为指导，融合领土—文化认同理念共同构建了公共文化服务领域互联网式治理的理想图景，如图 2-3 所示。

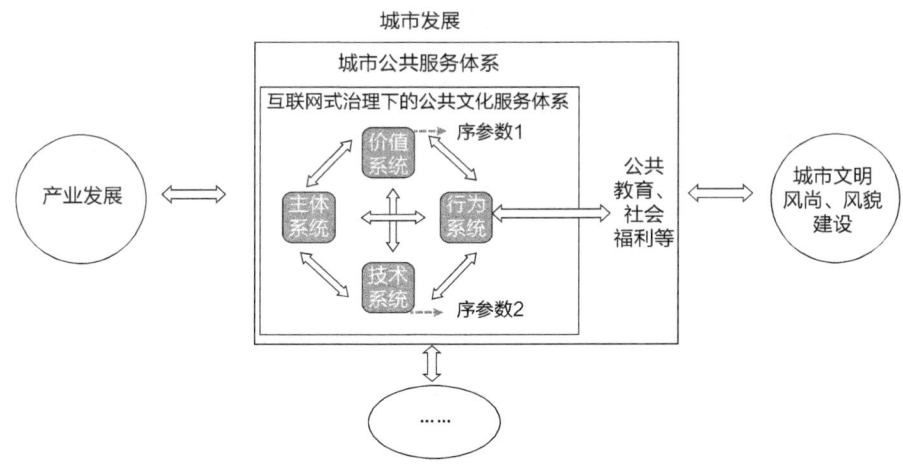

图 2-3　公共文化服务领域互联网式治理的理想图景

该图景根据协同理论对于系统应用的前提，互联网时代的公共文化服务体系具备开放系统的条件是互联网式治理下，公共文化服务体系不仅实现系统内部的自组织协同，还能够与城市公共服务体系中的公共教育、社会福利等其他基本公共服务相互融合、协同发展。在教育领域，能够与公共教育合力加强社会主义核心价值观建设，更好地为基础教育提供补充，并为艺术教育提供更好的社会氛围和环境。在社会福利领域，能够与公共教育融合互补为劳动就业创业拓宽人才培养的途径，降低人民群众获取知识技能、提升精神文化素养的门槛，还能为社会文化养老、残疾人服务等提供更加便捷、高效的路径，在满足社会不同层次特殊群体基本物质需要的基础上，更好地满足其精神文化需要，从而提升整个城市基本公共服务体系的服务水平和质量，使人民群众拥有更实际的获得感、满足感和幸福感。此外，公共文化服务体系还能带动整个城市公共服务体系进一步与城市产业发展、城市文明风尚和风貌建设等各方面相互作用、协同促进城市发展，对积累城市经济发展文化资产、提升城市居民生活品质、增强城市文化自信及品牌形象建设都具有积极意义，并且为城市其他领域治理提供借鉴参考，推进城市治理体系和治理能力现代化建设。

公共文化服务系统内部可形成价值、技术、主体和行为四个主要子系统，子系统相互协同，完成互联网式治理下公共文化服务系统的运作（见图2-4）。

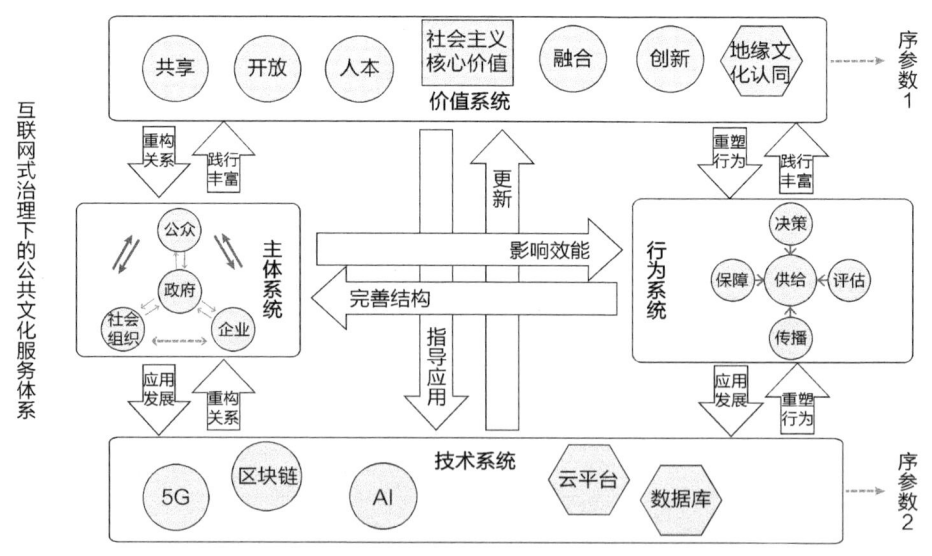

**图 2-4　互联网式治理下公共文化服务系统的运作**

价值系统：由于文化在国家治理中的特殊地位，公共文化服务关乎最广大人民的切身利益，价值引领至关重要，必须始终坚持并引领社会主义核心价值观，以人民为中心。基于城市发展的公共文化服务需要具有地区特色，还应吸收领土—文化认同理念，形成地缘文化认同，加强对文化特色的保护和发展，这对地区公共文化建设具有重要意义。受技术发展影响，人本、开放、共享、融合、创新等互联网思维的融入更新并丰富价值理念，作为公共文化服务，价值导向是影响整体系统协作的重要因素，成为影响子系统之间协同的一个序参数（见图2-5）。

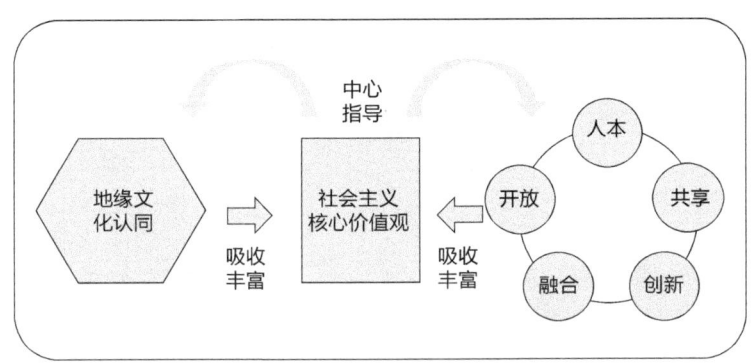

**图2-5　互联网式治理下公共文化服务的价值系统**

技术系统包括公共文化服务领域的以互联网技术为代表的信息技术应用及相关基础设施和平台建设。技术是进行互联网式治理的基础，能够成为公共文化服务的手段和工具，提高系统的服务效率和服务水平。从PC互联到移动互联再到目前正在形成的万物互联建设，技术系统的变革是驱动互联网时代公共文化服务体系宏观变化的原动力，是整体系统实现协调运作的初始条件。当前公共文化服务体系内的技术系统发展的热点有5G、区块链、人工智能等新兴信息技术的研发和应用，以及公共文化服务云、数据库等平台设施的建设。技术对价值观念的影响带来思维变革，通过价值观念也对其他系统间接产生支配作用，技术也是一个对整体系统协同起支配作用的序参数。

主体系统包括公共文化服务领域涉及的各种主体。互联网式治理中的主体关系与传统公共文化服务体系中缺乏互动的主体关系不同，呈现的是以政府为主导，多元互动共治的关系结构。如图2-6所示，在传统公共文化服务体系中，政府居于领导地位，与企业、社会组织的互动是单向的，与公众尽管存在服务与监督反馈的双向互动，但从整体主体运作来看公众对公共文化服务的参与只有单一的监督反馈渠道。公众与企业和社会组织之间的双向关系也较弱。

在互联网式治理下公共文化服务体系中，信息的互通加强了主体之间的关系连接，政府、公众、企业、社会组织四者之间形成了彼此双向互动的运作机制。在原本互动关系基础上，企业与社会组织可以承担部分公共文化服务职能，并以此形成政府权力下移，从而提高政府行政效率。公众与社会组织、企业的双向互动加强。公众能够参与、评估社会组织，也可以对企业的文化服务提供评价反馈。企业与社会组织同时具有参与公共文化服务的资格后，相互之间也建立起竞争合作关系。互联网式治理下的主体系统的理想状态是呈现以政府为主导，公众、企业、社会组织多方参与共治，并且任意两个主体之间能够实现双向信息交互的状态。

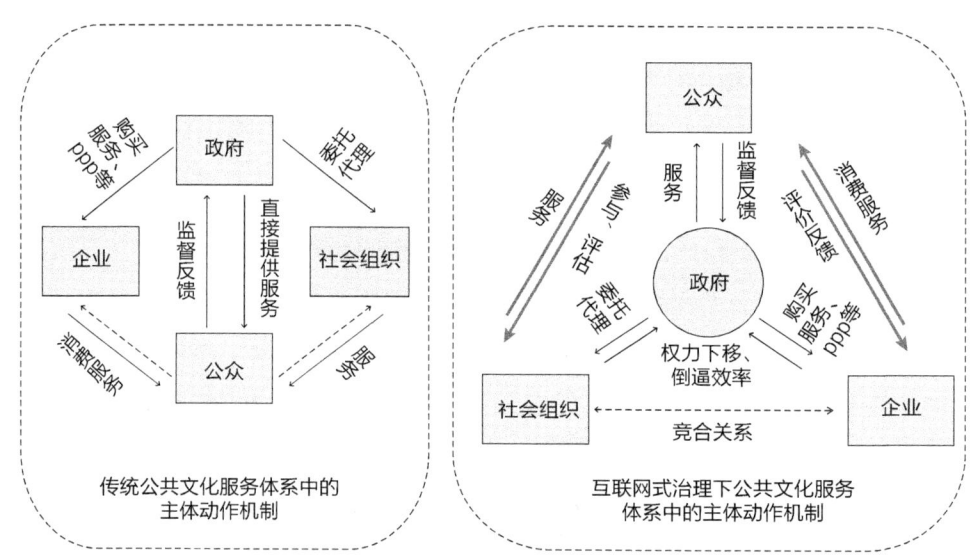

图 2-6 互联网式治理下公共文化服务主体系统示意

行为系统包括公共文化服务的决策、供给、传播、保障和评估五个主要运作行为，其中供给是公共文化服务的核心行为，决策、传播、保障和评估是服务于公共文化供给的辅助行为。公共文化服务的行为结果主要是通过供给行为对外输出的，其他四项行为的展开都以实现更好的公共文化供给为目标。

互联网式治理下，公共文化服务体系以技术系统和价值系统为序参数，同时各子系统之间相互作用，协同发展形成互联网式治理。技术系统以技术发展对其他系统形成支配作用，更新价值系统，融入互联网思维；加强主体系统中主体间连接，实现信息交互，重构形成多元协同共治关系；为行为系统中各行为的实现提供技术手段支持，提升效率，重塑行为。在作用于其他系统的同时，其他系统也对价值系统产生反作用，价值系统能够对技术应用进行指导，主体系统和行为系统在应用技术的同时促进技术发展。价值系统对主体系统和行为系统的作用与技术系统类似，可以重构关系、重塑行为，两者也都能在践行价值系统的时候使其更加丰富。主体系统和行为系统除了受到两个序参数的作用并产生反作用，彼此也存在相互作用，主体系统的主体构成、相互关系及运作机制都会影响行为系统的效能，行为系统在运作过程中为了更好地实现行为运作也会要求主体系统做出相应协作变化（见图2-7）。

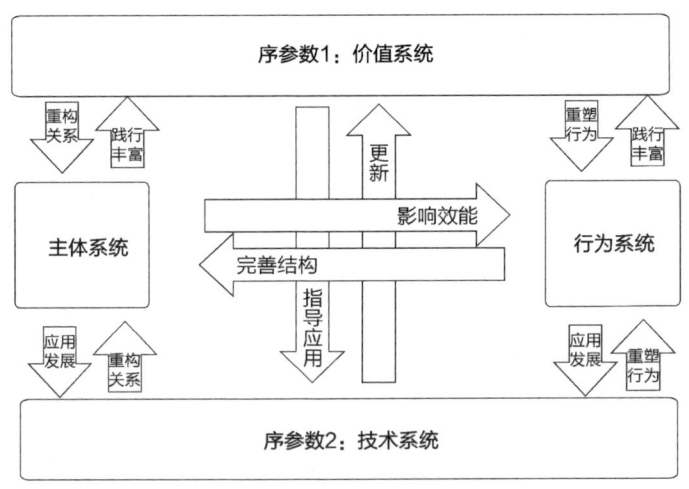

图2-7 互联网式治理下公共文化服务系统运作关系示意

技术基底、价值理念、主体关系和行为运作四部分协调运作，形成公共文化服务体系的互联网式治理结构。价值理念的贯彻体现为治理的制度化特征，技术基底的应用发展体现治理的智能化特征，主体的多元共治体现互联网式治理的社会化特征，行为的协调运作体现治理的有序化特征。

公共文化服务系统最终通过行为系统对外部输出结果，行为系统也是我们在关于互联网式治理下公共文化服务的制度思考中最能直观、清晰地进行观察的子系统，因此，本书将主要通过对行为系统各部分及其中体现的与其他系统的协同进行分析。以下的分析章节围绕行为理念、决策回应、内容供给与职能拓展、传播与保障、评估与监督展开，并最终给出建议与趋势展望。

# 第三章 互联网式治理的行为理念

互联网的飞速发展不仅体现在技术层面的不断突破，也带来了新的思维方式。互联网思维渗透并影响了社会生活的方方面面，不同领域的人们在互联网思维的启发下转变固有思路进而形成了新的行为理念和行动方法。在本书第二章中所提到的代表性的互联网思维，包括处于核心地位的人本思维及开放思维、共享思维、融合思维和创新思维，这些思维的产生与发展源于人类自身的需求和互联网技术本身的开放、连接等属性，并在实践中不断地更新迭代。对公共文化服务的治理来说，互联网思维的应用全方位推动了我国公共文化服务的现代化，具体体现在四个维度，即基于用户思维落实公共文化服务以人为本的价值导向、利用平台思维推动公共文化资源的深度共享、借助精益思维提升公共文化服务效能和依托融合思维丰富公共文化服务内涵。

## 一、以人为本——用户思维把握公共文化服务态度

用户思维是互联网发展的逻辑基底。传统意义上，用户指的是某一种技术、产品、服务的使用者。在互联网时代，用户被拓展到各个行业的受众群体，这些受众不再是被动接受某种产品或服务，而是主动筛选、寻找内容和信息。互联网的核心精神，就是利用科技为用户带来便利，让人类得以享有更丰盛的文明成果。[1]当"互联网+"的大潮将整个社会经济彼此相连时，公共文化

---

[1] 温世君. 拥抱"互联网+"的基础是用户思维：受众角色的重构与媒体转型[J]. 电视技术，2015，39（16）：129-133.

服务的提供者需要从底层逻辑思考互联网时代的生存、发展之道。这个底层逻辑就是通过互联网用户思维，进一步理解公共文化服务与受众的关系。

在我国社会主义文化建设的历程中，公共文化服务和受众的关系有一个贯穿始终并不断演进的主题——"以人为本"。我国公共文化服务中人本理念在不同的社会发展阶段有着不同的内涵。毛泽东提出文化艺术"为人民服务"，大众化是对文化主体和功能的要求。无论在新民主主义革命时期，还是在社会主义建设时期，我国文化建设都坚持扎根于人民群众的生活，反映人民群众的生活和精神，创造人民群众喜闻乐见的文化精品。邓小平以马克思列宁主义为指导，继承和发扬毛泽东的文化发展观，摆正文化与经济、政治的关系，明确提出"二为"方针，即文化为人民服务、为社会主义服务的社会主义文化发展的方向和原则。江泽民提出"三个代表"重要思想，将先进文化与先进生产力看作同等重要的两个方面，都是实现广大人民根本利益的重要条件。胡锦涛提出的科学发展观拓展了中国特色社会主义文化发展道路，创新和丰富了中国特色社会主义文化的内涵，"以人为本"凸显了人是发展的目标和归宿。[1] 在社会主义核心价值观的引领下，习近平提出文艺创作要坚持以人民为中心的导向，文化建设要坚持人民至上的原则。

在我国，政府是提供公共文化服务的责任主体，以财政为依托，以法律为保障，以公平为指向，为全社会提供均等、普惠、便利的基本公共文化产品和服务，保障每个公民的基本文化权益。公共文化服务的出发点和落脚点都是人民，旨在促进全民共同享有文化成果。在互联网时代，公共文化服务的受众就是互联网用户思维的应用对象，以用户思维丰富新时代公共文化服务人本理念的内涵，正确理解互联网时代受众角色的变化，是公共文化服务拥抱互联网的正确姿态。

用户思维要求公共文化服务提升用户体验。互联网发展初期，社会提供的文化资源和文化服务方式有限，用户的选择也相对较少。然而随着当今社会文化服务"卖方市场"不断扩大，用户获得了巨大的选择权，互联网为用户提供了更加丰富的文化资源去自由选择。这就意味着公共文化服务提供者要在更复杂的竞争环境下争取用户，而提升公共文化服务的用户体验正是争取用户的关

---

[1] 张传民.中国特色社会主义文化发展道路研究［D］.济南：山东大学，2014.

键。互联网时代，移动终端引领着公众的生活潮流。借助互联网技术、Web技术、大数据技术、Agent技术、人工智能技术、通信技术等各种新技术，公共文化机构可以打造实现移动服务系统以适应用户习惯、改善用户体验。比如，公共图书馆通过智能搜索可以将用户的借阅信息、预约情况及到期提醒等信息以移动短信、电子邮件等方式实时发送给用户，也可以利用微信、微博等数字平台为用户提供全方面、快速便捷的综合数字资源在线服务。此外，在网站设计、平台建设、数字产品设计等细节上，公共文化机构要以普通大众的感受为出发点，以大多数用户的需求为核心开发产品和服务。❶

用户思维要求公共文化服务深度解读用户。利用互联网技术，公共文化机构有条件对合法的用户数据进行专业的挖掘，包括用户个体特征、用户文化习惯、用户喜爱内容等。通过用户数据及用户对机构网站的访问情况、检索历史、服务内容的选择、资源利用等方面的数据进行过滤分析，可以总结分析用户的需求偏好进而有针对性地进行资源匹配和推送，满足用户的个性化需求。此外，要注重用户的反馈，通过多种途径与用户互动进行用户满意度测评，真正了解用户、跟紧用户，不断调整优化服务的精准度。通过建立自上而下的需求征集与自下而上的意见反馈机制，为政府和公共文化部门的决策提供"信息源"和基本参照，实现公共文化服务供需对接的持续优化。

用户思维要求公共文化服务鼓励公众广泛参与。互联网时代，公众既是公共文化服务的享受者，同时也是创造者、传播者。公共文化服务更要尊重公众的文化自主性，强化公众的参与性，鼓励用户的自我表达。目前，一些地方政府通过开发网站，开通微博账号、微信公众号等平台，实现公共文化产品的选择、交易、评价、服务的集约化，让文化项目与群众文化需求有效对接，让政府公共资金使用更合理、更公平、更公开。许多公共文化服务机构推出"点单、配送、评估"等互动功能，让用户直接参与文化资源的选择。比如，北京市石景山区建立流转配送体系，推出"你读书我买单"、夜间延时开放等惠民服务措施，在全区范围内设置"文轩云图"24小时智能书店，与公共图书馆资源形成有益补充。通过政府购买服务的形式，将多样化的文化惠民活动

---

❶ 吕亚娟，张兴.基于用户思维的"互联网+图书馆"发展转型研究[J].河北科技图苑，2016，29（2）：37-39.

如插花、街舞、茶道等课程由分馆和基层服务点"点单",总馆进行精准配送。2019年全年完成基层图书流转配送771次、17.7万册,配送活动227场次,为街道社区新增图书1万余册。石景山区文化馆全年举办培训200余场次。石景山区图书馆每周开放89.5小时,各街道综合文化中心平均开放时长达71.2小时,全面实现区—街道—社区三级公共文化设施每周开放时间不少于56小时且错时开放不少于18.5小时的目标,为群众参与享受公共文化服务提供更多便利。❶

互联网时代的用户思维已经渗透体现在各行各业。互联网企业在对用户思维的把握上值得公共文化机构借鉴学习。公共文化服务站在更高起点践行以人为本的发展理念,需要依托各项新技术推动基本公共文化服务覆盖更大范围的服务人群、更大程度地对接群众需求、更大限度地提升群众文化获得感、更有效地培育践行社会主义核心价值观。

## 二、开放共享——平台思维拓宽公共文化服务广度

互联网的开放共享是多维的。

渠道畅通是互联网实现共享的前提。互联网的核心特质是互联互通、共建共享。随着技术的进步,手机、电脑甚至手表、电子阅读器等,只要拥有一台电子设备,任何人都可以自由地接入互联网平等免费地共享互联网的精彩世界。如今5G基站的建设如火如荼,未来网络传输速度将实现突破性提升,而信息通信、物联网、云计算、大数据等现代信息技术快速发展,将大大拓宽互联网应用的深度和广度,让互联网渗透到经济、政治、社会、民生、军事、文化各个方面。

内容共享是互联网开放的直观体现。互联网平台的特点之一是边界模糊,通过提供互联机制连接多个群体,使得信息传递的逻辑由垂直变为水平,将单一、分散的信息进行整合,依托互联网平台的扁平化传播延伸信息到达触角。互联网通过一系列信息共享的标准和技术实现了信息的便捷传递,搭建与用户沟通的桥梁。随着资源整合能力的增强和移动互联网的发展,互联网的应用边

---

❶ 聚焦群众文化获得感 打造特色公共文化服务模式[N].北京日报,2019-12-25(004).

界被进一步打破，线上和线下资源依托互联网实现了更充分的共享。从传统的Web应用到移动互联网阶段的App，再到未来产业互联网的应用，内容共享都是互联网发展的主线之一。随着5G标准的落地应用，信息共享将更加方便地深入社会的各个领域。

平台开放是互联网生态形成的关键。互联网技术营造了一个网络虚拟空间和数字平台，基于这个虚拟空间，无数个体跨越时间和空间的距离彼此连接。社交、工作、休闲、娱乐等功能统统可以在这个平台上得以实现，也因此形成了人人创造、人人享受的互联网生态，随之催生了虚拟的公共文化空间，为公共文化的拓展创造了无限的可能性。渠道畅通、内容交互最后指向平台开放。互联网的平台思维就是搭建人人可以触达、人人可以参与、人人可以享受的空间生态，实现信息开放、资源共享。

基于互联网平台思维，我国公共文化服务的开放共享首先体现在业务范围的延伸。公共文化服务从主要依靠阵地服务的传统"三馆一站"发展为阵地服务与数字服务、线上线下互为补充的立体格局，公共文化服务的传播方式更加立体、服务载体更加多元、服务内容更加丰富。虚拟的公共文化空间与实体的公共文化空间不同，公共文化服务的主要服务流程变成了文化资源的信息采集、加工和传播，公共文化资源可以克服现实环境下由于职能分工和空间分割造成的信息分散，进行跨地域、跨行业的配置和整合，实现数字资源的网络化传播、传输，有效地缩小城乡差距、消弭数字鸿沟，更多人被纳入公共文化服务的保障范围，公共文化服务体系更加充实完善。传统文化阵地在互联互通之下有望变成公共文化集成中心，人们既可以通过网络参加各种文化活动，也可以方便、快捷地享受海量的文化资源，足不出户就能浏览数字图书馆、数字博物馆来满足精神文化生活需求。

此外，在资源广泛共享的互联网络中，公共文化服务的中心和渠道也发生了转变。公共文化服务不再以提供者为中心，而转变为以公众为中心，同时兼顾公众的个性化服务和增值服务；由单一渠道服务向多渠道一体化服务变革。❶一方面，公众可以采取不同的方式通过形式多样的渠道获取公共文化服

---

❶ 石怀成，黄鹏，杨志维.国外推行电子政府公共服务的重点做法[J].信息化建设，2007（9）：42-45.

务资源；另一方面，对于同一项服务，公众可以根据自身需求和条件选择合适的渠道，从而推动公共文化服务范围社会化、服务对象个性化、服务体系网络化、服务层次立体化、服务内容精品化、服务方式主动化。人们对公共文化服务的评价将从是否人性化的标准去衡量，人们对公共文化服务的需求也将越来越多元、越来越差异化。

党的十八大以来，我国经济社会发展取得了巨大成就，立足于新时代中国特色社会主义发展的新要求，基于维护社会公平正义、保障人民群众基本权益的考虑，在党的十八届五中全会上，习近平总书记提出了"共享发展"的新理念。在我国公共文化服务建设过程中，共享发展理念意味着保障人民群众共享文化发展成果，维护人民群众平等参与文化活动、平等发展自我的基本文化权益，意味着要实现公共文化服务普惠化、均等化。互联网时代，公共文化服务共享发展的内容与形式不断创新，如借助大数据建设公共文化服务供需大数据库、构建公共文化服务数据开放共享平台等。通过全国文化信息资源共享、数字图书馆推广等工程，以及边疆万里数字文化长廊等项目，群众获得数字文化资源的手段更加便捷。此外，通过统筹实施数字图书馆博物馆建设、直播卫星广播电视公共服务、农村数字电影放映、数字农家书屋、城乡电子阅报屏建设等项目，搭建数字公共文化信息资源服务平台等方式，基层农村正在构建起标准统一、互联互通的公共数字文化服务网络，公共文化资源共享利用效率不断提高。

然而公共文化服务要实现进一步的开放共享仍面临许多阻碍。首当其冲的就是互联网"下乡"难题，由于我国幅员辽阔，许多村落地处偏远，电力供应不稳定，基站建设成本高，且宽带网络服务费用也需要考虑贫困户的经济能力做出相应调整，要实现乡村地区全部接入互联网，享受便捷的公共文化服务任重道远。截至 2018 年 12 月，中国农村网民规模为 2.22 亿，占整体网民的 26.7%，其中通过移动端上网的网民超过总数的 90%。❶ 在这样大的用户基数下，把握铺设 5G 网络的良机，通过创新办法覆盖未入网地区，精简速度指标重视网络需求，明确各地区人口实际服务需求，可以助力解决公共文化服务

---

❶ 中国互联网络信息中心（CNNIC）. 第 43 次《中国互联网络发展状况统计报告》[EB/OL].（2019-02-28）[2021-12-18]. http://www.cac.gov.cn/2019-02/28/c_1124175686.htm.

末梢向基层延伸的困难，清除公共文化资源在偏远地区流动的阻碍。除"入网"的基础硬性难题外，还有源自社会结构的软性问题。当前我国经济社会发展"不平衡不充分"的特点突出，同发达地区相比，老少边穷地区特殊群体的基本发展权益缺乏保障，社会发展的协调性与均衡性有待进一步提升。而以开放、共享、共赢为基础的互联网平台思维为解决这些难题创造了条件。开放共享的互联网平台的打造可以在全社会实现公共文化服务"一盘棋"，强化统一规划与管理，打破公共文化资源的原有界限，推动实现城乡区域间文化协调发展，进一步将共享发展理念贯彻落实到公共文化服务均等化建设全过程。

### 三、创新治理——精益思维增进公共文化服务效能

精益思维是指运用多种现代管理方法和手段，以社会需求为依据，以充分发挥人的作用为根本，有效配置和合理使用资源，谋求最大限度效益的一种新型管理理念。伴随着"互联网社会"的深化发展，互联网和越来越多的传统领域相结合，催生许多新业态、新产品、新模式和新平台，而精益思维体现在整个内部系统的管理逻辑中。比如，互联网医疗作为一种新型医疗健康服务业态，以互联网为载体，汇聚医疗资源，与大数据、人工智能等新一代信息技术深度融合，能够有效缩减服务时间与空间距离，促进医疗资源下沉、医疗信息共享、医疗服务协同。❶ 基于互联网精益思维，数字化治理手段还被广泛应用于数字政府、智慧城市、公共事务管理等社会治理领域，依托互联网、大数据、人工智能等技术和应用，社会治理方法手段不断创新，社会治理模式不断优化，社会治理向着科学化、精细化、高效化、现代化进一步发展。❷ 作为一种创新治理方式，互联网精益思维在公共文化服务中的应用旨在通过技术的合理运用，推动公共文化服务流程简化、效率提高和质量提升。

首先，精益思维在公共文化服务领域的治理创新体现在互联网技术在治理实践中的应用。以大数据为例，作为一种全新的数据分析技术和变革性的思维

---

❶ 郭楠蓉，边大成，刘帅.数字经济新业态新模式发展研究之互联网医疗篇[N].中国计算机报，2020-08-17（012）.

❷ 刘丽超.数字经济新业态新模式发展研究之数字化治理篇[N].中国计算机报，2020-08-24（012）.

理念，大数据为解决公共文化服务供需不匹配、服务不精准、决策不科学等难题创造了契机。通过构建公共文化服务供需大数据库及其开放共享平台，建设基于大数据的公共文化服务均等化保障机制与公共文化服务决策支持系统，可以破解公共文化服务供需失衡、非均等化等问题。比如，通过各大网站或论坛中关于公共文化服务问题的讨论、搜索引擎中对文化服务信息的检索、电商平台上文化产品搜索与购买信息，政府等部门可以利用大数据技术从海量网络信息中探测人们公共文化服务需求特点及变化趋势，为公共文化服务有效供给提供指引；通过对数据的汇合和分析，可以测量出公共文化服务供给的各项效益指标，从而为改善公共文化服务后续供给提供重要依据；结合公共文化服务体系运行系统与社会大系统所产生的公共文化服务需求大数据，可以变配送型供给为订单型供给，提高公共文化服务供给的精准性；结合我国已有的反映公共文化服务供给的各项数值及其在城乡之间、区域之间的分布，以及该地区的经济社会发展、政府财政及公共服务支出等各类统计数据指标，可以判断公共文化服务城乡、区域及群体间供给的均等化水平，发现公共文化服务非均等化的症结所在，找到公共文化服务供给的短板，进行有针对性的弥补与改善，提高公共文化服务决策科学化水平。

  其次，精益思维在创新公共文化服务治理中的应用体现在处理政府与市场、社会三者之间的关系中。在多元社会治理力量并存的条件下，政府向着服务型转变，社会力量不仅是"受惠者"，更是"创造者"。精益思维要求改变过去政府控制公共文化服务的局面，充分发挥市场和社会力量在公共文化服务供给中的积极作用，积极引入竞争机制，通过政府采购服务、服务合同外包、志愿服务等多种形式，促进公共文化服务方式的多元化、社会化。

  2015年5月《关于做好政府向社会力量购买公共文化服务工作的意见》出台，明确要求将购买公共文化服务资金列入各级政府财政预算，逐步加大现有财政资金向社会力量购买公共文化服务的投入力度。2017年9月《关于深入推进公共文化机构法人治理结构改革的实施方案》出台，明确要求到2020年年底，全国地级市以上规模较大的公共图书馆、博物馆等公共文化机构，基本建立以理事会为主要形式的法人治理结构，这是深化文化体制改革的重要举措，对提高公共文化机构的治理能力具有重要意义。比如，上海市社区文化活动中心、无锡高新区图书馆，通过招标形式委托专业的社会企业或社会组织进行运营管理。与此同时，文化志愿服务也在蓬勃发展，文化部组织的"春雨工程""大地情深"等主题文化志愿活动异彩纷呈，目前登记在册的文化志愿者人数近百万。民办群众文艺团队活跃，全国由文化馆、文化站指导的群众业余文艺团队达40多万个。❶比如，北京市石景山区每年投入区级专项资金1500万元以上用于购买运营主体服务，运营经费直接拨付各街道，由街道通过招标方式自主选择运营团队。目前，辖区内所有街道综合文化中心已全面实行社会化运营管理。制定出台社会化运营工作的实施办法，全面规范运营主体遴选、服务内容制定、政府购买程序、项目合同签订等关键性环节。加强运营主体的培育监管，制定运营绩效评价指标体系和考核方案，重点关注群众知晓率、参与率、满意率，引导带动运营主体将工作重心转移到覆盖人群的拓展和服务质量的提高。多个运营主体对文化设施空间布局进行创意适用性改造，涌现了诸如老山街道栖社生活美学馆、金顶街街道民俗风情及非遗体验厅、古城街道舒体颐养空间、八宝山街道"家+home"会客厅等一批特色服务空间，形成了诸如玩转抖音摄影讲座、少儿亲子乐高拼插、银发族油画体验、创意美食工坊等一大批新型基层文化活动项目，实现了老中青少全年龄段人群覆盖，群众文化获得感显著提升。❷再如，浙江省舟山市搭建"淘文化"线上线下平台，尊重市场配置资源的决定性作用，激发企业、非政府组织、非营利文化机构及群众个体在公共文化服务中的主体性与创造力。"淘文化"线上线下平台是一个不断迭代、不断升级理念、不断更新版本的文化众筹平台。在1.0版本的平台上，老百姓下单、文艺团队接单、政府买单的模式，广泛调动需方和供方的积极性；在2.0的平台上，则实现了文创企业下"单"、政府接"单"、老百姓买"单"，这个"单"也从公共文化产品过渡到创意设计服务。"淘文化"线上线下平台通过破解各类主体的角色认知，集聚尽可能多的、能够生发再创造力的人才资源，更好地服务了地方文化发展。❸

最后，精益思维在公共文化服务治理创新中的应用体现在公共文化资源的

---

❶ 刘新成，张永新，张旭.中国公共文化服务发展报告（2015）[M].北京：社会科学文献出版社，2015：55.

❷ 聚焦群众文化获得感 打造特色公共文化服务模式[N].北京日报，2019-12-25（004）.

❸ 李红月，郑元丹.舟山探索政府、企业、民间共建公共文化新模式：淘文化，从独唱到合唱[N].浙江日报，2016-06-24（002）.

高效利用上。依托互联网，公共文化资源新的共享模式正在形成，政府通过打造线上公共文化服务平台推动其所属事业单位公共文化资源对外开放，将隶属于不同政府部门事业单位的文化设施纳入公共文化服务体系，盘活现有存量资源，促进公共文化资源共享；制定和实施基本公共数字文化服务的相关技术规范及服务标准，加强指标化、规范化、程序化工作，加强各类公共数字文化资源、平台、设施设备的整合，消除孤岛，避免重复建设，实现跨系统、跨平台的应用和服务，提高公共文化治理的精准度和可靠性，依托技术标准化实现服务均等化。

此外，市场主体、文化组织等社会力量游离在公共文化服务供给的边缘，跨域统一的公共文化市场及市场配置资源的竞争环境尚未建立，文化组织的行动取向带有明显的政府依附性。❶ 要解决这些问题，需要进一步完善参与公共文化治理的主体架构，以精益管理思维为引领，通过协商、对话和互动，凝聚政府、市场和社会公众关于公共文化的日常管理、资源分配、权利行使的共识与行动，推动公共文化服务的各个要素和流程的制度化建设，逐步实现公共文化服务治理的现代化。

## 四、联结重构——融合思维丰富公共文化服务内涵

互联网带来信息化的飞速发展，网络世界已经成为公众的另一个生存空间，技术的发展进步让万物皆可互联，也铸就了互联网融合思维。相比于互联网 1.0，可读写的互联网 2.0 实现了社会生活的"泛互联网化"，云计算、社会计算、大数据分析等新一代信息技术为传统领域创造前所未有的信息获取能力。同时，信息透明化、行业间数字化联系的增进催生了强大的关系整合能力。产业结构的去中心化、经济活动的泛数据化、社会生活的物联网化，使得互联网不仅成为可利用的资源，更成为传统行业能力的衍生空间。❷ "互联网+"就是现实世界和网络世界实现联结重构的方式。❸

对于公共文化服务来说，"互联网+"为公共文化服务提供了一个社会各

---

❶ 颜玉凡. 公共文化服务参与主体的行为特征及优化发展 [J]. 中州学刊, 2019（1）: 6.
❷ 赵振. "互联网+"跨界经营：创造性破坏视角 [J]. 中国工业经济, 2015（10）: 146-160.
❸ 纪东东, 文立杰. 公共文化服务领域供给侧结构性改革研究 [J]. 江汉论坛, 2017（11）: 6.

方力量合力参与的长效动力机制。通过搭建起线上线下有机互动的公共文化服务供需平台，实现公共文化服务网络供给的增加，拓宽公共文化服务融资渠道，营造公共文化服务新的空间场景。❶"互联网+"的出现，为公共文化的公共性实践提供了强大的助推力，能够从技术和思维两方面使"政府主导"和"公众参与"更好地融合。依托于互联网，公共文化服务的开放性大大加强，与文旅产业、非物质文化遗产保护、乡村振兴、城市更新等领域相互融合，逐步形成互以对方创意创新要素为发展驱动力的"深层化融合共进模式"❷，公共文化服务在不断拓展自身内涵的同时也为国家文化治理图景编织着一幅壮丽的图画。

公共文化服务与文化产业在融合中并进。文化产业提供的优质文化产品与服务是公共文化提质增效的重要支撑，公共文化既是文化产业发展的广阔蓝海，也有利于培育和提升人民群众文化消费习惯培养和文化消费品位。党的十七届五中全会提出"加快推动文化事业和文化产业双轮驱动"。公共文化服务和文化产业作为文化繁荣发展的两翼，双轮驱动不等于两张皮，而是要双轮并驾齐驱。

在我国现有文化管理体制中，公共文化服务和文化产业从发展原则、发展目标、发展主体、管理机制和发展方式上虽存在差异（见表3-1），但公共文化服务和文化产业都是以向公众供给文化产品和文化服务实现的，两者的实施路径类同，且两者的价值趋向逐渐趋同，两者融合具备基础。核心关键是明确融合发展的形态，探索融合发展的联动边界。

一方面，厘清公共文化服务适合产业转化的部分，在保证公益性和引领性的前提下引入市场机制释放文化经济价值。另一方面，坚持文化产业的社会效益优先，提升文化产业能级，充分激发文化企业参与公共文化服务的积极性和主动性。

---

❶ 陈波，丁程. 公共文化服务领域供给侧改革动力机制和路径选择：基于"互联网+"视角的分析[J]. 江汉论坛，2017（10）：28-33.

❷ 徐清泉. 文化跨界融合发展是大趋势[N]. 文汇报，2016-06-22.

表 3-1 公共文化服务和文化产业对比

| 对比项 | 公共文化服务 | 文化产业 |
| --- | --- | --- |
| 发展原则 | 公益性、基本性、均等性、便利性 | 社会效益和经济效益相统一，社会效益优先 |
| 发展目标 | 满足人民群众基本的公共文化服务需求，保障人民群众基本的文化权益 | 满足人民群众丰富的精神文化生活需求 |
| 发展主体 | 以各级公共文化机构为主体，社会力量参与 | 以企业为主体 |
| 管理机制 | 政府主导，社会力量参与 | 市场在资源配置中发挥基础性作用，政府宏观调控 |
| 发展方式 | 向公众提供文化产品和文化服务 | 向公众提供文化产品和文化服务 |

当前中国特色社会主义进入新时代，我国社会主要矛盾已经转化为人民日益增长的美好生活需要和不平衡不充分的发展之间的矛盾。在这一视阈下，从文化的内在规律出发探索公共文化服务和文化产业融合发展的新路径、新方法、新渠道、新模式，对于破解文化领域的主要矛盾、满足人民对美好精神文化生活的新需求和新期待具有重要意义。

在推进现代公共文化服务体系建设的实践中，各地都将拓展文化消费作为重要环节，探索公共文化服务引领带动文化消费、文化消费反哺提质公共文化服务的新型服务模式。比如，北京市郎园 Park 文创园区内建设 3000 平方米设施空间作为老山街道综合文化中心向公众开放，建设以阅读服务功能为主的区图书馆良阅书房，以演出、电影功能为主的兰境艺术中心，以讲座培训功能为主的像素画廊等空间，整合园区内实体书店、主题咖啡厅、文化餐厅、艺术工坊等优质资源，推出以"公民美育计划"为核心理念的公共文化惠民系列活动，将公共文化服务的主旨目标和文创园区的经营理念统一为"人群流量＋服务口碑"。多元化、现代化的公共文化服务为园区带来可观的人流，有效促进了文化消费，还使园区运营方及商户更加主动地参与到公共文化服务中，形成良性循环。❶

在文旅融合不断深化的大背景下，加强公共文化服务与旅游融合发展，不仅可借助旅游思维提升公共文化设施和公共文化服务的公众体验感，提高公众

---

❶ 聚焦群众文化获得感 打造特色公共文化服务模式［N］.北京日报，2019-12-25（004）.

的关注度、参与度和公共文化的普惠水平，放大公共文化的公益效应，还可以依托公共文化服务进一步丰富旅游供给体系，拓宽旅游资源和产品的供给范围，为公众提供更加丰富、多元的文化旅游产品体系，提高文化旅游服务水平。中国旅游研究院调查显示，2019年春节期间参观博物馆、美术馆的游客比例分别达40.5%和44.2%。2016年国家出台了《关于推动文化文物单位文化创意产品开发的若干意见》，鼓励不同类型的国有博物馆、美术馆、图书馆在做强主业的同时，依托馆藏资源，采取合作、授权、独立开发等方式开发文化创意产品，最大限度地协调统筹文化条线内不同部门的资源要素、整合吸纳文化条线外的社会文化资源要素，最大限度地挖掘和激发文化创新活力，拓展新的价值增长点。公共文化服务设施的旅游服务功能不断增强，成为公众享受高品质文化生活的新空间和国家文化形象的展示地。

公共文化服务与文化遗产传承保护在融合中共生。文化遗产是一个地区和民族的文化基因，习近平总书记提出要"让收藏在禁宫里的文物、陈列在广阔大地上的遗产、书写在古籍里的文字都活起来"。把文化遗产纳入公共文化服务就是把文化遗产作为一种公共文化产品提供给社会，在满足公众的文化需求的同时实现对文化遗产的传承和保护。❶ 文化遗产融入城市公共文化服务建设，对提升城市居民的归属感，丰富城市文化建设的内容，增加文化遗产的现代价值与生命力具有重要意义。比如，成都市青羊区通过免费开放区域内非遗场馆，创新性开展"川剧进社区""生动实践·体验非遗"等活动，为群众提供开放文化空间，将非遗保护传承与"三化两延伸"贴心服务（活动形式多样化、免费培训常态化、展演安排错时化、延长服务时间、延伸服务地点）相结合，特色化推进非遗保护与宣传，提升非遗保护执行力，让非遗走出博物馆，走出陈列室、工作室，让更多的市民了解非遗。❷ 又如，渭南市推出"一元剧场"公共文化项目，通过政府财政补贴的方式来购买专业剧团的演出，群众只需要象征性花费一元钱就可以看到由专业秦腔剧团表演的节目。通过把秦腔公共产品化，不仅为秦腔找回了观众也吸引了新的观众，既满足了基层群众的精

---

❶ 解胜利.互嵌：非遗保护与公共文化服务相结合的渭南实践［J］.华中师范大学研究生报，2014（1）：1-5.

❷ 张静.成都市青羊区开展多样活动展示文博青羊魅力［EB/OL］.（2019-10-22）［2021-12-18］. http：//www.scwmw.cn/zbsc/cd/201910/t20191022_1101379.htm.

神文化生活需求也带动了当地剧团的发展，不仅为秦腔传承留住了人才也吸引了更多人才。文化遗产与公共文化服务的融合弥补了文化遗产保护的缺失，架起文化遗产从博物馆走向产业化的桥梁，促进了文化遗产的创新和发展。

公共文化服务与乡村振兴在融合中互促。根据文化和旅游部发布的《全国乡村旅游发展监测报告（2019年上半年）》显示，2019年上半年全国乡村旅游总人次达15.1亿次，同比增加10.2%；总收入0.86万亿元，同比增加11.7%。截至2019年6月底，全国乡村旅游就业总人数886万人，同比增加7.6%。❶但随着乡村旅游发展规模的不断扩大和新型城镇化的加速推进，乡村的现代化改造采取了一种"快餐式"的"文化堆积"战术，忽视乡村公共文化空间建设在发展中的重要作用。互联网时代公共文化服务与乡村振兴的融合，就是要通过改造乡村公共文化空间，加快乡村数字化建设进程，培养乡村发展的核心竞争力。比如，将VR平面导航、大数据资源库、自助服务机器人等高科技的现代化设备引入乡村的公共文化服务体系，将乡村的文化资源和服务信息在网络共享终端中进行及时的更新和推送，为乡村旅游的参与者提供综合性的一站式公共文化数字化服务，通过建立乡村数字文化资源库，为群众提供便利的信息服务，协调好乡村居民公共文化服务的供需平衡。乡村振兴是经济、社会、文化全方位的发展，离不开公共文化服务的加持。同时，乡村振兴的伟大实践也为公共文化服务的创新提供了广阔的实践天地。

公共文化服务与城市更新在融合中共荣。在社会发展过程中，城市的复兴、空间的营造、建筑的设计都和文化与艺术密切关联。公共文化服务的迭代升级伴随着城市的成长，也反映了城市的历史变迁。公共文化空间可以具备多样的活力与色彩，展现城市的包容性和审美性。

互联网式治理的行为理念是政府将人本、共享、融合、创新等互联网思维应用在新时代社会发展建设中的实践。互联网技术仍在发展，互联网思维的内涵在不断丰富，互联网将促进公共文化服务管理创新，由传统管理向现代管理变革。从宏观上，要求管理者利用互联网技术改造传统服务方式，将互联网工具广泛应用于公共文化服务管理全过程，推动文化管理方式从粗放型向集约

---

❶ 人民网.上半年乡村旅游人次达15.1亿次 320个村被列为重点村［EB/OL］.（2019-07-29）［2021-12-28］.http：//travel.people.com.cn/n1/2019/0729/c41570-31261848.html.

型转变。从具体服务机构上，要求采用大数据、云计算、云存储、物联网等技术，对管理和服务的全过程进行信息化管理，从而大大提高服务效率。从社会效果上，要求由被动式服务发展到参与式服务，拓宽人们参与公共文化服务的渠道。在互联网思维的推动下，管理者的决策将民主化、科学化，促使公共文化服务走向大众，由普通服务向保障权益变革，从单一管理向追求社会公平转变，从而提高公共文化服务质量和效率，加强公共文化责任，提高人民群众的满意度。

# 第四章　互联网式治理的决策回应

互联网大大降低了公共文化服务信息公开的技术门槛，倒逼公共文化职能部门和公共文化机构建立透明、通畅的反馈通道。互联网就像一个放大镜，把公共文化服务体系中的每个细节都暴露在社会公众面前，供人们审视、检阅、评价和参与，从公共文化需求的表达、公共文化设施的建设运营、公共文化资源的更新、公共文化场所的使用、公共文化活动的组织开展、公共文化服务效果的评估等，公共文化服务的服务流程、服务方式、服务内容都将成为公众的关注点。互联网推动了服务型政府的建设，加速公共文化服务职能部门从管理者变为以人民为中心的服务者，人民的意愿和声音在政府决策中得到更多的倾听、表达与体现，大大提高了人民的政治参与热情。面对公共文化服务内容、管理的变革，政府不断通过制度建设和行政管理进行回应。

## 一、互联网时代公共文化服务制度演进

### （一）公共文化服务制度演进历程

依据我国进入互联网时代以来互联网规制演进轨迹及政府在公共文化服务建设不同时期的指导思想、建设原则和目标任务的双重耦合，可将公共文化服务制度的演进分为三个阶段。

1. 起步期：1994—2001 年

1994 年，我国正式接入互联网，文化建设与信息网络发展呈现双轨并进的格局。1994 年 6 月，国务院办公厅下发《关于"三金工程"有关问题的通知》，全面启动中国互联网基础建设的"三金工程"（金桥、金关、金卡）。同

年《计算机信息系统安全保护条例》作为第一部网络治理法规，是我国互联网治理的起点。1996年四大全国性骨干网络建成，中国正式进入互联网时代。1998年公安部成立公共信息网络安全监察局，至此网络安全管理体制基本确立。由于互联网在早期对社会生活渗入程度有限，相关规制条例主要聚焦于技术层面的联网规范和行为层面的安全防范。这一阶段，我国公共文化服务建设正处于起步阶段，文化信息建设、数字技术在文化领域的应用非常有限。

国家通过"八五计划""九五计划"推动图书馆、文化馆、艺术馆、博物馆、科技馆、文化站、俱乐部、广播电视站和图书、报刊发行网点等各类文化活动场所的建设，提出"要充分发挥集体和个人的力量，积极建设城市、集镇、农村的群众性文化设施""积极发展少数民族地区和边境口岸地区的文化事业"等具体的文化建设任务。随着党的十五大召开，在"建设有中国特色社会主义文化"的统领下，西部地区和农村地区公共文化建设受到重视。1998年文化部出台了《文化部关于进一步加强农村文化建设的意见》，对农村地区公共文化设施和服务活动做了统筹安排。2000年文化部出台了《关于实施西部大开发战略加强西部文化建设的意见》，实施万里边疆文化长廊建设，推动西部地区公共文化设施建设。2001年文化部发布了《关于贯彻落实"三个代表"重要思想进一步加强农村文化工作的通知》；同年国家发展计划委员会❶、文化部印发了《关于"十五"期间加强基层公共文化设施建设的通知》，通知要求，各地要加强对公共文化设施建设工作的领导，重点加强县级文化馆、图书馆建设，将其纳入当地经济与社会发展计划，并认真组织实施，力争在"十五"期末基本实现县县有文化馆、图书馆的目标。

为了解决我国公共文化财政投入不足的问题，1994年财政部、国家税务总局发布《关于继续对宣传文化单位实行财税优惠政策的规定》，规定对部分宣传文化单位实施先征税后退税；对纪念馆、博物馆、图书馆、文物保护等单位的门票收入免征营业税；对文化事业单位的固定资产投资方征收零税率等。这些财税优惠政策极大地调动了文化事业单位对公众实行低价格、低门槛的积极性，扩大了群众参与文化生活的范围和程度；同时使文化设备投资商以更加低廉的价格提供产品，保障文化事业单位基础建设的顺利开展。1996年国务

---

❶ 2003年，改组为国家发展和改革委员会。

院又出台了《关于进一步完善文化经济政策的若干规定》，提出"在加大各级财政对文化事业投入力度的同时，拓宽文化事业资金投入渠道，逐步形成适应社会主义市场经济要求的筹资机制和多渠道投入体制"，并明确规定了"文化事业建设费"的征收、管理和使用办法，鼓励社会力量资助文化事业的具体措施。《文化部关于"十五"期间文化建设的若干意见和深化文化事业单位改革的若干意见》（2001）持续加强文化设施、项目建设，深化文化管理体制改革，继续实行支持文化事业发展的有关政策，增加对重要新闻媒体和公益文化事业的投入。

2. 完善期：2002—2010 年

在信息网络基础设施建成的基础上，互联网逐渐成为文化传播的新阵地和体现政府公共服务的新平台，但互联网信息治理的法律盲区也日益凸显，互联网规制进入加速阶段。2002 年 9 月《互联网上网服务营业场所管理条例》出台，国家正式从物理层面对互联网进行规制，通过这一时期的大量立法加强对包括网络数据库、信息系统运行等在内的关键信息基础设施安全的保障。互联网空间在形成深度规制体系的同时，其多点式平行分布的格局也使社会形态随之发生了变化，高度分化下的社会群体产生了更加分散化、多元化的利益诉求，政府服务意识显著加强，公共文化服务建设成为实现全面建设小康社会战略目标的重要举措。2002 年文化部、财政部发布了《关于实施全国文化信息资源共享工程的通知》，正式拉开了公共数字文化服务建设的序幕。2010 年，公共电子阅览室建设的试点工作启动。

公共文化服务体系建设是我国公共文化服务决策演进过程中的一个重要里程碑。2005 年 10 月 1 日党的十六届五中全会通过的《中共中央关于制定国民经济和社会发展第十一个五年规划的建议》提出"加大政府对文化事业的投入，逐步形成覆盖全社会的比较完备的公共文化服务体系"，这是"公共文化服务体系"概念首次出现在官方文件中。2006 年在全国"两会"的《政府工作报告》中将这一表述扩展为"深化文化体制改革，发展文化事业和文化产业。加强文化基础设施建设尤其是农村基础文化建设，完善公共文化服务体系"。同年 9 月对外公布的《国家"十一五"时期文化发展规划纲要》将"公共文化服务"作为单独一章，提出"从现阶段经济社会发展水平出发，以实现和保障公民基本文化权益、满足广大人民群众基本文化需求为目标，坚持公共服务普遍均等原则，兼顾城乡之间、地区之间的协调发展，统筹规划，合理安排，形成实用、便捷、高效的公共文化服务网络"。2007 年在全国"两会"的《政府工作报告》中再次强调"着眼于满足人民群众文化需求，保障人民文化权益，逐步建立覆盖全社会的公共文化服务体系"。经过党和国家的重大决策，公共文化建设的政策目标和当前任务逐步清晰。同年，中共中央办公厅、国务院办公厅颁布《关于加强公共文化服务体系建设的若干意见》，整合国家公益性文化事业已有的物质基础和组织条件，开始全面部署公共文化服务体系建设工作。

3. 提升期：2011 年至今

随着 Web 3.0 技术、移动互联网和智能终端设备的进一步普及，互联网与现实生活呈现出深度聚融趋势。新时代随着数字信息技术的不断发展，数字化服务成为满足人民群众对美好生活新期待的重要途径。党和国家顺应时代发展趋势，提出"互联网+"行动计划和网络强国发展战略。相较于前一阶段对公共数字文化的初步探索实践，辐射公共数字文化的相关公共文化政策建设成为重点领域、全面展开。2011 年文化部、财政部共同发布了《关于进一步加强公共数字文化建设的指导意见》，"公共数字文化建设"这一概念首次被提出，标志着公共数字文化建设进入提升发展的新阶段，互联网与公共文化服务体系建设的融合更加紧密。2012 年，《关于加快实施数字图书馆推广工程的意见》对数字图书馆推广工程进行了部署和规划。《"公共电子阅览室建设计划"实施方案》（2012）对建立公共电子阅览室技术平台提出更明确的规范化要求。2013 年 1 月，文化部印发《全国文化信息资源共享工程"十二五"规划纲要》，对"十二五"时期的数字文化资源数量、服务网络覆盖和主要工程任务作出了明确规定；同年 9 月又发布了《文化部信息化发展纲要（2013—2020 年）》，对各级文化行政部门和单位 2013—2020 年开展信息化建设的发展目标和业务重点进行了统筹规划。2016 年，科技部、文化部、国家文物局联合发布《国家"十三五"文化遗产保护与公共文化服务科技创新规划》，明确了"十三五"时期文化遗产保护与公共文化服务科技创新的总体思路、发展目标、主要任务和重大举措，积极推动科技创新引领文化遗产保护与传承事业，提升公共文化服务能力。2017 年，文化部出台《文化部"十三五"时期公共数字文化建设规划》，明确公共数字文化建设是加快构建现代公共文化服务体系的重要任务，制定了六大重点任务❶和九个重点项目❷，提出到2020年基本建成与现代公共文化服务体系相适应的开放兼容、内容丰富、传输快捷、运行高效的公共数字文化服务体系。2019年，为适应移动互联网等现代科技发展趋势，破解公共数字文化工程发展中存在的瓶颈问题，推动工程转型升级、深度融合，创新公共数字文化服务业态，提升服务效能，文化和旅游部发布了《公共数字文化工程融合创新发展实施方案》。该实施方案对公共数字文化工程建设提出了更具体的重点任务，提出到2020年年底，基本建成统一的工程标准规范体系，实现工程平台有效整合、资源共建共享、管理统筹规范、服务便捷高效，社会力量参与机制更加健全，服务效能显著提升。

与此同时，互联网安全面临着日益严峻的挑战。我国颁布出台了《中华人民共和国网络安全法》（2016）及近十项网络安全政策，基本覆盖互联网安全各领域。互联网规制政策体系的完善推动网络管理体制全面升格，对政务服务与互联网的深度融合提出了更高要求。政府和各级公共文化机构积极探索创新公共文化服务供给方式，社会力量的参与使公共文化服务变得更加鲜活。政策主题进入"全要素"关注时期，公共文化服务政策辐射范围更加广泛，从宏观规划设计到具体的标准制定都更垂直细化。"十二五""十三五"时期，在国家层面的文化发展改革规划下，文化部也相应制定了更系统的发展规划，包含明确的总体要求、目标方向和发展指标、各领域主要任务、重要举措及重大工程项目等，还制定了在公共文化服务体系、全国公共图书馆事业、全国古籍保护工作、繁荣群众文艺发展等具体文化领域的规划。

"现代公共文化服务体系"建设成为新时代我国文化建设的重要目标。2013年党的十八届三中全会通过《中共中央关于全面深化改革若干重大问题的决定》，提出了构建现代公共文化服务体系的重大任务，这是中央首次提出构建现代公共文化服务体系的概念和要求。2015年《关于加快构建现代公

---

❶ 六大重点任务：构建互联互通的公共数字文化服务网络；打造公共数字文化资源库群，加强资源保障；创新服务方式，提升服务效能；统筹推进重点公共数字文化工程建设；鼓励和支持社会力量参与公共数字文化建设；加强公共数字文化建设管理。

❷ 九个重点项目：国家公共文化数字支撑平台建设、数字图书馆推广工程服务平台建设、中西部贫困地区数字文化设施提档升级、边疆万里数字文化长廊建设、全民艺术普及基础资源库、地方特色文化资源库、公共图书馆基础资源库、面向特殊群体的数字图书馆、数字文化馆建设。

文化服务体系的意见》《"十三五"时期贫困地区公共文化服务体系建设规划纲要》等文件相继出台，指出了现代公共文化服务体系建设的发展目标和主要指标。2016年《公共文化服务保障法》出台，对公共文化设施建设与管理、公共文化服务提供、保障措施、法律责任等作了详细规定，是文化领域具有基础性、全局性、基本性的重要法律，标志着我国公共文化服务法律保障取得历史性突破——人民群众基本文化权益和基本文化需求实现从行政性"维护"到法律"保障"的跨越。此外，《博物馆条例》《公共图书馆法》相继出台，公共文化服务法治化日益完善。

### （二）公共文化服务制度演进逻辑

法律制度作为国家社会生活的价值导引与行为规范，是文化的规则化形态和制度化认可。❶公共文化服务制度演进逻辑是公共文化服务法律规范的制定和实施的基本准则，其本身就是公共文化服务体系建设的纲领体现。

#### 1. 以保证公益性为首要原则

这是由公共文化服务的性质决定的。公共文化服务是以社会全体成员为服务对象，为社会成员提供免费或者优惠的文化产品和服务。公共文化服务是全民受益的服务，是社会公平正义的体现。因此，其成本由全体受益人分担，实现方式就是由税收形成的公共财政进行基础保障。政府或者其他社会主体提供公共文化产品和服务都不能以盈利为目的，要以公共文化利益为目标，使全民共建共享文化成果。公共文化服务立法要将保持公共文化服务的公益性作为首要原则，保障公共文化服务能够为社会全体成员享有。

2007年《关于进一步加强公共文化服务体系建设的若干意见》将资金保障列为建设公共文化服务体系的重要部分并明确提出，"从城市住房开发投资中提取1%用于社区公共文化设施建设"。党的十七届六中全会审议通过的《中共中央关于深化文化体制改革推动社会主义文化大发展大繁荣若干重大问题的决定》提出，要把公共文化产品和服务项目纳入公共财政经常性支出预算。2016年《公共文化服务保障法》明确规定各级人民政府根据公共文化服务的事权和支出责任，将公共文化服务经费纳入本级预算并安排资金。

---

❶ 周千叶. 中国特色社会主义立法初论[J]. 法学论坛，2014（5）：83-93.

为了进一步保障公共文化服务的公益性，2008年中宣部、国家文物局等单位联合下发《关于全国博物馆、纪念馆免费开放的通知》，规定全国各级文化文物部门管理的公共博物馆、纪念馆、全国爱国主义教育示范基地实行免费开放政策。2011年文化部、财政部印发《关于推进全国美术馆、公共图书馆、文化馆（站）免费开放工作的意见》《中央补助地方美术馆、公共图书馆、文化馆（站）免费开放专项资金管理暂行办法》，推进美术馆、公共图书馆、文化馆（站）免费开放，公共文化机构的免费开放在政策推动下已经日渐常态化、制度化和规范化。

2. 以保障公民基本文化权益为核心原则

坚持以人民为中心，是构建现代公共文化服务体系的出发点和落脚点。公共文化服务制度建设将保障公民的基本文化权益作为核心原则，强调尊重和关注公民的文化需求，注重发挥公民作为文化主体的主观能动性，并促进公民的文化实践和文化参与，以不断满足公民的文化消费和文化发展诉求为出发点和归宿。

在设施建设方面，根据经济发展和社会需要对公共文化设施进行总体布局及规划，明确不同功能、不同层级的公共文化设施的建设标准。比如，2003年的《公共文化体育设施条例》、2008年的《公共图书馆建设标准》《文化馆建设用地指标》、2010年的《文化馆建设标准》等政策文件，都体现了我国对公共文化设施建设的重视，同时还明确公共文化机构管理原则和内部运行规范，对不同公共文化设施的服务原则、服务内容等予以规制，如2008年的《乡镇综合文化站管理办法》对乡村文化站的职能、工作人员的服务标准做出了规范要求。

在内容供给方面，《国家基本公共文化服务指导标准（2015—2020年）》从国情出发，以群众实际文化需求为导向，界定了基本公共文化服务的保障范围，主要围绕读书看报、收听广播、观看电视、观赏电影、观看演出、参加文体活动和免费使用公共文化设施等群众的基本文化权益，提出了具体的项目、内容和指导标准，明确了服务范围、程度和质量要求，对基本服务项目进行了量化规定；《公共文化服务保障法》规定地方政府需将公共文化服务的内容、种类、数量以公布标准、目录的形式等向社会公众公开，保障公共文化服务和产品的优质供给。随着数字网络技术对社会生产生活的全面深入渗透，公众数字文化需求日益强烈，对公共文化服务的内容和供给方式都提出了新的要求。我国公共数字文化服务建设以文化信息资源共享工程、数字图书馆推广工程和公共电子阅览室建设计划三大文化惠民工程为主线，不断完善平台、内容、资源，提高公共数字文化供给水平。

#### 3. 以优化公共文化秩序为主线原则

优化公共文化秩序强调通过制度规范来引导公共文化产品和公共文化活动的价值取向，以社会主义核心价值观为引领，代表和体现社会主义先进文化的前进方向，不断积淀和塑造社会文化价值共识，如《文化部"十三五"时期艺术创作规划》等规范性文件对艺术创作进行了整体规划和引导，保证公共文化产品坚持正确创作方向，通过政策扶持艺术创作与生产、巡演展演展览、艺术人才培养、繁荣群众艺术。

同时，优化公共文化秩序又包括建立现代化的公共文化服务治理体系，健全多元主体参与公共文化服务的机制，营造活力有序的公共文化环境。在现代国家，政府既是"社会福利的提供者"，又是"经济稳定和增长的主舵手"。公共文化服务既然立足于"服务"二字，服务职能和服务意识是公共文化服务的应有之义。随着文化体制改革的不断全面深化，建设服务型政府是推进国家治理体系和治理能力现代化的必然要求。政府职能由"办文化"向"管文化"转变，从具体的管理手段过渡到政府引导、社会力量参与的"宏观指导"，实现了从"政府部门单向提供"向"多元主体互动提供"的转变。《国家"十一五"时期文化发展规划纲要》（2006）中首次提出"要积极引导社会力量提供公共文化服务"。《文化部关于鼓励和引导民间资本进入文化领域的实施意见》（2012）首次明确将文化部管理的文化领域全面向民间资本开放。《关于在公共服务领域推广政府和社会资本合作模式的指导意见》（2015）倡导多种形式投入与社会组织的参与，鼓励社会力量与政府合作模式。《国务院办公厅转发文化部等部门关于做好政府向社会力量购买公共文化服务工作意见的通知》（2015）大力推动社会主体进入公共文化服务供给领域。《关于做好事业单位政府购买服务改革工作的意见》（2016）进一步明确公共文化服务改变供给模式，提升了服务效率。《关于深入推进公共文化机构法人治理结构改革的实施方案》（2017）对公共文化机构的现代化治理提出了更高要求。《公共文化服务保障法》（2016）更是为社会力量赋权，进一步明确了社会力量通过兴办实体、资助项目、赞助活动、提供设施、捐赠产品等方式参与公共文化服务。

#### 4. 以促进均衡发展为关键原则

均衡发展是现代公共文化服务体系的基本特点。社会主义的本质是要消除两极分化，最终达到共同富裕。均衡发展原则强调，通过法律规范和制度设计保障地区间、城乡间、不同群体的公民都能公平、平等地实现基本文化权益。追求不同群体文化权益均等化是公共文化服务价值追求的应有之义。在2006年党的十六届六中全会正式提出"公共文化服务均等化"之前，解决公共文化资源在区域、城乡和人群之间配置不均衡的问题，保障人民平等文化权益的理念已在《关于进一步加强少数民族文化工作的意见》（2000）、《关于公益性文化设施向未成年人免费开放的实施意见》（2004）等政策文本中有所体现。2010年的国家公共文化服务体系示范区创建工作正是以示范和带动效应作为促进基本公共文化服务均等化的长效制度。

党的十八大报告指出："扎实推进社会主义文化强国建设，坚持面向基层、服务群众，加快推进重点文化惠民工程，加大对农村和欠发达地区文化建设的帮扶力度，继续推动公共文化服务设施向社会免费开放。"为贯彻落实这一战略要求，《文化部"十二五"时期公共文化服务体系建设实施纲要》明确指出："深入实施文化援助帮扶计划。加大对革命老区、民族地区、边疆地区、贫困地区公共文化服务体系建设支持和帮扶力度。"《关于推进基层综合性文化服务中心建设的指导意见》（2015）、《关于加快现代公共文化服务体系建设的意见》（2015）均体现了通过标准化推动均等化的施政思路。《中央补助地方公共文化服务体系建设专项资金管理暂行办法》（2015）规定：专项资金的使用在分配上应向革命老区、民族地区等特殊地区倾斜。2016年《公共文化服务保障法》的施行更是为基本公共文化服务均等化发展提供了法律保障，为各地政府供给公共文化服务提供了准绳。2017年3月国务院印发《"十三五"推进基本公共服务均等化规划》。2017年的《"十三五"时期文化扶贫工作实施方案》进一步明确必须贯彻落实国务院"十三五"脱贫攻坚规划，对文化扶贫工作的指导思想、基本原则、阶段目标、主要任务、组织实施等方面进行了具体部署，为充分发挥文化对脱贫攻坚工作的促进作用提供了有力保障。

## 二、公共文化服务法律体系梳理

我国将构建现代公共文化服务体系作为保障人民群众基本文化权益、保障和改善文化民生、建设社会主义文化强国的重要制度设计。而法制作为具有权威性、稳定性、强制性的社会规范，是构建现代公共文化服务体系的制度保障。公共文化服务法律体系是调整公共文化服务领域社会关系的法律规范的总称。我国公共文化服务法律体系是以宪法为根本，以公共文化服务基本法、单行法和行政法规为主干，以地方性法规和行政规章为补充的现代公共文化服务法律体系。

宪法是所有立法的根本遵循。我国《宪法》第 22 条和第 47 条规定了国家的公共文化服务职能和公民的基本文化权利。现阶段我国公共文化服务立法是为了满足公民基本文化权益的需要。政府有义务保障公民基本文化权利的实现，公共文化服务保障则是政府的职能之一。

基本法是为公共文化服务的发展提供"顶层设计"。在基本法中，应明确公共文化服务及其相关概念的内涵外延、公共文化服务的供给模式、公共文化服务的政府责任、公共文化服务供给的具体制度及公共文化服务的法律责任，为公共文化服务领域的文化活动提供最基础的行为规范。2016 年我国出台的公共文化服务基本法——《公共文化服务保障法》，奠定了公共文化服务法制保障的四梁八柱。

单行法是在基本法的规范下对某一领域的公共文化服务社会关系进行调整。单行法和基本法相互配合可以优化公共文化服务法律体系的结构，有利于发挥法律体系的整体功能，如《公共图书馆法》。

行政法规、地方性法规和行政规章作为公共文化服务法律体系的重要组成部分，衔接了公共文化服务重大法律的落地实行。此外，现代公共文化服务体系与文化建设的各个领域息息相关。公共文化服务相关法律法规也是公共文化服务法律体系的重要补充。

整体来看，自 2005 年"公共文化服务"明确在官方文件中被提出，到"十三五"时期末，我国已形成以《公共文化服务保障法》为主干，《公共图书馆法》《中华人民共和国文物保护法》《中华人民共和国非物质文化遗产法》（以下简称《非物质文化遗产法》）、《博物馆条例》等专项法律法规为支撑，中央和各级地方规划、文件为补充的决策体系。

（一）法律

由全国人民代表大会及其常务委员会经过立法程序制定的用于规制公共文化服务体系建设的规范性法律文件，相关立法分为两类：一类是公共文化服务领域的专门法律；一类是与公共文化服务相关的法律法规（见表4-1）。

表4-1 公共文化服务体系建设的规范性法律文件汇总

| 类别 | 法律名称 | 颁布时间（最新修订时间） | 规制内容 |
| --- | --- | --- | --- |
| 专门性法律 | 《中华人民共和国公共文化服务保障法》 | 2016年 | 加强公共文化服务体系建设，丰富人民群众精神文化生活，传承中华优秀传统文化，弘扬社会主义核心价值观，增强文化自信，促进中国特色社会主义文化繁荣发展，提高全民族文明素质 |
| | 《中华人民共和国公共图书馆法》 | 2018年 | 加强对公共图书馆管理，推进公共图书馆事业的发展，较好地保障人民群众的公共读书阅览权利 |
| 相关性法律 | 《中华人民共和国著作权法》 | 2010年 | 促进社会主义文化和科学事业发展，保护作者著作权 |
| | 《中华人民共和国非物质文化遗产法》 | 2011年 | 加强非物质文化遗产保护、保存工作 |
| | 《全国人大常委会关于维护互联网安全的决定》 | 2011年 | 保障互联网的运行安全和信息安全，从而促进互联网健康发展 |
| | 《全国人大常委会关于网络信息保护的决定》 | 2012年 | 保护网络信息安全，保障公民、法人和其他组织的合法权益，维护国家安全和社会公共利益 |
| | 《中华人民共和国广告法》 | 2015年 | 规范广告活动，保护消费者的合法权益，促进广告业的健康发展 |
| | 《中华人民共和国档案法》 | 2016年 | 加强对档案的管理和收集、整理工作，有效地保护和利用档案 |
| | 《中华人民共和国电影产业促进法》 | 2016年 | 促进电影产业健康繁荣发展，弘扬社会主义核心价值观，规范电影市场秩序，丰富人民群众的精神文化生活 |
| | 《中华人民共和国网络安全法》 | 2016年 | 保障网络安全，维护网络空间主权和国家安全、社会公共利益，保护公民、法人和其他组织的合法权益，促进经济社会信息化健康发展 |

续表

| 类别 | 法律名称 | 颁布时间（最新修订时间） | 规制内容 |
|---|---|---|---|
| 相关性文化法律 | 《中华人民共和国文物保护法》 | 2017年 | 加强对文物的保护，继承中华民族优秀的历史文化遗产，促进科学研究工作，进行爱国主义和革命传统教育，建设社会主义精神文明和物质文明 |
| | 《中华人民共和国电子商务法》 | 2018年 | 调整企业和个人以数据电文为交易手段，通过信息网络所产生的，因交易形式所引起的各种商事交易关系，以及与这种商事交易关系密切相关的社会关系、政府管理关系 |
| | 《中华人民共和国电子签名法》 | 2019年 | 电子签名行为，确立电子签名的法律效力，维护有关各方的合法权益 |
| 其他相关法律 | 《中华人民共和国公益事业捐赠法》 | 1999年 | 鼓励捐赠，规范捐赠和受赠行为，保护捐赠人、受赠人和受益人的合法权益 |

（二）行政法规

行政法规是国务院根据宪法和法律，在其职权范围内制定的有关公共文化服务行政管理的规范性法律文件。这一阶位的法规从公共文化服务的内容供给、运行管理等方面进行具体规制（见表4-2）。

表4-2　公共文化服务的内容供给、运行管理等方面的法律文件汇总

| 类别 | 法规名称 | 颁布时间 | 备注 |
|---|---|---|---|
| 文化类 | 《科学技术档案工作条例》 | 1980年 | — |
| | 《中华人民共和国水下文物保护管理条例》 | 1989年 | 2011年修订 |
| | 《中华人民共和国档案法实施办法》 | 1999年 | 2017年修订 |
| | 《广播电视管理条例》 | 1997年 | 2017年修订 |
| | 《传统工艺美术保护条例》 | 1997年 | 2013年修订 |
| | 《文化事业建设费征收管理暂行办法》 | 1997年 | |
| | 《出版管理条例》 | 2001年 | 2011年修订 |
| | 《电影管理条例》 | 2001年 | — |
| | 《音像制品管理条例》 | 2001年 | 2016年修订 |

续表

| 类别 | 法规名称 | 颁布时间/年 | 备注 |
|---|---|---|---|
| 文化类 | 《公共文化体育设施条例》 | 2003 年 | — |
| | 《中华人民共和国文物保护法实施条例》 | 2003 年 | 2017 年修订 |
| | 《著作权集体管理条例》 | 2004 年 | 2013 年修订 |
| | 《长城保护条例》 | 2006 年 | — |
| | 《历史文化名城名镇名村保护条例》 | 2008 年 | 2017 年修订 |
| | 《广播电台电视台播放录音制品支付报酬暂行办法》 | 2009 年 | 2011 年修订 |
| | 《印刷业管理条例》 | 2001 年 | 2017 年修订 |
| | 《博物馆条例》 | 2015 年 | — |
| 互联网类 | 《中华人民共和国计算机信息系统安全保护条例》 | 1994 年 | 2011 年修订 |
| | 《计算机信息网络国际联网安全保护管理办法》 | 1997 年 | 2011 年修订 |
| | 《互联网信息服务管理办法》 | 2000 年 | 2011 年修订 |
| | 《中华人民共和国电信条例》 | 2000 年 | 2016 年修订 |
| | 《计算机软件保护条例》 | 2001 年 | 2013 年修订 |
| | 《互联网上网服务营业场所管理条例》 | 2002 年 | 2016 年修订 |

（三）部门规章

由国务院行政部门在其职权范围内制定的行政规章，其规定的事项属于执行公共文化服务相关法律或国务院的行政法规、命令或决定。该部分立法占公共文化服务法律体系中规章总数的 3/4（见表 4-3）。

表 4-3　执行公共文化服务相关法律或国务院的行政法规、命令或决定的相关部门规章汇总

| 颁布时间 | 颁布主体 | 规章名称 | 备注 |
|---|---|---|---|
| 1985 年 | 海关总署 | 《对旅客携运和个人邮寄文物出口的管理规定》 | — |
| 1994 年 | 广播电影电视部ª、国家档案局 | 《电影艺术档案管理规定》 | 2010 年废止 |
| 1994 年 | 广播电影电视部 | 《广播电视宣传档案、资料管理办法》 | — |
| 1994 年 | 广播电影电视部 | 《中华人民共和国广播电视频率执照管理暂行规定》 | — |
| 1994 年 | 广播电影电视部 | 《卫星电视广播地面接收设施管理规定》 | — |
| 1994 年 | 财政部、国家税务总局 | 《关于继续对宣传文化单位实行财税优惠政策的规定》 | 2008 年废止 |

第四章　互联网式治理的决策回应

续表

| 颁布时间 | 颁布主体 | 规章名称 | 备注 |
|---|---|---|---|
| 1996 年 | 邮电部 | 《计算机信息网络国际联网出入口信道管理办法》 | — |
| 1996 年 | 广播电影电视部 | 《广播电影电视行政处罚程序暂行规定》 | — |
| 1997 年 | 文化部 | 《文化部涉外文化艺术表演及展览管理规定》 | 2004 年修订 |
| 1999 年 | 文化部 | 《全国文化先进县、全国文化工作先进集体和全国文化系统先进工作者、劳动模范荣誉称号授予办法》 | — |
| 1999 年 | 财政部 | 《全国文化设施维修专项补助经费和全国万里边疆文化长廊专项补助经费管理办法》 | — |
| 1999 年 | 国家文物局 | 《依法没收、追缴文物的移交办法》 | — |
| 1999 年 | 公安部 | 《群众性文化体育活动治安管理办法》 | 2010 年废止 |
| 2000 年 | 国家广播电影电视总局 | 《信息网络传播广播电影电视类节目监督管理暂行办法》 | 2009 年废止 |
| 2000 年 | 国家广播电影电视总局 | 《关于加强广播电视节目电影片进口管理的通知》 | — |
| 2000 年 | 工业和信息化部 | 《互联网电子公告服务管理规定》 | 2017 年废止 |
| 2001 年 | 信息产业部 | 《电信网间互联争议处理办法》 | — |
| 2001 年 | 工业和信息化部 | 《电信设备进网管理办法》 | 2014 年修正 |
| 2001 年 | 信息产业部 | 《公用电信网间互联管理规定》 | 2014 年修正 |
| 2001 年 | 文化部 | 《艺术档案管理办法》 | — |
| 2001 年 | 文化部 | 《文物藏品定级标准》 | — |
| 2002 年 | 教育部 | 《学校艺术教育工作规程》 | — |
| 2002 年 | 信息产业部 | 《电信建设管理办法》 | — |
| 2003 年 | 文化部 | 《文物保护工程管理办法》 | — |
| 2003 年 | 国家广播电影电视总局 | 《电影制片、发行、放映经营资格准入暂行规定》 | 2004 年废止 |
| 2003 年 | 信息产业部 | 《电信网码号资源管理办法》 | 2014 年修正 |
| 2004 年 | 国家广播电影电视总局 | 《电影剧本（梗概）立项、电影审查暂行规定》 | 2006 年废止 |
| 2004 年 | 国家广播电影电视总局 | 《电影片进出境洗印、后期制作审批管理办法》 | 2016 年废止 |
| 2004 年 | 国家广播电影电视总局 | 《广播电视视频点播业务管理办法》 | 2015 年修正 |
| 2004 年 | 国家广播电影电视总局 | 《广播电台电视台审批管理办法》 | 2017 年修正 |
| 2004 年 | 国家广播电影电视总局 | 《广播电视节目传送业务管理办法》 | 2015 年修正 |
| 2004 年 | 国家广播电影电视总局 | 《广播电影电视立法程序规定》 | 2005 年废止 |
| 2004 年 | 国家广播电影电视总局 | 《境外机构设立驻华广播电视办事机构管理规定》 | — |

续表

| 颁布时间 | 颁布主体 | 规章名称 | 备注 |
|---|---|---|---|
| 2004 年 | 国家广播电影电视总局 | 《广播影视节（展）及节目交流活动管理规定》 | 2016 年修订 |
| 2004 年 | 国家广播电影电视总局 | 《中外合作摄制电影片管理规定》 | 2017 年修订 |
| 2004 年 | 国家广播电影电视总局 | 《互联网等信息网络传播视听节目管理办法》 | — |
| 2005 年 | 文化部 | 《文物行政处罚程序暂行规定》 | — |
| 2005 年 | 国家广播电影电视总局 | 《广播电影电视行业统计管理办法》 | 2016 年修订 |
| 2005 年 | 公安部 | 《互联网安全保护技术措施规定》 | — |
| 2005 年 | 信息产业部 | 《电信服务规范》 | — |
| 2005 年 | 信息产业部 | 《互联网 IP 地址备案管理办法》 | — |
| 2005 年 | 信息产业部 | 《非经营性互联网信息服务备案管理办法》 | — |
| 2005 年 | 国家版权局与信息产业部 | 《互联网著作权行政保护办法》 | — |
| 2006 年 | 文化部 | 《国家级非物质文化遗产保护与管理暂行办法》 | — |
| 2006 年 | 国家广播电影电视总局 | 《电影剧本（梗概）备案、电影片管理规定》 | 2017 修订 |
| 2006 年 | 信息产业部 | 《互联网电子邮件服务管理办法》 | — |
| 2007 年 | 国家广播电影电视总局 | 《互联网视听节目服务管理规定》 | — |
| 2007 年 | 文化部 | 《文物进出境审核管理办法》 | — |
| 2008 年 | 文化部 | 《国家级非物质文化遗产项目代表性传承人认定与管理暂行办法》 | — |
| 2009 年 | 文化部 | 《乡镇综合文化站管理办法》 | — |
| 2009 年 | 国家广播电影电视总局 | 《广播电视安全播出管理规定》 | 2016 年修正 |
| 2009 年 | 文化部 | 《文物认定管理暂行办法》 | — |
| 2011 年 | 文化部 | 《文化市场综合行政执法管理办法》 | — |
| 2011 年 | 国家广播电影电视总局 | 《广播电视广告播出管理办法的补充规定》 | — |
| 2011 年 | 文化部 | 《互联网文化管理暂行规定》 | — |
| 2012 年 | 国家广播电影电视总局 | 《关于鼓励和引导民间资本投资广播影视产业的实施意见》 | — |
| 2012 年 | 文化部 | 《文化统计管理办法》 | — |
| 2012 年 | 工业和信息化部 | 《规范互联网信息服务市场秩序若干规定》 | — |
| 2013 年 | 工业和信息化部 | 《电信和互联网用户个人信息保护规定》 | — |
| 2013 年 | 国家税务总局 | 《网络发票管理办法》 | 2018 年修正 |

续表

| 颁布时间 | 颁布主体 | 规章名称 | 备注 |
|---|---|---|---|
| 2014年 | 住房和城乡建设部 | 《历史文化名城名镇名村街区保护规划编制审批办法》 | — |
| 2014年 | 国家工商行政管理总局[b] | 《网络交易管理办法》 | — |
| 2016年 | 工业和信息化部 | 《电信用户申诉处理办法》 | — |
| 2016年 | 国家工商行政管理总局 | 《互联网广告管理暂行办法》 | — |
| 2017年 | 文化部 | 《网络游戏管理暂行办法》 | — |
| 2017年 | 信息产业部 | 《中国互联网域名管理办法》 | — |
| 2017年 | 国家互联网信息办公室 | 《互联网信息内容管理行政执法程序规定》 | — |
| 2017年 | 国家互联网信息办公室 | 《互联网新闻信息服务管理规定》 | — |
| 2017年 | 工业和信息化部 | 《电信业务经营许可管理办法》 | — |
| 2017年 | 文化部 | 《关于加强网络表演管理工作的通知》 | — |
| 2018年 | 国家广播电视总局 | 《广播电视设备器材入网认定管理办法》 | — |

注：a.1998年3月，改名为国家广播电影电视总局；2013年3月，改名为国家新闻出版广电总局；2018年3月，改名为国家广播电视总局。
b.2018年3月，组成国家市场监督管理总局，不再保留国家工商行政管理总局。

（四）地方性法规

由省、自治区、直辖市及省级人民政府所在地的市和经国务院批准的较大市的人民代表大会及其常务委员会，根据本行政区域的具体情况和实际需要，制定的适用于本地方对提供公共文化服务的规范性文件，做到了原则性与灵活性的统一。地方性法规分为两类：一类是针对公共文化服务的宏观整体性综合立法；一类是针对公共文化服务设施的单行性立法。

2011年《广东省公共文化服务促进条例》是我国首部关于公共文化体系建设的综合性地方性法规。该法的出台为地方性公共文化立法提供了指引（见表4-4）。

**表 4-4　公共文化服务宏观整体性综合立法或设施的单行性立法相关地方性法规汇总**

| 颁布时间 | 颁布主体 | 法规条例名称 | 效力层级 | 备注 |
|---|---|---|---|---|
| 2011 年 | 广东省人民代表大会常务委员会 | 《广东省公共文化服务促进条例》 | 地方性法规 | — |
| 2012 年 | 上海市人民代表大会常务委员会 | 《上海市社区公共文化服务规定》 | 地方性法规 | — |
| 2015 年 | 江苏省人民代表大会常务委员会 | 《江苏省公共文化服务促进条例》 | 地方性法规 | — |
| 2017 年 | 浙江省人民代表大会常务委员会 | 《浙江省公共文化服务保障条例》 | 地方性法规 | — |
| 1994 年 | 云南省人民政府 | 《云南省公共文化娱乐场所消防管理规定》 | 地方性规章 | 2015 年修订 |
| 1997 年 | 上海市人民政府 | 《上海市公共文化馆管理办法》 | 地方性规章 | 2002 年修正 |
| 2002 年 | 黑龙江省人民政府 | 《黑龙江省公共文化设施管理规定》 | 地方性规章 | 2011 年修正 |
| 2011 年 | 湖南省人民政府 | 《湖南省实施〈公共文化体育设施条例〉办法》 | 地方性规章 | — |
| 2012 年 | 江苏省人民政府 | 《江苏省农村公共文化服务管理办法》 | 地方性规章 | — |
| 2015 年 | 苏州市人民政府 | 《苏州市公共文化服务办法》 | 地方性规章 | — |
| 2016 年 | 威海市人民政府 | 《威海市公共文化服务办法》 | 地方性规章 | — |

（五）中央文件

由中央一级部门及以文化和旅游部为主的相关部门颁布的对公共文化服务有约束性或指引性的制度性文件。该部分文件涉及内容覆盖面广，颁布主体不一，文种多样，体现了公共文化服务政策的丰富性（见表 4-5）。

表 4-5  对公共文化服务有约束性或指引性的制度性文件相关中央文件汇总

| 颁布时间 | 制定主体 | 文件名称 |
| --- | --- | --- |
| 2005 年 | 中共中央办公厅、国务院办公厅 | 《关于进一步加强农村文化建设的意见》 |
| 2005 年 | 中共中央、国务院 | 《关于深化文化体制改革的若干意见》 |
| 2006 年 | 财政部、中宣部 | 《关于进一步支持文化事业发展的若干重大问题的决定》 |
| 2007 年 | 中共中央办公厅、国务院办公厅 | 《关于加强公共文化服务体系建设的若干意见》 |
| 2011 年 | 中国共产党中央委员会 | 《中共中央关于深化文化体制改革、推动社会主义文化大发展大繁荣若干重大问题的决定》 |
| 2011 年 | 文化部、财政部 | 《关于进一步加强公共数字文化建设的指导意见》 |
| 2011 年 | 文化部、财政部 | 《关于实施"数字图书馆推广工程"的通知》 |
| 2011 年 | 文化部、财政部 | 《关于推进全国美术馆、公共图书馆、文化馆（站）免费开放工作的意见》 |
| 2012 年 | 文化部 | 《文化部"十二五"时期文化改革发展规划》 |
| 2012 年 | 国家发改委、文化部、国家文物局 | 《全国地市级公共文化设施建设规划》 |
| 2012 年 | 国务院 | 《国家基本公共服务体系"十二五"规划》 |
| 2012 年 | 中共中央办公厅、国务院办公厅 | 《国家"十二五"时期文化改革发展规划纲要》 |
| 2013 年 | 文化部 | 《文化部"十二五"时期公共文化服务体系建设实施纲要》 |
| 2015 年 | 中共中央办公厅、国务院办公厅 | 《关于加快构建现代公共文化服务体系的意见》 |
| 2015 年 | 国务院办公厅 | 《关于做好政府向社会力量购买公共文化服务工作的意见》 |
| 2015 年 | 国务院办公厅 | 《关于推进基层综合性文化服务中心建设的指导意见》 |
| 2016 年 | 中宣部、中央文明办、教育部、民政部、文化部、国家文物局和中国科学技术协会 | 《关于公共文化设施开展学雷锋志愿服务的实施意见》 |
| 2016 年 | 文化部 | 《文化志愿服务管理办法》 |
| 2016 年 | 科技部、文化部、国家文物局 | 《国家"十三五"文化遗产保护与公共文化服务科技创新规划》 |
| 2017 年 | 中共中央办公厅、国务院办公厅 | 《关于促进移动互联网健康有序发展的意见》 |

续表

| 颁布时间 | 制定主体 | 文件名称 |
|---|---|---|
| 2017年 | 中共中央办公厅、国务院办公厅 | 《国家"十三五"时期文化发展改革规划纲要》 |
| 2017年 | 文化部 | 《"十三五"时期公共数字文化建设规划》 |
| 2017年 | 中宣部、文化部等 | 《关于深入推进公共文化机构法人治理结构改革的实施方案》 |
| 2017年 | 文化部 | 《"十三五"时期全国公共图书馆事业发展规划》 |
| 2017年 | 国务院 | 《"十三五"推进基本公共服务均等化规划的通知》 |
| 2019年 | 中共中央办公厅、国务院办公厅 | 《数字乡村发展战略纲要》 |

（六）地方性文件

由各地方政府出台的为规制、推动公共文化服务的有效构建的规范性文件。2015年，北京市政府为落实中央《关于加快构建现代公共文化服务体系的意见》出台《关于进一步加强基层公共文化建设的意见》及3个配套文件，是全国首个落实中央《关于加快构建现代公共文化服务体系的意见》的省级地方性实施意见。

（七）行业规范

由社会组织颁布的自律章程。2016年，由中国互联网协会颁布的《中国互联网行业自律公约》已经有超过1500多个企业参与。这些自律章程对互联网信息服务提供商、互联网接入服务提供商提出了明确的自律义务，除了规范行业自身，关键是在政府与社会组织之间起到了枢纽作用，完善了互联网监督制度，保障了互联网公共文化产品的供给，充分体现了从互联网监管到互联网治理思路的转变（见表4-6）。

表 4-6 对互联网信息服务提供商、互联网接入服务提供商提出明确自律义务的
行业规范汇总

| 颁布时间 | 颁布主体 | 规范名称 | 主要内容 |
| --- | --- | --- | --- |
| 2011 年 | 中国网络视听节目服务协会 | 《中国网络视听节目服务协会章程》 | 维护网络视听节目服务行业会员单位的国际、国内合法权益，加强行业自律，提高我国网络视听节目服务水平 |
| 2013 年 | 中国互联网协会 | 《互联网搜索引擎服务自律公约》 | 规范互联网搜索引擎服务，保护互联网用户的合法权益，维护公平竞争、合理有序的市场环境，促进我国互联网搜索引擎行业健康可持续发展 |
| 2017 年 | 中国互联网上网服务行业协会 | 《中国互联网上网服务行业协会章程》 | 规范互联网上网服务营业场所经营秩序，保障互联网上网服务营业场所经营者和上网用户的合法权益，促进互联网上网服务行业的健康发展 |

目前，现有公共文化服务立法与党和国家对公共文化服务的重视程度不相协调，与构建现代公共文化服务体系的需要不相适应，主要表现为：第一，法律法规数量少，主要依靠部门规章和政策文件来调节公共文化服务，在诸如公共文化基础设施布局、人才资源配置、相关社会组织等规范方面还存在大量重叠和漏洞；第二，法律之间衔接有待完善，落地性不足，如《中华人民共和国著作权法》和《信息网络传播权保护条例》为图书馆"合理使用"文献信息资源提供了法律依据，但缺乏"合理使用"的具体规定，尤其是数字资源的合理使用仍是空白；第三，立法决策过程开放性不足，社会公众参与机制尚未健全，立法的科学化、民主化有待强化。

### 三、公共文化服务管理机构沿革

我国公共文化服务管理一直是垂直化的管理体系，国家—省—市—县—乡镇（街道）—村（社区）六级公共文化服务网络与我国行政管理体系直接对应，而在时代的发展洪流中互联网构建了一个完全扁平化的世界。直接沟通、实时交互已成趋势，公共文化服务生产者直达每个享有者已经不是天方夜谭。公共文化服务现有的垂直化服务体系如何适应扁平化的互联网世界，需要不断

探索、磨合。

中华人民共和国成立后，中央政府就设立了文化部，部内设群众文化事业管理局对公共文化服务工作进行全面管理。作为文化部最早设立的部门，随着公共文化事业的快速发展，群众文化事业管理局后更名为社会文化事业管理局、群众文化司，但当时群众文化司的职能范围还局限在群众文化活动领域，文化部内同时还设有少儿文化司、少数民族文化司、图书馆司等公共文化相关领域的管理司局。1994年群众文化司和少儿文化司合并成立社会文化司，1998年政府机构改革，文化部图书馆司、少数民族文化司合并入社会文化司，公共文化服务的管理职能进一步集中。值得一提的是，1998年，文化部设立文化产业司，文化事业和文化产业双轮驱动的管理框架初具雏形。2009年，文化部将非物质文化遗产管理职能从社会文化司中剥离，专门设立非物质文化遗产司。2012年，文化部社会文化司正式更名为公共文化司。2018年，文化部和国家旅游局合并成立文化和旅游部，公共文化服务和旅游公共服务管理职能合并设立公共服务司，公共服务司承担全国公共文化服务的指导、协调和推动工作。目前，地方各级文化管理部门一般设立公共文化处或者公共服务处履行管理职能。

此外，公共文化服务体系建设涉及社会生活的方方面面，只靠文化部门一己之力很难完成，需要整合若干部门的力量共同推动，协调机制的建立至关重要。党的十八届三中全会审议通过的《中共中央关于全面深化改革若干重大问题的决定》提出"构建现代公共文化服务体系"，其中"建立公共文化服务体系建设协调机制"被作为重点任务予以明确。从2014年起，以国家公共文化服务体系建设协调组为标志的国家层面公共文化服务协调机制建立，协调组成员单位包括文化部、中宣部、中央机构编制委员会办公室、中央文明办、国家发改委、教育部、科技部、国家民族事务委员会、民政部、财政部、人力资源和社会保障部、国土资源部❶、住房和城乡建设部、国家税务总局、国家质检总局❷、国家新闻出版广电总局、国家体育总局、国家文物局、国务院扶贫开发领导小组办公室❸、中华全国总工会、中国共产主义青年团中央委员会、中华全国

---

❶ 2018年3月，组建自然资源部，不再保留国土资源部。
❷ 2018年3月，改名为国家市场监督管理总局。
❸ 2021年2月，改名为国家乡村振兴局。

妇女联合会、中国残疾人联合会、中国科学技术协会、国家标准化管理委员会共 25 个相关单位，办公室设在文化部。从目前来看，协调组有效地整合了各方力量，形成工作合力，协调机制平台作用得到了有效发挥，成为构建现代公共文化服务体系的有力抓手。

### 四、国外公共文化服务决策的经验借鉴

国外的公共文化制度由于历史、国情、经济发展状况等方面的不同有其各自鲜明的特点，不同的公共文化制度也反映了各国文化发展的要求，但总体而言国外公共文化制度具有一定的共性。因此，国外的公共文化制度体系对我国公共文化制度构建有一定的参考价值。

下面主要选择美国、英国、法国、新加坡和日本五个国家，分别对其公共文化服务体系进行研究，找出其现有公共文化制度的特点。经研究发现，以美国、英国、法国三国为代表的西方国家在政府公共文化行政系统的基础上形成了以国家艺术理事会等为代表的"文化独立管制机构"。与此同时，"第三部门"在公共文化行政中也发挥着越来越重要的作用。总的来说，当代西方国家公共文化行政的管理体制框架为：国家层面形成"文化独立管制机构"与政府公共文化行政两个系统，而在社会层面形成了行业性与公益性相结合的"第三部门"公共文化行政系统。新加坡和日本属于亚洲国家，但由于其特殊的历史背景，新加坡和日本在公共文化制度的构建上都取得了一定的成绩，保障了公民文化权益的实现，同样对我国公共文化制度的构建具有一定的借鉴意义。

#### （一）美国：隐形之手

美国的文化产业发展繁荣，美国的公共文化服务体系由于深受多元价值观念和自由主义市场体制的影响，政府提供的公共服务有基础且全面的特点，因此社会和市场供给处于主导地位，一手抓效率一手抓公平。[1] 在美国，无论联邦政府还是地方政府都没有专门的文化部门，政府的任务是通过制定文化政策来创造良好的文化发展环境，美国的公共文化服务供给大多由国家艺术与人文

---

[1] 肖婷. 美国公共文化服务体系建设研究 [D]. 武汉：湖北大学，2014.

基金会、非政府组织（NGO）或非营利机构（NPO）开展。

1. 三级政府间接管理

美国的公共文化服务体系主要由三个层次构成。第一层是联邦公共文化机构，美国通过议会立法设立的国家艺术基金会、国家人文基金会、国家博物馆图书馆学会等非营利机构，代表政府对公共文化事业进行有限的干预。以上三个机构虽然属于联邦政府系统，但没有真正的行政管辖权力，只有协调和资助公共文化服务的职能。美国在州和地方政府系统也未设分支机构，联邦公共文化机构对全国的公共文化服务进行协调执行。第二层是州和地方政府文化署，文化署的主要目标是支持文化事业发展、提高人口文化素养、培养和提升公众文化艺术欣赏能力等。其职能角色是政府限额补贴的直接发放者，只负责引导各层公众对公共文化的参与，不直接介入具体公共文化项目。第三层是民间力量，如各类民间文化组织，包括基金会、理事会、公益性文化机构等，这些组织或团体是美国公共文化产品和服务的生产者和供应者的中坚力量。❶ 美国公共文化服务体系结构如图 4-1 所示。

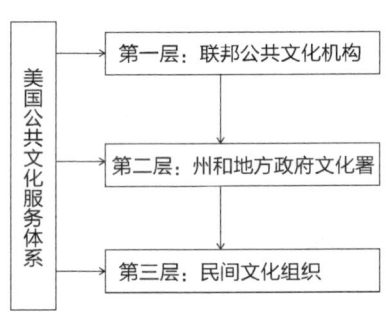

图 4-1　美国公共文化服务体系结构

美国采用市场调节的文化管理模式，因此文化事业的发展主要依靠市场和社会进行调节，政府作为指导者的角色间接参与文化事业。美国一直以来采取"小政府，大社会"的原则，特别重视市场与民间力量，如私人企业、非营利机构、非政府部门形成良好的合作互动关系，为社会公众提供更优质的服务与产品。美国政府对公共文化事业的间接管理系统主要涉及主体为国家艺术与人文基金会（National Foundation on the Arts and the Humanities）、博物馆与图书馆服务署（Institute of Museum and Library Services）。国家艺术理事会是美国的国家艺术文化基金援助

---

❶ 王琳琳. 公共文化政策理论与实践［M］. 北京：中国广播影视出版社，2017：152-153.

机构，美国国家艺术理事会及其国家艺术基金会也是美国的国家文化行政组织。1964年，美国国会出台了《国家艺术和文化发展法》，授权组建国家艺术理事会，1965年又实施《国家艺术和人文基金会法》，建立国家艺术基金会。国家艺术理事会的理事和国家艺术基金会的主席采取了总统推选、国会批准的人事任命制度体系。国家艺术理事会由26人组成，任期6年且向国会负责，并递交工作年报。因此，美国的国家艺术理事会在美国国会领导和监督下，负责分配、建立国家艺术基金会。虽然美国的国家艺术理事会是"文化独立管制机构"，但与美国各级政府部门和艺术组织之间建立了广泛的合作关系。美国有56个地方性艺术机构和6个地区性艺术组织是国家艺术理事会的州和地区的合作伙伴，而且国家艺术理事会通过各种艺术文化的援助项目与联邦、州、地方的各级政府部门及其艺术组织之间建立合作关系。因此，独立管制与协商合作也是美国国家艺术理事会的制度特征。具体而言，美国艺术与人文相关职能部门的组织结构如图4-2所示。

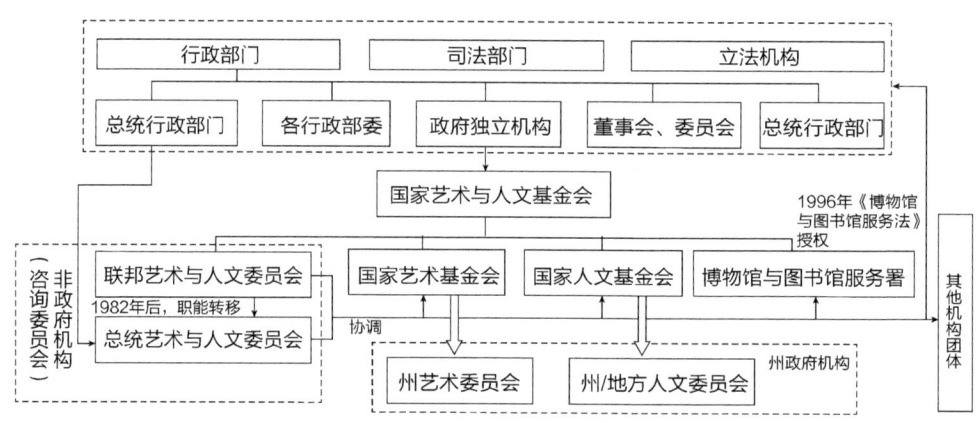

**图4-2 美国艺术与人文相关职能部门的组织结构**

图片来源：冯佳，李彦篁.美国文化管理体制研究［J］.山东图书馆学刊，2012（6）：28-33.

图4-2表明了美国的公共文化服务体系的组织结构，政府独立机构是美国公共文化服务供给的主体之一，同时各机构之间相互协调配合，共同构成现有的服务模式。其中，博物馆与图书馆服务署是根据《博物馆与图书馆服务法》于1996年成立的，是美国联邦政府的一个独立机构，其宗旨是助推图书馆发展和博物馆创新，为公民提供终身学习及参与文化活动的场所，并通过研究制定政策及对经费拨款比例进行分配。国家博物馆与图书馆服务董事会

（National Museum & Library Services Board）作为博物馆与图书馆服务署的咨询顾问机构，为博物馆与图书馆服务署的政策、实践及奖励评审出谋划策。这种高效合理的管理组织形式，保证了美国图书馆和博物馆的日常运营和高质量服务的提供。

2. 社会供给占主导

美国社会资助与志愿服务是提供公共文化产品的重要途径之一，美国直接提供公共文化产品的主要是各类民间文化组织，如工会、行会、专业协会和社团等组织，在美国一半以上的美国人自愿定期为非营利机构捐资。除此之外，美国征收的遗产税政策也激发了富人对文化机构的捐赠热情。2019年报告数据显示，美国2018年度慈善捐赠总额为4277.1亿美元，占国内生产总值的2.1%。就目前而言，个体捐赠仍然是主要捐赠来源，基金会捐赠是第二大捐赠来源，遗产捐赠是第三大捐赠来源，企业捐赠排名第四（见图4-3）。

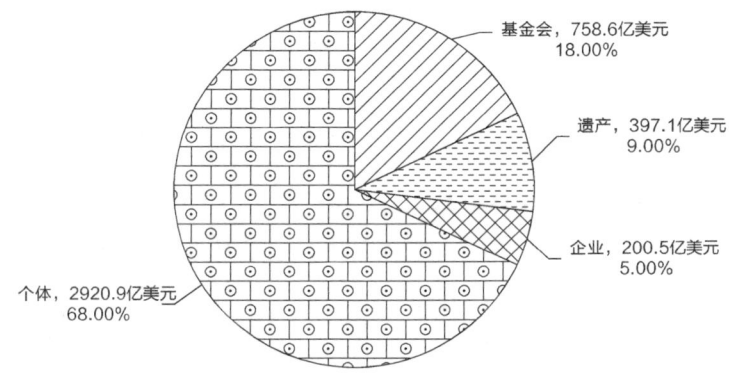

图4-3 2018年度美国慈善捐赠来源构成

**图片来源：**《捐赠美国2019：慈善年度报告》。

美国的捐赠体系鼓励私人或者企业捐款来促进公共文化事业的发展，同时政府也会对公共文化事业进行资助，但和社会对文化的资助有所不同，具体而言，美国政府对文化资助的模式具有以下特征。

政府针对文化机构间接拨款，主要为"文化独立管制"机构，如国家艺术基金会、国家人文基金会和国家博物馆图书馆学会等，社会中介组织对文化机构采取资金补助发放。这些文化中介组织只有拨款权，没有行政的权利，以这种形式进行管制，有利于文化资金的落实，避免了不必要的政府协调时间浪费，提高了工作效率。这既凸显了政府对文化事业的支持，也保证了政府在文化领域的放权，符合美国文化管理的奉行原则。政府经费资助的对象为非营利的文化机构，如艺术院团等。美国联邦政府拨款对象是运用非市场运作方式经营的非营利性文化团体，具有公益性的特点，这些公益机构要向社会提供公益的文化产品或者服务，并且要有中央政府颁发的免税资格认证书，其盈利部分不能归个人所有。美国政府采用财政拨款按比例分配的方式实行限额拨款。对任何关于文化项目的资助拨款额度一般不超过该项目总经费的50%，其余资金由项目申请方从政府机构以外筹集。这种方法激发了文化团体或组织的积极性与竞争力，使其充分发挥主观能动性，融入市场化的发展，从社会中进行融资。同时，也间接促使地方政府对公共文化事业项目合理的财政分配，避免了无效投入，能真正做到经费落地的有效可行。

美国的志愿服务从17世纪开始，到19世纪逐渐成熟，各种各样的自助组织和志愿活动形成相当的规模。工业革命后，美国的经济结构经历了一系列的变化，由于社会矛盾的加深，一些有社会责任感的人士和团体参与社会公共服务。之后经过美国经济大萧条、第二次世界大战等美国重要历史发展阶段，志愿队伍在不断地壮大，创造了巨大的社会价值。美国志愿服务的制度化建设包括志愿文化的培育，将含有基督教传统的美国主流价值观与道德标准相结合，满足了"施爱于人"的教义精神。政府层面，包括从联邦、州到地方的各级政府，都在资金、政策和特殊活动的参与等方面长期支持志愿者服务活动。政府科学的组织与管理，尤为注重以项目管理为手段展开服务推进，为公共文化服务的供给提供了巨大的支持力量。❶ 美国系统的志愿服务体系为我国公共文化服务志愿者体系的构建提供借鉴。

### 3. 法律保障体系健全

美国关于文化方面的立法较早，如1791年美国宪法的第一修正案规定"国会不得制定剥夺人民言论和出版自由的法律"。其他立法包括1956年的《图书馆服务和技术法》、1965年的《国家艺术及人文事业基金法》、1976年修订的《版权法》、2000年的《防止数字化侵权及强化版权赔偿法》等。这些法律都是针对文化领域的专门法，保证了文化领域主体机构的权益。这些法律的

---

❶ 党秀云.志愿服务制度化：北京经验与反思[M].北京：国家行政学院出版社，2013：53.

出台与实施避免了美国的立法和行政机构在文化领域的干预。美国比较完善的法律体系也支撑着公共文化服务的发展，政府指导的民间文化机构、各类文化行业协会等皆有法律地位且服务效率高。例如，《联邦国内税收法》501（C）（3）规定了公共文化的减税和免税条例，目的是通过税收减免以促进美国公共文化服务的发展，同时鼓励文化非营利组织进入公共文化服务领域。此外，联邦政府的《政府绩效与结果法案》（1993年）对公共文化服务的绩效评估作出了规定，《电子政府法案》（2002年）载有关于互联网文化的规定，《联邦采购条例》（2005年最新修订）中涉及公共文化服务政府购买的条款等。❶

在美国各州涉及的地方文化立法中，与公共文化服务相关的法律条款也有很多，如关于公共博物馆、公共图书馆及公共文化活动的具体条款等。国无法不立，因此美国针对文化及相关领域立法，又根据时代的发展针对互联网制定了相关的法律法规来维护相关利益主体的权益，且将公共文化服务的法律法规融合在相关法律法规中以保障公共文化制度完善、公共文化服务供给的有效性，维护了公民的基本文化权益。

4.数字文化资源规范化管理

美国数字公共图书馆（Digital Public Library of America，DPLA）是将全美的图书馆、博物馆、档案馆的文化资源整合并免费提供给用户的全数字化图书馆，旨在最大限度地开放文化遗产，向公众提供多样化的信息资源获取方式。一方面，通过覆盖全美的内容枢纽网络，利用云计算、大数据等新兴技术对海量的结构化数据进行整合，DPLA将原本分散的文化资源有机组合起来，实现了文化资源的共建共享。另一方面，DPLA本着以用户为中心的原则，充分维护其服务的公共属性，制定了一系列规制章程，构建了一个跨越行业和地域、能够充分调动社会力量参与的协作平台，形成了与公众需求精准对接的公共文化对接模式，保证了公共数字文化惠民工程的整体效能。

（二）英国：一臂之距

英国实行"一臂之距"文化管理原则，为公共文化中介式治理开辟道路，使政府与市场组织、社会组织等社会力量及具体的公共文化实践不产生直接关

---

❶ 廖青虎，孙钰.国外公共文化服务保障的立法经验与启示［J］.经济社会体制比较，2017（4）：118-126.

联，而是赋权中介机构并由其承担政策实施、资源分配、关系协调、服务评价等实践方面的职能。❶ 同时，英国在对公共文化服务进行评估时，形成了自己的一套科学评估体系。

1. 文化分权管理体制

在管理体制的设定上，英国在国家层面设立最高管理部门"文化、媒体及体育部"，负责文化政策的制定和经费的划拨，如《英国关于刺激企业赞助艺术的计划》《英国游戏娱乐业管理条例》等。艺术委员会负责政策的执行和经费的分配，其组成并没有专门的立法，其人员由英国政府任命，但在产权和管理上都是独立的，并作为中介机构对政府的文化政策提出建议和监督基层行业组织的运作。最后，基层的管理部门和艺术组织、艺术家根据自身需要使用经费。

2. 赋权式财政支持

由于中介独立机构的存在，英国政府并不对文化机构直接拨款，而是由艺术委员会负责将资金公平下发，有效避免行政干预或党派纷争对公共文化经费的不良影响，也使政府对公共文化基层具体执行机构的控制距离变远，从根源上避免文化腐败。文化、新闻及体育部只是负责公共文化发展政策制定和部分财政拨款工作，其直接管理对象是英格兰艺术委员会、博物馆和美术馆委员会等非政府性公共文化机构，不直接参与基层文化社团和协会的管理监督工作，具体的项目评估和拨款工作由艺术委员会等中介组织负责，具体的政策执行依托配备的专家团队开展。

3. 设定博物馆认定最低标准

早在1759年，英国就已建成当时世界上最大的首座综合性博物馆——大英博物馆，1945年英国议会通过《博物馆法》，大力鼓励国内博物馆建设与发展，但也造成了博物馆的发展水平良莠不齐。对此，1988年《英国博物馆认证制度之认证标准》对英国博物馆的最低标准作出明确规定，并设定"国家认定委员会"对博物馆的资质进行认证。

---

❶ 陈建. 发达国家的公共文化治理模式［J］. 图书馆论坛，2019，39（12）：5.

4. 重视电子政务供给平台

1994 年，英国开始大规模政府信息化工程建设，并在《现代化政府》《21世纪政府电子政务》和《电子政府协同框架》等一系列政策文件中，提出了"电子政府计划"这一旨在通过通信技术来改善公共服务的专项计划，政府采购和外包及数字化运作方式使原有自上而下的等级服从式政府运作模式转变为平行互联的网络运作，同时也带来了文官的角色转变，相关政府人员通过加强电子政务学习能力，使用数字工具更好地与公众接触，提高决策能力，确保决策考虑数字化的因素，大大提高了公共文化服务数字化供给能力。

（三）法国：政府主导

法国从中央到地方各级政府均设有主管文化的行政部门，且中央政府文化行政部门与地方政府文化行政部门之间存在行政隶属关系。法国自 17 世纪波旁王朝时期就开始了政府对文化艺术的集中管理，这种由国家资助文化艺术的模式一直延续至今。

1. 中央集权管理体制

法国每年的文化财政预算均占国家财政总预算的 1% 以上，在国家层面设立"文化和通讯部"，负责全国公共文化体系建设的宏观规划，并向地方派遣文化代表，代表中央管理地方文化事务，地方也设有相应的政府部门，在文化管理上拥有有限自治权，负责地方公共文化资金的管理分配。与此同时，法国政府通过制定《图书统一价格法》《法国博物馆法》等法律法规对图书出版、博物馆馆藏资源进行统一行政管理。近年来，法国政府大力主张"文化例外"，反对将所有文化问题纳入国际贸易规制，以抵制全球化浪潮下美国通俗文化对法国民族文化的侵蚀。

2. 法定文化赞助税

法国在公共文化服务方面的立法重点是对文化专项资金的分配和税收优惠政策。1987 年法国国民议会通过了《文化赞助税制》及《共同赞助法》，1990 年通过了《企业参与文化赞助税收法》，鼓励社会力量参与文化事业。2003 年通过的《文化赞助法修正案》加大了对各收入阶层的文化赞助者的减税额度，这使国内企业文化基金会数量大大增加，弥补了政府资金在公共文化服务实施上配置的漏洞。

3. 重视公共数字文化建设

在法国，政府主导着公共数字文化服务的走向。一是政府制定国家层面的公共文化服务政策，如2011年的"数字法国2020"、2012年的"2020年法国文化和传媒"等；二是部门之间加强协调，文化部与通信部共同监管地方性文化机构的档案、博物馆的技术检验、培训机构的教学检验。在政府主导下，法国的公共数字文化建设的主要方式也是专门项目推动。例如，2000年法国文化部的"文化精品数字化"项目完成了历史遗迹和建筑图片等的数字化；2010年法国文化部的"文化、科学和教育内容数字化"项目投资了7.5亿欧元。

（四）国外公共文化服务决策对我国的启示

发达国家在文化领域形成了自身特色和不同模式，虽然与我国国情不尽相同，但仍具有借鉴意义。不同于传统社会的立法思路，网络时代的公共文化政策制定应该具备相应的互联网思维和开放的胸襟，对互联网领域出现的新社会事物，可以学习借鉴国外先进的规制经验，从而根据中国文化建设的实际需要，创造性地构建一套适合互联网时代和中国社会实际的公共文化服务政策体系。

1. 引入社会力量，建立多元治理结构

发达国家在公共文化服务的立法上虽然存在上述三种不同的模式，但都建立了与社会组织分权的共同管理的模式。在公共文化服务的管理上，发达国家除政府主管部门外，还存在大量第三方机构，公共文化机构既不属于政府，也不能归类为企业，却为公众提供了大量贴近公众、贴近基层的公共文化服务。政府文化主管部门与公共文化机构各自职能分化，权责明确。

公共文化服务的基本属性决定了政府需承担主要职责，但职责的过度扩张可能导致政府失灵。发达国家普遍存在发展成熟的第三方机构，这些机构因其公益性的目的和税收方面的优势，能在公共文化服务建设的具体事务运行上发挥更专业性的作用，政府负责对其进行监督，因此，在文化法规制定上应转变政府管理职能、强调政府调控监督的作用，强化其服务提供职能，简化行政审批程序，提高办事效率。

2. 建立政府主导、地方参与的公共文化服务投入与供给机制

公共文化服务产品由市场提供可能出现市场失灵，因而政府财政必须作为基本保障，以确保人力、财力、物质等资源在公共文化服务建设上的合理均等分配。

我国政府在《公共文化服务保障法》中对公共文化投入的规定主要集中在第 4 条、第 5 条、第 45 条、第 46 条、第 48 条、第 50 条，要求地方各级政府作为公共文化服务的提供主体，需将公共文化财政经费归入本级财政预算，但公共文化服务资金的筹集仅由地方政府完成，可能导致该地的公共文化服务产品和服务达到一定阈值后，由于缺乏后续提升意愿，出现人均资源不足的局面。

传统公共文化服务的供给弊端决定了社会化供给的必要性，我国政府可适当借鉴发达国家的税收优惠制度，对发展公益性文化事业的企业给予税收优惠，同时应鼓励民间资本通过投标、竞标等渠道，参与公共文化服务和产品供给，这样在减轻政府财政负担的同时，也可间接推动公共文化事业的市场化运作，提供高层次的公共文化服务。

3. 以公众需求为中心，完善公共文化服务机构网络

在数字信息化时代，如何根据外部环境和公众需求的变化实现文化资源的供给与社会公众的需求之间的均衡是公共文化服务体系建设面临的前沿问题。我国当前在数字文化资源建设与发展上仍处于初级探索阶段，经过整合可供免费利用的有效数字文化资源并不多。虽然在《公共文化服务保障法》中第 14 条、第 33 条明确要求利用数字化保障公共文化机构的文化普及工作，但存在"重建设轻运营"的问题，可能造成一些耗费巨资建成的公共文化设施无法满足群众实际的需求。

在落实数字化公共文化建设上，可借鉴美国 DPLA 的做法，充分尊重用户的意愿与隐私，将内容建设和新兴技术作为支撑，同时制定权责明晰、内容完整的服务条款及相关协议以实现可持续发展的目标，最大限度地促成公共数字文化资源的合理开发与增值利用。

4. 监管机制与问责机制结合

公共文化服务体系的建设涉及多方利益，因而需要有力的监督与明确的问责机制保证文化财政的投入能实现既定效果。我国目前已形成政府、媒体、公众三位一体的公共文化服务监督结构，但仅靠媒体监督和公众征询反馈的监管往往不具有法律约束力，因此需要建立问责机制以解决责任追究问题。英国的做法是制定《英国博物馆认证制度之认证标准》设定博物馆认证最低标准，并由委员会定期复查，未达到标准化公共服务水平的博物馆将被要求整改，通过非强制性方案对文化机构进行督导。

# 第五章  互联网式治理的内容供给与职能拓展

在互联网式治理的语境下，依托传统的"三馆一站"（图书馆、博物馆、美术馆、文化站）、广播电视机构及公共数字文化服务平台，我国公共文化服务的内容供给展现出新的面貌与活力。网络技术助力平台的建设升级，在丰富供给内容的同时，更符合公众日常的生活习惯。多主体的协同机制日益完善，将互联网式治理的精神内核融入公共文化服务供给平台的管理思路。

与此同时，基于互联网强大的联结能力，公共文化服务职能突破边界，渗透到其他产业与服务的方方面面，公共文化服务与文化产业、旅游、教育等各领域的融合正显示出强大的生命力。而公共文化服务自身职能的拓展则通过地域文化的传承得到彰显，文化的绵延与生长能力正基于互联网的力量日益强盛。

## 一、互联网时代公共文化服务平台的发展与创新

长期以来，我国建立了自上而下的六级公共文化服务网络，并且形成了一套相对完善固定的公共文化服务供给模式。随着时代的发展变化、科技的创新升级，互联网深入国家治理与民众生活的方方面面。公共文化服务领域也在发生深刻变革，如公共数字文化服务平台的建成与完善、智慧广电的发展、场馆的数字化建设、智能设备应用、管理运营模式创新、服务内容的丰富等，公共文化服务正与互联网同行。

## （一）图书馆

### 1. 发展现状

近年来，中央和地方各级政府不断加大对公共图书馆建设的支持力度，以建立覆盖全社会的公共文化服务体系为目标，以保障群众的基本文化权益为着力点，进一步推进了图书馆事业的发展。

（1）基本建设情况。截至2019年末，全国共有公共图书馆3196个，图书总藏量111 781万册，阅览室座席数119.07万个，计算机22.58万台，其中供读者使用的电子阅览终端14.57万台。全国人均图书藏量0.79册，全年全国人均购书费1.68元。全年全国公共图书馆发放借书证8627万个，总流通人次90 135万。全年共为读者举办各种活动195 732次，参加人次11 786万。❶ 对比近几年相关数据，整体来看，我国公共图书馆的建设情况逐年向好，建设数量、从业人员数量均有增长，民众借阅购买图书、参加读者活动的热情也不断高涨。县县有图书馆的目标基本实现，县级以上公共图书馆服务网络基本形成，公共图书馆文献资源日益丰富，服务理念不断创新，实现向社会公众免费开放。

（2）数字化建设情况。随着经济社会的发展变化，我国图书馆不断适应环境变化并做出了相应的调整与转变。从20世纪90年代中期开始，我国跟随世界潮流，着手研究数字图书馆。1998年，国家图书馆实施"中国数字图书馆工程"。"十二五"期间，文化部、财政部组织实施了数字图书馆推广工程、公共电子阅览室建设计划。作为保存人类文化、传递知识的中转站，当社会信息环境逐步趋向万物互联，图书馆也催生出新业态。在互联网时代，图书馆业态是一种结合了信息全面感知，资源自增长与智能流动，并提供丰富智能服务的业态。万物互联具体体现为图书馆相关要素之间、资源与用户之间、馆与馆之间经过多年的建设，借助大数据等相关技术，我国数字图书馆推广工程持续推动数字资源的共享，数字图书馆的资源建设已经突破传统图书馆资源建设的局限，资源类型大大拓展。这些数字资源的来源既包括传统文献的数字化，也包括各种类型的原生数字资源，还包括其他异地存储为图书馆所用的虚拟馆藏及

---

❶ 文化和旅游部.2019年文化和旅游发展统计公报［EB/OL］.（2020-06-20）［2021-12-18］.https：//www.mct.gov.cn/whzx/ggtz/202006/t20200620_872735.htm.

大量网络资源。各级图书馆则在文化信息资源共享工程、数字图书馆推广工程、公共电子阅览室建设计划、中华古籍保护计划、民国时期文献保护计划等重大文化工程项目的建设中发挥了重要作用。数字图书馆推广工程共完成35家省级图书馆、378家市级图书馆标准化建设。目前，中国数字图书馆公司已拥有有效数字图书资源175万种，并与全国400多家出版机构结成合作伙伴关系，在全国范围内建立了4000余家中国数字图书馆分馆。数字期刊总资源量近5TB。

2. 业态迭代创新

（1）资源构成与服务形式创新。在移动通信和移动计算技术迅速发展之时，许多图书馆都通过短信、WAP网站、二维码和移动应用等形式提供服务。随着信息技术的进一步发展，许多图书馆开发了基于IOS、Android平台的应用程序，并融入了社交互动、分享传播、位置服务等内容，推动信息资源从纸质向数字形式转变。在网络环境下，公共图书馆的资源构成已经发生了改变，数字资源规模总量急剧增长。由于馆内无线局域网的全覆盖和移动设备的普及，越来越多的读者携带自己的移动设备到图书馆获取信息资源。除此之外，我国图书馆新的服务形式也不断迭代发展，出现了24小时自助图书馆、手机图书馆、电视图书馆等图书馆新形态，为满足人们日常的阅读需求提供极大的便利，使图书资源的流通突破了空间的限制。在突破图书馆开放时长局限方面，响应国家对于公共文化场所夜间延时开放的号召，图书馆也在进行管理服务模式的相应探索，如许多地方的图书馆实现了夜间开放，同时积极建设"城市书房"。"城市书房"主要以社区、人流密集区、旅游景区、文化设施等地建设便捷、高品质的公共阅读空间，大多采取信息化、电子化管理手段，并根据实际需求有针对性地采取24小时对外开放、延时开放等开放措施。城市阅读圈的拓展、阅读时间的延长、借阅的便利条件、资源的容易获取，让图书覆盖更多的人，让书香在城乡弥漫。

（2）服务覆盖网络完善。近年来，全国各地还不断探索公共图书馆总分馆制、公共图书馆服务一体化、通借通还、流动服务车、自助图书馆服务等多种服务模式，在完善服务网络方面成效显著。截至2019年上半年，全国已有1640个县级图书馆建立了图书馆总分馆制。总分馆制及馆与馆之间的协作推动了图书馆资源管理方式的变化，从单馆独立自建资源发展为馆际合作共建、交换共建、委托共建等；在采购资源的过程中，形成了多馆联合采购、馆际互购的格局。依托总分馆制服务体系建设，通借通还与自主借还等智能化建设正逐步在各地实践中落实，为读者提供了更多便利。利用现代科学技术，各地图书馆之间正逐渐形成密切的合作关系，并不断探索数字图书馆平台和智能化服务的建设。例如，广东与广西、山东、福建、海南、天津等多家公共图书馆合作建立联合参考咨询，并与文献传递网实现无缝连接，服务对象可以覆盖全国。为吸纳更多优秀资源，广州图书馆还与12家国外城市公共图书馆缔结了"友城市图书馆"关系，接受多语种外文文献捐赠，扩大图书馆外文文献馆藏规模，并设立包含14个国家专区的多元文化馆方便读者借阅。在与其他机构的合作方面，上海市杨浦区图书馆积极探索"图书馆+互联网+信用"新模式，在全市公共图书馆中率先打造"书界O2O图书网借平台"新型借阅服务。平台携手支付宝芝麻信用，通过第三方物流系统，融合线上线下，打破空间和时间限制，为读者提供公益、便捷、多元化的智慧公共文化服务。"书界"在文化服务配送过程中，以读者需求为主线，运用大数据分析，精准定位，策划定制"特色"活动。此外，"书界"与多所高校合作，畅通共享渠道，形成资源互补，通过跨界服务把优质公共图书服务提供给更多读者。

（3）聚合影响力打造品牌。除了资源间的共享，图书馆还联合起来共同探索新环境下的"抱团"发展之路。全国图书馆文化创意产品开发联盟是由文化部推动并指导，全国图书馆文创试点单位自愿参加组成的非营利性行业联盟，通过聚合图书馆文献、渠道、人才等资源，借鉴共享经济与"互联网+"的理念，探索优势力量互补、创意资源共享、营销渠道互通的图书馆文创产品开发新模式，旨在协助图书馆群体实现开发、销售、在线授权、批发、众筹等一系列需求。2018年建立以来，该联盟成员达到116家，年接待读者达1.5亿人次，形成良好的资源聚合效应，大大增强了我国图书馆的品牌影响力。此外，该联盟还建设完成"全国图书馆文化创意产品一体化平台"并与上海自贸区艺术品交易中心合作，以联盟名义开通天猫旗舰店。同时，该联盟还组织开展以成员馆为基点的青少年研学旅游活动、举办首届"典籍杯"图书馆文化创意产品设计大赛等，丰富了图书馆活动的形式。

（4）功能延展形成新型空间。在这个以数据化为特征和标志的深度信息化时代，当数字阅读已经逐渐成为人们阅读的主要方式时，公共图书馆需要顺时顺势、适应和拥抱互联网的发展。从基于空间、以书籍占有为基础的物理建筑转变为基于时间、以知识分享为标志的开放空间，公共图书馆不仅要继续与互联网做加法，加快向大数据时代的全媒体复合型图书馆转型，还要发扬互联网精神，借鉴互联网思维，同时实施"互联网+"和"图书馆+"战略，让阅读无所不在。❶公共图书馆成为城市的文化引擎，成为社会中不可或缺的文化家园，图书馆拥有多棱化的未来。

知识空间。图书馆突破原有单一的借阅业务，围绕知识共享延展服务内容。数字阅读、影音鉴赏、公益培训讲座、艺术创作和表演、智能穿戴设备体验、陶艺烘焙DIY制作等都成为公共图书馆的服务内容，公共图书馆可以成为城市、社区重要的公共文化空间。杭州图书馆转变"以我为主"的传统服务方式，采用群众自助的新手段，根据群众的需求在原有的阅读服务基础上，增加了各种文化服务，如经典影片和音乐欣赏、艺术沙龙、文艺演出等，目前平均每天读者达到6000多人次，双休日更突破万人次。全方位的知识服务将有效提供公共图书馆的服务效能，使公共图书馆转化为提升公众文化素养、传承优秀传统文化、陶冶艺术情操的知识空间。

学术共享空间。随着学习型社会的不断发展，终身学习将成为社会成员自我发展的常态。公共图书馆致力于打造开放式的学术共享空间，通过综合运用互联网、计算机软硬件设施、知识库资源、图书馆馆员、计算机专家、多媒体工作者及指导教师等资源，为用户教学、研究及自主学习提供一站式的服务资源和服务平台。高校图书馆尤其可以发挥其学术研究优势，成为学术共享空间的重要实践者。❷从国外经验来看，许多知名高校图书馆已经建立了各具特色的共享空间，并且实现了服务模式的成功转型。美国国会图书馆试图采用新的信息技术将全美的学校和研究机构连接起来，使人们可以便捷地享受国会图书馆的丰厚资源，并朝着全世界共享的目标而努力。我国的公共图书馆应该加紧构建学术共享空间，为公众提供开放的学习平台。

创客空间。在大众创业、万众创新的背景下，公共图书馆依托自身资源构建低成本、便利化、全要素、开放式的众创空间，孵化培育读者的创意能力，

---

❶ 陈超.用"互联网+"和"图书馆+"成就全民阅读[N].文汇报，2015-04-24.
❷ 吕学财.高校图书馆学术共享空间建设研究初探[J].教育教学论坛，2014（38）：3.

激发读者的创新活力，从而发展成为城市名副其实的文化枢纽。数字阅读使资源载体发生了变化，图书馆的部分空间可以节省出来为创业者提供免费的办公场所；丰富的文献资料、行业报告、数据库服务是图书馆得天独厚的优势，可以为创业者提供便捷优质的信息服务。比如，上海图书馆开辟的"创·新空间"，不仅提供海量的资讯查阅，还为读者提供专业制图设备和设计软件、多媒体触屏、3D打印、专业会议用投影、音响等设备，还邀请各类专家为创业者进行辅导，通过支持小微企业、草根创业，促进科技创意成果产业化。

图书馆从诞生之日起就发挥着保存人类文化遗产、开发信息资源、参与社会教育的重要职能。互联网技术创建了公共图书馆服务的新模式，互联网思维塑造了公共图书馆的新管理，互联网生态打造了公共图书馆的新空间，为公共图书馆履行其职责和使命提供了无限的可能性，开创了公共图书馆发展的全新时代。

3. 存在的问题

经济的高速发展、信息通信技术的进步和普遍应用，为我国图书馆事业的发展带来了机遇和挑战。图书馆发展进入新时代，解决用户日益增长的对文献信息资源和服务的多样性需要与图书馆服务能力发展不平衡不充分之间的矛盾，是未来图书馆事业努力的方向。在信息社会里，从事信息、知识管理的机构和岗位将越来越多，图书馆将面临新的竞争。如何从传统的提供书刊借阅服务向依托大数据与专业学者馆员提供高层次的情报服务转变，是互联网用户思维交给图书馆事业的新命题。在数字图书馆建设过程中，图书馆对数字文献的管理规范、标准和制度还相对薄弱，目前图书馆倾向于技术人才的引进，相对忽视文献资源建设、信息组织和利用的人才，导致缺少专业人员在这些核心领域业务上下功夫钻研。在应用新技术的过程中，如何进一步规范和完善图书馆计算机管理系统、互联网、数字全文数据库等业务，提高"外包"或"众包"核心工作的质量；如何通过人工智能从内容语义层面实现对学术文献资源自动筛选、分析、评价；如何进一步提高自动文摘、自动分类与标引的准确率仍需不断探索。新技术的发展为跨系统、跨部门共建共享的管理工作提供了良好的条件，但从总体看还没有从战略的高度对数字信息资源长期保存进行规划和设计，各级图书馆对数字信息资源的统计及其数据质量控制不到位，经费投入不

够，影响了共建共享工作的开展和质量。❶

（二）群众文化机构

1. 发展现状

群众文化机构是我国公共文化服务体系的重要组成部分，包括文化馆、文化站，文化馆又包括综合性文化中心和群众艺术馆。我国的群众文化机构承担着普及文化艺术知识、组织文化艺术活动、开展文化艺术教育、丰富群众文化生活的重要职责。

（1）基本建设情况。截至2019年年末，全国共有群众文化机构44 073个，其中乡镇综合文化站33 530个，1649个县（市、区）建成文化馆总分馆制。由文化馆（站）指导的群众业余文艺团体44.18万个，馆办老年大学769个。❷这些基本数据的总体增长反映出国家对公共文化事业的大力投入，彰显了我国群众文化工作取得的卓越成就。综合馆舍建筑面积、人均财政拨款金额、实现免费开馆，馆内常设免费服务项目、具备数字服务基本能力、业务人员主要门类配备齐全、群众文艺创作及辅导、群众对文化馆工作的满意度等多项因素，文化部定期对我国文化馆进行评估定级。根据文化部公布2016年第四次全国文化馆评估定级结果，全国上等级文化馆共计2550个，其中，一级文化馆1152个、二级文化馆675个、三级文化馆723个。汇总有关数据，我国拥有100个文化馆以上的地区有11个，即新疆生产建设兵团、河北、湖南、山东、广东、河南、四川、云南、江西、江苏和广西，合计占总数量的52%，而一级馆数量超过100个的地区只有江苏和山东，分别是105个和101个。❸从数据中我们也可以认识到，目前我国群众文化机构建设的水平仍有待进一步提高，在数量增加的同时更要重视机构整体服务质量和水平的提升，真正做到惠及群众。

（2）数字化建设情况。随着互联网时代的到来，我国群众文化机构迎来了全新的发展机遇，将数字化技术引入群众文化机构的资源建设和服务以突破文

---

❶ 叶继元.论我国图书馆事业发展的八大问题［J］.中国图书馆学报，2018，44（5）：20-33.

❷ 文化和旅游部.2019年文化和旅游发展统计公报［EB/OL］.（2020-06-20）［2021-12-18］. https：//www.mct.gov.cn/whzx/ggtz/202006/t20200620_872735.htm.

❸ 数据来源：第四次全国文化馆评估定级上等级馆名单.

化馆在场馆服务能力等方面的限制,将文化的发展与科学技术融合,最终实现公共文化服务线上线下的联通与互动。各级群众文化机构创建"互联网+文化馆"的各种新模式,丰富和转变公共文化服务内容和服务方式,以公共数字文化服务的新模式提高了群众文化机构的服务效能,颠覆了传统阵地式的文化服务形式。截至2018年年底,文化共享工程初步建立1个国家中心、33个省级分中心、333个地市级支中心、2843个县级支中心、32 179个乡镇基层服务点,累计建成公共数字文化资源达1274TB。此外,全国已成立各类文化志愿服务团队6700多支,文化志愿者人数突破百万。在服务的供给模式上,我国的群众文化机构不断推陈出新。通过网上文化馆、手机文化馆App及文化馆微博、微信、QQ群等,群众可以不受工作时间和开放时间限制,随时随地可以打开电脑或手机进行网上浏览、互动,进行动态化、个性化的自我表达,进行及时性、泛在化的内容共享。同时,文化馆还能够借助网络与社会公众及时沟通,还可以通过互联网数据的分享和互联,运用大数据分析,有针对性地改进服务,提高服务质量。"让百姓少走路,让数据多跑腿",无锡市文化馆利用数字技术,对文化馆的建设进行了大胆的数字化探索,结合自主开发的公益培训网上报名系统,整合利用江苏省公共文化云平台上的部分模块,开展公益活动网上直播、高雅艺术免费看在线抢票、虚拟展陈、群文期刊线上阅览等活动,实现文化馆内容及服务数字化,24小时为广大市民提供优质便捷的公共文化服务,以数字化为手段打通了惠民服务的"最后一公里",将公共文化服务均等化落到实处,大幅度提升了群众文化服务效能。

(3)活动开展情况。2019年全年全国群众文化机构从业人员190 068人,共组织开展各类文化活动245.11万场次,服务人次78 716万。其中馆办文艺团体8094个、演出17.65万场、观众7564万人次。在以群众文化机构为阵地的文化活动开展方面,各级各地文化站结合地区文化特色,开发了丰富多彩的文化活动。比如,湖南打造的"公共大戏台""乡村大舞台"等群众文化品牌活动;内蒙古自治区实施"数字文化走进蒙古包"工程,乌兰牧骑文艺小分队数十年如一日深入牧区服务广大牧民群众;上海连续6年举办市民文化节,累计开展活动近25万项,服务市民超过1亿人次。许多基层文化馆(站)虽然服务范围有限,却往往拥有更丰富、更具地方特色的文化资源,如传统戏剧、曲艺和非物质文化遗产等。如今依托互联网技术,地方群众文化机构在系统内形成有效的资源合力,推动这些资源进行广泛的传播,有力避免了优质地方资源的浪费。

2.业态迭代创新

(1)总分馆制推动资源共享。2017年,文化部等五个部委出台《关于推进县级文化馆图书馆总分馆制建设的指导意见》,推动各级群众文化机构探索总分馆的建设模式。截至2019年上半年,1530个文化馆建立了总分馆制。以成都市为例,根据不同地区独有的文化资源,成都市各区文化站的建设各具特色。市民可以在锦江区"艺术特色分馆"里感受国学、川剧、曲艺的魅力,在青羊区"青春分馆"体验"传统蓝染"的色彩想象,在崇州文化馆体验"文化管家"的优质服务,在龙泉驿区文化馆市民文化艺术学校免费学习小提琴、同安军鼓、十陵二胡等"十二乐器"。同时,乡村文化馆也不再唱"独角戏",而是与其他馆站共建共享,上下横向多方联动。成都全市文化馆系统在体制机制上正在构成一个完整的体系,在场馆建设、人员编制、优质资源配置等多方面实现区域资源共享、优势互补、资源畅快流动,逐渐形成了因地制宜、具有特色的成都文化馆总分馆建设模式。

(2)联盟合作创新管理机制。我国群众文化机构十分重视馆际的联盟与合作,群策群力,汇聚多方力量探索群众文化事业的发展途径。中国文化馆协会(China Public Cultural Centers Association)是由文化馆、群众艺术馆、文化站、文化活动中心、其他行业公共文化机构、文化企业、艺术类大专院校、相关社会组织,以及具有文化馆和群众文化工作经历、专业技术资历和社会影响力的文化工作者组成的全国性、行业性、非营利性社会组织。在信息化、数字化的互联网时代背景下,中国文化馆协会与文化和旅游部全国公共文化发展中心合作,引入音乐创作、合唱指挥等多专业的慕课教学。例如,浙江省文化馆民间艺术研究中心运用数字平台资源,制作网络课程,拍摄了一系列免费开放项目的教学专题片,已完成萧山花边、盘扣等项目的拍摄。各地群众文化机构紧密联系共同探索,积极研发形式新颖的公共文化数字资源类型,以此满足社会公众的文化需求。将线上的文化感触与线下的互动探讨文化相连,不但增加了文化内容线上的关注度,利于挖掘大众的创造力,还拓展了文化服务影响范围。利用互联网的在线服务及云计算、大数据、云平台等技术的支撑,各级各地群众文化机构有条件建立新的文化服务与交流空间,打造优质资源的线上共享和资源调配机制，使资源的交流共享不依赖人员的地域流动，减少了因为体制内文化业务干部的缺乏而导致的文化资源匮乏现象，充分集合社会上的优质文化资源，形成文化资源交流共享的矩阵，为群众提供更精准的公共文化服务。

**3. 存在问题**

社会的高速发展丰富了人们的物质财富，也提供了多样的文化产品和文化活动。面对丰富的文化选择，我国群众文化机构在发展过程中面临群众参与不足的情况。覆盖村、镇、街道等社会基层的群众文化机构是公共文化服务体系中最亲民的部分，但由于我国基层文化建设起步较晚，城乡、地区间文化服务水平差异较大。对农村地区来说，产业结构变化导致社会结构变化，基层文化馆提供的服务不适合以老人和小孩为主的农村留守人口接受偏好。同时，人口流动导致新城市群体的形成，对公共文化服务提出了更多新要求，文化馆提供的公共文化服务资源配置不均衡，无法充分满足当下群众文化需求。具体来看，群众文化机构提供的服务内容具有较强烈的意识形态传播意图，而服务方式较为单一，集中于捧场式的"舞台艺术"。用服务覆盖数量和服务设施水平这些可以量化的指标衡量群众文化机构的公共文化服务供给并无法有效推动其履行职能。此外，由于忽视对群众文化需求、组织理论、组织文化等方面的研究，我国群众文化机构管理理念和管理水平相对落后，缺乏系统的人才引进、培训、再教育等制度，熟悉文化发展新环境的创新型人员队伍不足。一些基层文化馆由于没有经费自主权，长期处于资金短缺的状态，限制了其功能的发挥。❶

**（三）博物馆**

**1. 发展现状**

博物馆作为"文化中枢"，它既是连接古今、沟通未来的桥梁，也是搭建以人为中心、打破地域限制与文化壁垒的重要载体。在担负着收藏、保护、研究文化遗产使命的同时，博物馆也承担着教育传承、创新传统文化的意义与价值的责任。借助现代数字技术、信息技术，不断探索其未来发展的新形态，拓展其原有的内涵与外延是博物馆发展的题中之义。

---

❶ 黄洺. 现代公共文化服务体系下文化馆的转型与升级[J]. 文化创新比较研究，2019，3（6）：164-165.

（1）基本建设情况。截至2019年年底，我国注册登记的博物馆达5535家，其中免费开放博物馆的数量为4929家，占博物馆总数的89.05%，接待人次达12.27亿人次，藏品总量达4223.98万件（套）❶，第一次可移动文物普查已基本完成国有博物馆馆藏文物的数字化建档；场馆建筑总面积超过2600万平方米，每馆均约5500平方米；展厅总面积超过1200万平方米，每馆均超过2500平方米❷；举办各类展览2.86万个，教育活动近33.46万场，参观人数达11.26亿人次，由于受到新冠肺炎疫情的影响，全国博物馆系统推出了2000多个线上展览，总浏览量超过50亿人次❸；我国已实现平均每26万人拥有1座博物馆，而北京、甘肃、陕西等省份已实现每12万～13万人拥有1座博物馆。❹

博物馆类型日益多元化，生态博物馆、社区博物馆等新兴博物馆开始兴起，美术馆、科技馆、非物质文化遗产保护机构等传统博物馆类型建设稳步发展。数据显示，截至2019年年底，我国有美术馆559个，举办展览7268次，参观人次4136万人次❺；非物质文化遗产保护机构2453个，举办演出71 903场，比2018年增长9.7%；举办民俗活动16 987次，比2018年增长0.8%，举办展览19 584场，比2018年增长3.6%❻；截至2018年，科技馆1461个，平均每95.51万人拥有一个科普场馆，参观人次约为2.18亿人次，开展科普活动达到1.06万个，科普网站建设2688个，科普类微博2809个，科普类微信公众号7067个。❼博物馆数量的逐年增长与主题的多样化，既是我国公共文化服务设施日益完善的标志，也是满足广大公众日益迫切的多元文化需求的保障。

近年来，党和政府高度重视博物馆发展，不断健全完善博物馆相关政策法规。《博物馆条例》《博物馆事业中长期发展规划纲要》《国家文物事业发展

---

❶ 前瞻展业研究院.2020年博物馆行业市场规模与发展前景分析［EB/OL］.（2020-07-01）［2021-12-18］. https：//www.sohu.com/a/405117366_473133.

❷ 数量超5000的中国博物馆如何成为"文化的中枢"［EB/OL］.（2019-05-19）［2021-12-18］. http：//blog.sina.com.cn/s/blog_884f72630102ymmj.html.

❸ 同❶。

❹ 同❷。

❺ 文化和旅游部.2019年文化和旅游发展统计公报［EB/OL］.（2020-06-20）［2021-12-18］. https：//www.mct.gov.cn/whzx/ggtz/202006/t20200620_872735.htm.

❻ 同❺。

❼ 科技部发布2018年度全国科普统计数据［N］.中国日报，2019-12-24.

"十三五"规划》《关于加强文物保护利用改革若干意见》的陆续出台,为博物馆事业发展提供强有力的法制保障。

(2)数字化建设情况。互联网信息技术与数字AI(人工智能)等新技术的广泛介入,不仅加速了博物馆数字化、智慧化的发展,也促使博物馆的运营理念不断优化,从"人与物""人与数"二元静态的单向关系向"以人为核心"的"人+物+应用+管理"多元交互的转变。在"互联网+中华文明"行动计划推动下,全国文物资源数据库建设稳步推进,数据总量已超过140TB,为中华优秀传统文化创新发展提供海量资源。据统计,全国已有近5000家博物馆基本实现网络全覆盖,约有3500家博物馆数字地图对外开放。❶博物馆与科技的融合更为紧密,并融入展示体验、公众教育、管理运营、研究保护等多方面。

展示体验方面,AR、VR、MR(混合现实技术)、全息投影等技术的推广应用及5G、AI技术的介入,让博物馆的展示更为直观与生动,重庆中国三峡博物馆将MR技术应用到《增广重庆地舆全图》,提供了虚实结合的交互式体验;秦始皇陵博物院利用AI技术,使兵马俑可以自己"开口";湖北省博物馆基于5G网络,结合VR游戏技术,使观众可以身临其境地体验曾侯乙编钟奏乐的过程。除此之外,受新冠肺炎疫情影响,线下文化服务全面暂停,各级博物馆开始积极整合资源,拓增线上展览的内容,与抖音App、腾讯公司等互联网企业深入合作,使"云游博物馆"成为新时尚。据统计,2020年春节期间全国共有1300余家博物馆开放线上展馆服务,线上展览共计2000余项,"博物馆网上展览"平台访问量接近70万人次。

公共教育方面,大力推动馆校合作、开发研学旅游产品的同时,得益于互联网信息技术与数字技术的普及推广,在线教学讲座、慕课、沉浸式场馆体验、短视频、直播、虚拟展厅、手机App等方式使博物馆的公众教育更为多样。首都博物馆借助直播平台对多个展览进行大型直播活动,累计观看人数超百万;江苏省美术馆打通线上线下多种渠道打造立体公共教育模式;皮影数字博物馆将学术与科普、知识性与趣味性有机结合,逐步发展为一个内容丰富的

---

❶ 思考题:文物+人工智能会产生什么?国家文物局局长刘玉珠这么回答[EB/OL].(2018-11-15)[2021-12-18].http://www.sohu.com/a/275746783_726911.

资源型平台；网易与陕西历史博物馆、苏州博物馆等机构开展合作，将文物与手游相结合，多触点、创新性地向公众普及文物艺术教育，让传统文化走进大众生活。

管理保护方面，国家文物局与百度联合启动的"AI博物馆计划"，整合产品、研发与传播资源，努力提升博物馆信息检索与参观游览服务的智能化水平；上海博物馆建成国内首个博物馆数字化管理平台，它以博物馆管理为核心，以数字技术为手段，以流程管理为主线，实现文物保存环境24小时检测，使上海博物馆管理初步实现了由"经验驱动"到"数据驱动"的转变。中国国家博物馆也启动"智慧国博"的项目，以消除信息孤岛，实现应用系统间的信息共享。山西博物院以"知识图谱"建设为核心，通过文物数据模型，把词义关联与文物相连，进而讲好文物背后的故事。广东省博物馆从2018年起开始加强"信息可视化"的建设。现代技术革新，博物馆带给参观者的体验感受更为直接，与社会公众的互动加强，博物馆从被动的技术推动转变为主动引导技术应用。❶

2. 业态迭代创新

（1）时空边界拓展。在我国夜间经济发展的推动下，夜场开放成为博物馆未来发展的新趋势。2019年的新春，故宫博物院率先开展"上元之夜"夜游故宫的活动，点燃博物馆夜场开放的星星之火，2019年被视为博物馆夜间开发的元年。随后湖南省博物馆借"5·18国际博物馆日"之机，举办了"博物馆之夜"活动，并进行文物全媒体传播，网络直播点击量达到886万次。博物馆夜场开放迎来高峰期，据统计，2019年暑期全国开启"夜场"模式的博物馆在60家以上。❷上海、成都、天津等城市加快推进夜间经济发展的相关政策同时，北京市发布了《关于进一步繁荣夜间经济促进消费增长的措施》，鼓励有条件的博物馆、美术馆延长开放时间，举办夜间文化、旅游活动，推动博物馆夜间开放的常态化、品质化发展。

生态博物馆、社区博物馆、露天博物馆等新博物馆形态的兴起，让"无边界博物馆"的理念逐渐融入博物馆服务范围延展的探索，使博物馆离开"方寸

---

❶ 王勇强. 新技术应用对博物馆的改变与影响［J］. 中国博物馆, 2018（2）: 36-40.
❷ 中国新闻网. 中国官方出台规范为博物馆文创领域减压赋能［EB/OL］.（2019-09-20）［2021-11-28］. http://culture.people.com.cn/n1/2019/0920/c1013-31363339.html.

馆舍"走进"大千世界"。中国国家博物馆联合北京地铁一号线,开通"国博专列",让5000多年中华文明近在公众眼前;肯德基与中国国家博物馆联合打造的"指尖上的中华"非遗国技互动展在上海地铁枢纽站引人驻足;广东省博物馆通过"实物展品+三维展示"的形式在白云机场"海天走廊"内推出的"牵星过洋"专题展览,5个月吸引90万名旅客驻足观看。博物馆应更多地走进商业区、交通枢纽、社区等公共空间,为社会公众提供更加多样丰富的文博大餐。

（2）文创开发升级。随着《国家宝藏》《我在故宫修文物》等文博节目的热播,扩大了文化遗产的传播力和影响力,使博物馆的社会关注度日益增长。博物馆文创领域也进入蓬勃发展期,全国共有92家博物馆被纳入文创试点单位。据不完全统计,2017年度全国博物馆的文化创意产品开发收入约35.2亿元,开发文创产品种类超过4万种。❶ 以故宫博物院、中国国家博物馆、敦煌研究院、上海博物馆、苏州博物馆等为代表,文化创意产品开发销售成绩斐然。2019年,上海市博物馆文创产品开发总数已达18 103种,年销售额超过6000万元❷；广东省博物馆、苏州博物馆文化创意产品开发销售额也已超过千万元。博物馆在馆藏文物版权资源开放方面也做出实践探索。2017年初,中国国家博物馆与阿里巴巴集团控股有限公司共同搭建"文创中国"的平台,号召对外开放馆藏IP资源。据统计,2018年"国博衍艺"推出90多款文创产品,IP授权70多款,含有中国国家博物馆文物、品牌元素的产品市场销售规模达7.92亿元,据阿里巴巴零售平台数据,2019年实际购买过博物馆文创产品的消费者数量已近900万。2019年5月,《博物馆馆藏资源著作权、商标权和品牌授权操作指引》的印发,进一步明确了博物馆委托社会力量进行文化创意产品开发的相关程序,有利于激活文物资源存量,调动文创开发主体力量,激发文创开发的生机和活力,让博物馆的文物"活"起来。

3. 存在的问题

随着博物馆建设数量的不断增加,已基本满足公众的实际需求,提高博物

---

❶ 中国新闻网. 中国官方出台规范为博物馆文创领域减压赋能［EB/OL］.（2019-09-20）［2021-11-28］. http://culture.people.com.cn/n1/2019/0920/c1013-31363339.html.

❷ 2019年度上海市博物馆运营大数据［EB/OL］.（2020-01-15）［2021-12-18］. http://k.sina.com.cn/article_1408125600_p53ee4aa002700km7q.html#p=1.

馆的综合质量成为破题的关键，但当前我国博物馆建设运营中存在的一些问题成为博物馆提质增效发展的桎梏。

一是总体发展存在不平衡现象。一方面，不同地区、不同级别的博物馆在运营服务方面存在明显差距，部分省市尤其是一些基层博物馆仍存在设施陈旧、展陈内容更新慢、规划不合理等问题。另一方面，虽然我国博物馆数量增速较快，但整体质量提升速度慢。自我国实施博物馆质量等级评估制度以来，截至2019年，已定级的博物馆有855家，占全国博物馆总数的15.4%，其中，一级博物馆130家，二级博物馆286家，三级博物馆439家，超过80%的博物馆未达到等级评定的标准。

二是管理体制僵化，自身活力激发难。部分博物馆的内部不同部门间的职能尚未厘清，存在各自为政的现象，导致管理效率提升难。同时，随着免费开放政策的实施，部分展馆缺乏对自身文化资源禀赋的深入挖掘，文创开发、文化活动、展陈体验等同质化严重，自我"造血"能力弱，对财政拨款的依赖性强。

三是数字转化能力弱，平台建设质量参差不齐。部分博物馆的数字化建设仍停留在馆藏文物、古籍、展品等数据库建设梳理阶段，尚未发挥其在人文研究领域的优势作用。数字平台建设也存在内容更新慢、页面响应慢、有栏目无内容等现象。此外，博物馆以"数字"为核心的建设方式导致其"物→数字→人"的信息传递方式仍是单向传输，数字虚拟馆往往只是实体展馆的简单数字化搬迁，制约线上线下双向互动的壁垒依然存在，数字虚拟馆作为实体展馆有效延伸的正面效应难以真正激发。

面对当前博物馆发展存在的这些现实问题，如何改变馆际、区域间发展的不平衡现象，破解体制机制中存在的制约因素，发挥好博物馆作为文化中枢的社会职能，构建开放包容、智慧通达、共享共建的博物馆还需不断探索实践。

（四）广播电视

1. 发展现状

广播电视作为公共文化服务体系的重要内容，担负着传递党政之声、引导社会舆论、满足公众多元文化需求、保障公共利益的重任。随着国家广播电视总局"负责全国的公共文化服务工作"的法定职责、"广播电视播出传输覆盖设施"的公共文化设施性质、"广播电视节目收听收看"的公共文化服务项目和内容在 2017 年 3 月 1 日正式实施的《公共文化服务保障法》中以法律形式予以确认❶，广播电视的公共服务职能得到进一步强化。

（1）载体建设情况。在《关于加快构建现代公共文化服务体系的实施意见》《国务院办公厅关于加快推进广播电视村村通向户户通升级工作的通知》《关于加快推进全国有线电视网络整合发展的实施意见》等政策文件的指导推动下，经过多年建设，我国广播电视覆盖率稳步提升，截至 2019 年末，我国有线电视实际用户 2.14 亿户，其中有线数字电视实际用户 1.94 亿户。广播节目综合人口覆盖率为 99.13%，电视节目综合人口覆盖率为 99.39%❷，广播电视现代化传输传送能力与供给能力进一步提高。《2019 年全国广播电视行业统计公报》的数据显示，2019 年，我国农村有线广播电视实际用户 0.73 亿户，其中农村数字电视实际用户 0.67 亿户，有线网络未通达农村地区直播卫星用户 1.43 亿户。农村广播综合人口覆盖率 98.84%，农村电视综合人口覆盖率 99.19%。广播电视不容忽视的强大辐射力，在推动公共文化服务均等化方面具有其他公共文化设施不可比拟的强大优势。

（2）内容生产情况。2017 年国家新闻出版广电总局在其发布的《关于把电视上星综合频道办成讲导向、有文化的传播平台的通知》中要求强化电视内容的公益属性与文化属性，以中央电视台的节目为标杆，坚守底线，把好导向。对广播电视节目公益属性的强调首次出现在广播电视管理部门的重要政策文件中，并将其视为广播电视内容制作的基本准则，走出过去只重传播覆盖设施建设的误区，在保障广播电视节目制作总量的同时，开始强调广播电视内容生产所应具备的公共性、导向性。在内容服务的生产数量上，2019 年全国制作发行电视剧 254 部、1.06 万集，制作发行电视动画片 305 部、9.47 万分钟，制作纪录片 8.45 万小时，同比增长 11.33%。在播出时长上，广播电视节目播出时间也持续增加，据统计，2019 年全国广播节目播出时间 1553.40 万小时，同比增长 1.75%。农村广播节目播出时间 451.64 万小时，同比增长 2.31%，占公共广播节目播出总时长的 29.07%。全国电视节目播出时间 1950.99 万小时，同比

---

❶ 刘京晶．广电媒体公共文化服务供给研究［J］．中国广播电视学刊，2017（6）：62-64．
❷ 2019 年全国广播电视行业统计公报［EB/OL］．（2020-07-08）［2021-11-28］．https://www.sohu.com/a/406507268_100023701．

增长1.35%。农村电视节目播出时间424.83万小时，同比增长1.69%，占公共电视节目播出总时长的21.78%。在内容类型上，农村农业、新闻资讯、纪录片、公益广告等类型节目播出时间占比稳步提高，内容播出结构不断优化，有效弥补城乡信息差距，实现广播电视资源有效配置，公共性内容供给能力与舆论引导能力进一步增强。在传输载体与渠道上，IPTV（交互式网络电视）、"两微一端"、智能终端、门户网站等所占传输比重逐年上升。2019年，全国IPTV用户达到2.74亿户，OTT用户达到8.21亿户，高清有线电视用户突破1亿户，同比增长9.16%；有线电视智能终端用户2385万户，同比增长26.59%。❶ 移动通信专网、互联网日益成为广播电视节目的重要传播途径，为广播电视提供跨平台协作和跨屏互动可能的同时，也形成了传播倍增效应。2018年，中央广播电视总台立足于多屏互动、跨屏传播的优势，在俄罗斯世界杯期间，通过央视网、央视新闻、央视影音等新媒体多终端的大小屏联动，为观众呈现了一场世界杯的视听盛宴，在中央广播电视总台世界杯自有平台的观众总触达数高达278.49亿人次，多平台融合协作成为广播电视媒介传播的倍增器。

2. 智慧广电建设

（1）县级融媒体推动广电服务聚合化。习近平总书记提出："推进媒体融合发展，要坚持一体化的发展方向，通过流程优化、平台再造，实现各种媒介资源、生产要素有效整合，实现信息内容、技术应用、平台终端、管理手段共融互通，催化融合质变，放大一体效能，打造一批具有强大影响力、竞争力的新型主流媒体。"县级融媒体中心在2018年先后建设600个，2020年年底基本实现全国范围内的全覆盖。融媒体中心建设以5G、云技术、大数据、物联网等现代技术为支撑，以一体化运作平台为载体，依靠广电媒体庞大的资源优势，构建起传统媒体与新媒介协同互动的传播系统，如中央广播电视总台的"全国县级融媒体智慧平台"，从节目研发、技术支撑、内容分发、媒资共享等方面为县级融媒体中心进行全方位赋能；人民日报的"中央厨房"打通"报、网、端、微、屏"各种资源，构建全媒体传播的渠道；湖北长江云通过"后台打通、快速复制、一键部署"的三大功能实现多终端覆盖，与政务服务紧密结

---

❶ 2019年全国广播电视行业统计公报［EB/OL］.（2020-07-08）［2021-11-28］. https://www.sohu.com/a/406507268_100023701.

合；陕西省依托"秦岭云"的平台资源，助力各县级融媒体中心快速部署和快速上线，为全省县级融媒体中心建设和媒体融合提供强大支撑。县级融媒体中心既是媒体融合战略打通"最后一公里"的关键举措，也是广播电视公共服务职能下沉基层有效发挥的关键一步，充分发挥媒体融合的聚合效应，提升县域媒体的传播力、引导力、影响力和公信力。

（2）科技创新促进广电发展智慧化。全媒体时代背景下，广播电视主动顺应高清化、移动化、分众化、差异化的发展趋势，以全面提升广播电视业务能力和服务能力为目标，积极推进云计算、5G、大数据、物联网、区块链、人工智能等现代科技在广播电视内容生产、分发、传输覆盖及接入服务与场景中的应用，以实现广播电视智慧化生产、智慧化传播、智慧化服务和智慧化监管，让广播电视服务更加便捷和高效。自2018年国家新闻出版广电总局出台《关于促进智慧广电发展的指导意见》以来，广西、青海、福建、北京等10多个省（区、市）先后发布了智慧广电建设实施方案及行动计划，全国各地在深入实施智慧广电战略、加快智慧广电建设进程中，与媒体融合、县级融媒体中心建设、超高清视频发展等重大工程项目紧密结合。中央广播电视总台率先部署5G新媒体平台及实验室，随后吉林广播电视台、四川广播电视台等也与华为技术有限公司、中国联通网络通信集团有限公司等科技通信企业签署合作协议，全力推动5G、4K、AI技术在广播电视领域的应用。到2019年12月，全国高清电视频道已经达到450个，中央广播电视总台和广东电视台相继开办了4K超高清电视频道。❶ 浙江广电集团着力推进把中国蓝云与中国蓝融媒体中心融入智慧广电新体系，积极适配媒体深度融合发展需要；福建省在推进"数字福建，智慧广电"建设进程中，探索"媒体＋政务＋服务"等运行模式，积极探索"5G+智慧广电网络"深度融合。

广播电视科技依存度较高，随着信息技术与智慧广电建设的深度融合，为广播电视高质量发展提供新动能。在人工智能应用上，"人民智播报"微信公众号的AI主播"果果"、与中央广播电视总台记者江凯共同主持《直播长江》安徽篇的虚拟主播"康晓辉"等进行了人工智能交互实践的初步尝试。由SMT

---

❶ 国家广播电视总局新闻发言人就中国人民广播事业诞生79周年答记者问［EB/OL］.（2019-12-30）［2021-12-18］. http://www.nrta.gov.cn/art/2019/12/30/art_166_49304.html.

研发中心开发的大型赛事内容管理 AI 整体解决方案在第七届世界军人运动会体育赛事制作中正式应用,加速了人工智能在广播电视中的应用。随着智慧广电生态体系的不断延展,广播电视进一步融入智慧城市、智慧社区的建设。2020 年 1 月 2 日,国家广播电视总局印发的《关于加强广播电视公共服务体系建设的指导意见》中强调,加快广电 5G 网络建设赋能公共服务转型升级,全面推进"智慧广电 + 公共服务",提高广播电视公共服务数字化、高清化、网络化、智能化、移动化水平,转型升级取得实质进展,实现由"户户通"向"人人通"、由"看电视"向"用电视"的新跨越。

3. 存在的问题

网络信息技术的不断发展为公共广播电视发展带来新转变的同时,也带来了一些问题。在智慧广电建设上,各地的广电智慧化探索虽初见成效,但尚未形成一套完整的系统机制,尤其是市县级以下广播电视建设的总体水平滞后于社会信息化发展的进程,缺乏大数据、云计算等技术的支撑,使智慧互联强调的渠道、人、信息交互传输的互动机制难以建立,广电平台与网络媒体在信息交互、实时互动等方面存在巨大差异。

在服务拓展上,受限于固有终端,虽然县级融媒体中心建设已开始全面推广,但媒体间的融合仍主要停留在传播终端与渠道的简单叠加,以互联网、广播电视为核心的传播网络矩阵的聚合能力未能得到充分发挥,与政务、教育、医疗、旅游、金融、农业等跨领域合作仍主要停留在节目内容的制作,服务拓展难以突破广电的传统功能、业态创新和服务升级发展迟缓等已成为广播电视智慧化融合发展的重要掣肘。

在资金投入上,部分广播电视机构尤其是地市级以下的广播电视台对广告收入的依赖度较高,随着客户端、手机、微博、微信、短视频 App、腾讯视频等网络新平台的强势冲击,传统广播电视的信息传播能力被分散,广告收入呈下降趋势,已从 2017 年的 1123.9 亿元下降到 2019 年的 998.85 亿元,同比下降超过 10%,一些市级、县级电台运营往往难以为继。

公共广播电视既是推进公共文化服务体系更加完善的关键一环,也是引导舆论、树立正确价值观引领的重要阵地。面对互联网带来的发展挑战,公共广播电视要不断增强服务内容的适用性,为实现"全程媒体、全息媒体、全员媒体、全效媒体"、构建智慧社会与共建共享提供持续的动力支撑。

（五）公共数字文化服务平台

1. 平台建设情况

公共数字文化服务平台是由政府主导建设的依托于网络将不同类型的公共文化机构进行数字资源整合的统一服务平台。❶目前，公共文化服务体系依托"互联网+"正不断向着信息化和数字化形态转型升级，公共文化服务已经从线下走向线上、从电脑端走向手机端，未来还将从手机端走向物联网端。公共文化基础设施也在更新换代，公共数字文化服务平台从起初的公共文化网站建设，到现在日益广泛的公共文化微信公众号、微博服务账号、移动端应用 App 等多样化的形态呈现。

我国线上公共数字文化服务平台的建设始于浙江省嘉兴市，嘉兴文化有约平台于 2011 年 7 月正式上线。根据学者统计，国内公共数字文化服务平台的上线时间分布，我国公共数字文化服务平台建设的趋势大致可分为自 2007 年起的平缓发展、2013—2015 年的加速建设阶段，以及 2015 年的建设高峰。目前，我国公共数字文化服务平台的基本功能大致包括检索、导航、互动等，使用检索功能，公众可通过相关平台查看当地文化政策、文化特色景观和名人，或预订电影、话剧、讲座、展览、文艺演出等活动的门票及预约文化场馆，还可以在线欣赏非遗文物、音乐、美术等作品，学习戏曲、书法等文化技能。此外，有的平台还可以链接当地相关的图书馆网站，以便群众借阅图书和免费使用数据库。通过热点导航，公众可以获取公共文化服务机构提供的热门推荐内容。目前，我国公共数字文化服务平台的互动功能主要应用于对开展文化活动的评价方面。除网站外，许多进行公共数字文化服务的微信平台、微博账号等也都成为进行文化交流的便民通道，提高了群众参与的积极性和主动性。但就平台服务效能的反馈来看，我国公共数字文化服务平台现有评论板块尚不完善，可获取的公众评价信息不足；网络新闻对各平台的相关报道大多也仅限于介绍性报道，涉及公众评价多为正面言论，可供参考的价值不大。与此同时，诸如网站点击率（访问数）、微信公众号关注数或移动 App 下载量等信息统计尚不够完善。

---

❶ 华方园，陈思任，佘安琪. 国内公共数字文化服务平台建设现状调查分析［J］. 图书馆研究，2018，48（1）：37-45.

2. 资源整合情况

在资源建设方面，我国各公共数字文化服务平台上的资源格式类型涵盖了文本、图片、音频和视频四种类型，资源分布呈现跨越古今、融通中外、时代价值显著、地域特色鲜明的"全时空"立体化图景。通过公共数字文化服务平台，许多城市和地区实现了文化资源、文化活动、文化设施数据的互联互通。纵观城市公共数字文化服务全景图，各地在资源整合的广度和服务层次上各有千秋，有的突出城市地缘文化资源的整合，如宁夏银川的回族文化、山东潍坊的潍水文化、湖北嘉鱼的儒家文化、河南洛阳的牡丹文献中心、河南开封的开封菊花、江苏苏州的姑苏艺苑等。还有的城市大力整合文化学习资源，如银川"百姓学堂"为市民提供几十部讲座视频下载观看；福建三明的数字文化平台集成了大量舞蹈、摄影、音乐、美术视频供公众在线学习。同时，对于同样类型的文化资源，不同城市提供的服务层次也有所不同。就线上展览来看，浙江宁波突破传统的"图片+解说"实现线上展品的3D化展示，山东潍坊已实现数字展馆的360°全景虚拟漫游，四川成都更是开发了面具试戴、衣服试穿等相关游戏，让公众在了解文物相关知识的同时获得互动的乐趣。

3. 服务供给情况

在服务供给方面，国内许多城市通过公共数字文化服务平台探索开辟出一条文化供需新通道，推动公共数字文化服务突破传统的资源陈列模式，与百姓文化需求更有效地对接，如福建"文化三明"公共服务平台专设"公共文化供需平台"模块，开放演出、非遗展演、讲座、展览和文化辅导员的资源供给库，申请方只需根据自己的需求勾选提交表单就可获得相应的服务；嘉兴"文化有约"服务平台向群众征求活动，经文化管理部门审核后只要票选达到最低支持人数即推出该活动项目，同时个人可以发起文化需求，经审核后可以建立文化活动招募项目。互联网平台预约、"订单式"活动参与和"众筹式"活动招募等功能的实现，促成了公共数字文化服务与百姓文化需求的无缝对接，提高了公共文化服务的针对性和实效性。此外，许多地方的公共数字文化服务平台还承载着一些"基于位置的服务"，如"文化地图"功能可以帮助公众通过手机App或微信公众号中的板块，规划到达各文化场地的最佳行程路线，为公众的随机文化需求进行导航，使百姓能随时、随地、高效地获得公共文化服务。再如，公共数字文化与智慧城市建设的结合，在河南开封街头，只要打开

"中国开封"微信公众号,轻扫路边的二维码,就能听市民讲述的开封文化故事。公共数字文化服务平台借助信息技术手段带领百姓一起挖掘和创作地域文化资源,鼓励市民以自媒体的方式拓展与宣传城市文化资源,让他们在享受公共文化服务所带来的乐趣时也成为公共文化服务的供给者。除了个体的创造,有组织的文化志愿活动也是公共文化服务领域的重要力量。许多城市的公共数字文化服务平台中设置有"文化志愿"专栏,为志愿者招募开辟出一条互联网通道,如河南洛阳在平台公布文化志愿服务管理办法,并附有志愿者募集申请表单让市民参与招募;浙江嘉兴则在平台上推出"我要应聘讲师"及"我要应聘志愿者"功能,百姓可利用自身特长参与有关文化活动项目的组织实施。

4. 服务拓展与建设升级

在当前的社会环境下,文化事业与文化产业融合发展、紧密相连,鼓励文化消费是公共文化服务的重点内容,公共文化服务是激发文化生产活力、促进文化产业发展的重要动力。在公共数字文化服务平台上拓展文化产业服务模块,可以挖掘公共文化服务与文化产业的深层关联,助推相关产业的发展,并最终能通过引导和支持众多关联文化企业开发出更多更好的公共文化服务产品来满足公众多层次的文化消费需求,反推公共文化服务的发展。"天津文化云"将文化产权交易、文化创投等实体平台上线,并开放文化商品、文化产品在内的全要素文化服务;南京文客网除了为个人客户提供优质服务外,还利用南京文化金融服务中心及文化企业大数据征信服务体系,构建起成熟的城市文化商业生态圈。

如今,我国公共数字文化服务平台建设已经进入"云"时代,借助云计算技术,各地致力于打造覆盖全流程的公共数字文化服务平台来整合公共文化服务机构、公共文化数字资源,解决当前公共文化服务机构服务平台分散、公共文化数字资源分散的问题,推进实现一站式的公共文化服务。公共数字文化云服务可以通过云端化技术、虚拟化技术、服务化技术等,将分散异构的公有或者私有公共数字文化资源和能力进行有效聚合,利用云服务平台对这些资源和能力进行统一管理和优化配置,实现了跨区域、跨部门、跨主体的公共数字文化资源和能力的共享。[1]通过云服务平台,各云服务提供方进行信息资源的

---

[1] 李文川,陈承,胡雅文. 公共数字文化云资源服务创新研究[J]. 图书馆,2017(2):18—23.

分享和提供多层次、多样化服务，而用户则可以通过手机、电脑、智能终端等实现信息资源的查询和接受各类服务。在国家政策指导下，截至2018年年初，我国已建成涵盖PC网站、App、微信公众平台在内的公共文化云平台63个。❶国家公共文化服务云是由文化部主导打造的公共数字文化服务总平台、主阵地，在2017年中国文化馆年会期间正式开通。国家公共文化服务云以文化共享工程现有六级服务网络和国家公共文化数字支撑平台为基础，统筹整合全国文化信息资源共享工程、数字图书馆推广工程、公共电子阅览室建设计划，包括国家公共文化云网站（www.culturedc.cn）、微信号、移动客户端。为实现公共文化服务"政府端菜"与"群众点菜"相结合，提高公共数字文化服务在基层的丰富性、便利性和可选择性，提升公共文化服务效能，国家公共文化服务云突出手机端服务功能定制，具有共享直播、资源点播、活动预约、场馆导航、服务点单、特色应用、大数据分析等核心功能，通过电脑、手机App、微信、公共文化一体机提供服务，2020年年底前将逐步拓展应用至全国。❷除了国家公共文化服务云外，在"资源整合、一站式服务"的共同理念下，全国各地基于当地的文化云对公共数字文化服务进行各自创新性的演绎与实现。比如，上海市闵行区为全区520个文化场馆、文体中心、居村文化活动室安装"闵行文化云盒"，全面实现"云盒全覆盖"。市民群众可通过该设备，第一时间获取市、区优质文化数字资源，以及区级、镇级乃至村级文化活动视频直播和回看，让市民群众在家门口共享优质文化数字资源。市级"文化上海云"、区级"闵行文化云"和镇级"莘庄文化云"等各子云平台联动，让市民群众关注、参与闵行区各类文化活动。其中，"闵行云上市民文化节"，既有文艺演出云直播、民俗节庆云互动、赛事比拼云海选等多样活动，又增加互动、秒杀、投票环节。截至2019年8月，闵行区已开展云直播31场，11场线上观看突破10万人次。2020年初，疫情防控的要求加速推动一系列公共文化服务搬上云端、密集上线，公共数字文化服务平台得到前所未有的发展。同时，公共数字文化服务平台的服务功能呈现出复合性趋势。文化和旅游部积极与"全国一体化在线政务服务平台"项目对接，推出"在线公共文化服务"和"出行提

---

❶ 陈则谦.我国文化云的服务现状及展望［J］.图书情报知识，2018（5）：62-71.

❷ 数据来源：国家公共文化云网站（https：//www.culturedc.cn/）。

示"服务，实现疫情防控与文化服务的有机结合。

公共数字文化资源和能力的共享化是实现服务均等化的基础，可促进资源增效，是解决现有公共数字文化建设中"信息孤岛""信息失衡"的有效方式和手段。加强公共数字文化服务平台的建设，提升各公共文化机构的内部管理能力和外部服务能力，充分发挥现代科技手段在公共文化建设中的作用，是现代公共文化服务体系建设的重要任务，也是公共文化服务的时代特色。

5. 存在的问题

在加速发展的过程中，公共数字文化服务平台也暴露出一些问题。首先，公共数字文化服务平台建设区域差距明显，制约了公共数字文化服务整体提质发展。相较于东部沿海各地，东北及西部地区数字平台建设明显滞后。其次，在平台数量上，仍有部分省级文化馆、博物馆未能完成数字展馆建设；在内容供给上，以自身馆藏资源为主，供给主体单一，内容资源与服务类型大同小异，一体化平台建设未受到足够重视，有功能无资源现象常常出现；在平台体验上，一些线上展览平台响应滞后、功能单一，公众多为被动单向输入，数字平台的便捷性、互动性、即时性等优势被削弱。此外，由于专业技术人员短缺，平台技术优化受到阻碍。服务人员的职业素养直接关系到数字平台运行的好坏，目前来看，大多是相关机构其他工作人员兼任公共数字文化平台管理工作，他们由于缺乏大数据分析、新媒体、数字化应用等必备的专业知识和技能，对公众需求难以准确把握、精准预判，尤其在平台技术支撑方面，主要依靠第三方机构或外包购买，使平台日常系统问题应对滞后，平台服务自主创新能力弱，技术优化升级难。新冠肺炎疫情的发生对公共数字文化服务要求提高，用户的体验反馈也反映出平台应急管理机制欠缺，服务效能发挥不充分。当线下实体展馆暂时关闭，部分线上数字平台难以适应从补充拓展到开放主体的角色转变，平台管理相对简单，以微信公众号推文作为服务的主渠道，功能拓展与内容承载力有限；公共数字文化服务平台线上内容的自主创新力不足、内容持续供给吃力、与公众实际文化需求对接不畅等问题，使公共文化服务实际效能难以充分发挥。此外，公共数字文化资源整合的机构不明确、各类型机构的权益与责任不清晰，缺乏切实可行的资源整合标准与规范，这一问题特别体现在资源的版权问题上。由于公共文化机构存在开放存取数据库、自建数据库和商业数据库三种不同类型的数据库，在公共数字文化资源整合过程中，原有的各种著作权主体、客体的利益格局将可能被打破或重组，因而不可避免地会涉及诸多知识产权问题。

## 二、公共文化服务的融合与职能拓展

随着互联网和新媒体技术的快速发展，公共文化的布局、覆盖面及服务水平正逐步形成，公共文化服务的职能也在不断拓展。公共文化服务正在根据不同领域特性，对文化资源进行配置和优化，完善服务供给和内容活动组织形式，在公共文化服务改革进程中不断创新与融合，为文化建设做出贡献。

（一）与其他领域的融合

1. 公共文化服务与文化产业融合

在互联网时代，公共文化服务体系建设与文化产业发展作为新时代中国特色文化发展战略的两大组成部分，二者之间的区隔被进一步打破，有了更强的互动机制，相须为用。在相互融合过程中，公共文化服务不断适应产业化发展路径。

公共文化服务在公共文化设施的建设和运营中与文化产业相互合作。公共文化服务不断创新文化发展体制机制，通过广泛吸纳社会资本加入文化建设让文化产品和服务供给更好地满足人民群众日益增长的精神文化新需求。在实践中有的采取 PPP 模式，将设施的建设与运营过程合并委托给社会主体，或在政府给予资助或补贴的基础上将民营文化设施用于公共文化服务。2015 年 5 月《关于在公共服务领域推广政府和社会资本合作模式的指导意见》首次将文化领域纳入 PPP 范围，到 2020 年 12 月财政部 PPP 示范项目中文化类项目已从 2015 年的 9 个增加到 201 个，在 926 个示范项目中占比达到 21.7%。❶

各地政府积极探索文化 PPP 模式，积累了一些成功经验。比如，福建省泉州市文化中心将公益性文化设施与经营性文化设施配套，用经营性收入反哺公益性投入，给予社会资本长期稳定的盈利预期；陕西省西安市大明宫建设通过 PPP 模式探索了一条大遗址保护与文化产业开发有机统一的创新路径。此

---

❶ 数据来源：财政部政府和社会资本合作中心网站（https://www.cpppc.org：8082/inforpublic/homepage.html#/projectPublic）。

外，许多地方还通过政府购买服务的方式，委托企业经营剧院、图书馆、博物馆等，形成了一套卓有成效的模式，如2014年北京市朝阳区图书馆、朝外街道文化服务中心与悠贝亲子图书馆共同签署了《社会力量参与朝外地区图书馆运营合作协议书》。朝外街道与朝阳区图书馆制定服务标准、考核办法，承担运维费用，悠贝亲子图书馆负责日常管理及活动开展。公共图书馆更关注场地和图书，民营机构则把目光聚焦于活动的开展和群众的参与，借助双方的优势能够实现公共文化资源利用最大化。北京市广安门内街道办事处与北京市西城区超爱阅读文化传播中心依托广安门内公共图书馆基础资源联手打造的"甲骨文·悦读"图书文化品牌，在确保公共图书馆服务职能的基础上为广安门内居民提供多元阅读服务。"甲骨文·悦读"致力于推广看书、读书、说书的有声阅读方式，定位于中老年阅读和亲子阅读，推出走进社区的文化阅读活动，丰富居民社区文化生活。理事会监督下的公共与社会化共享联动的创新运营模式既突破了传统图书馆只能借阅图书的单一的运营模式的局限，又充分发挥了公共图书馆的空间优势，打造出全新的社区文化地标。北京市朝阳区积极推进文化园区的产事业融合，园区通过免费向公众开放公益性文化体育活动，丰富了周边社区居民的精神文化生活，成为市民身边的"城市文化公园"。同时，对于经评定的文化事业产业融合发展示范园区，相关部门将在资金支持、人才引进、宣传推介、招商引资、老旧厂房保护利用等政策中予以倾斜。

公共文化服务在文化内容生产和服务供给中与文化产业相互补充。首先，进入文化市场可以让公共文化机构更好地根据受众需求调整内容与服务供给。公共文化机构可以根据自身需要提出内容要求，由文化企业、文化类社会组织等社会主体提供产业和服务，政府进行购买或给予补贴资助。其次，有的公共文化机构也直接参与内容生产，基于自身IP开发文化产品和服务。作为一个拥有近600年历史的文化符号，故宫拥有众多皇宫建筑群、文物古迹，是中国传统文化的典型象征。近年来，借文创产业之力，故宫将自身打造成时尚的新文化符号。到2018年12月，故宫文化创意产品研发超1.1万件，文创产品收入在2017年达15亿元。除了实体的文创产品，故宫博物院拥有4家网络文创经营主体：故宫博物院文化创意馆、售卖创意生活用品的故宫博物院文创旗舰店、主打年轻化的故宫淘宝店、更趋于大众化的故宫商城。4家经营主体面向社会不同人群，产品风格各有特色，实现差异化经营，共同塑造故宫文创的整体形象。此外，故宫还面向公众征集文化产品创意，让文物藏品更好地融入人们的日常生活，发挥其文化价值，实现新时代公共文化机构的发展目标。最后，公共文化服务可以通过设定文化帮扶对象，定制文化项目，以服务为主导，促进文化产业发展。陕西渭南秦腔团在接不到订单的艰难处境下依托渭南市委、市政府创新服务内容，策划"一元剧场"，取得了很好的市场反响，重焕新生。

公共文化机构与文化企业合作进行文化推广传播。首先，公共文化机构可以与企业合作打造公共文化内容的传播载体和平台。凭借专业技术能力，企业在公共文化云平台、文化 App、公共文化设备的建设方面更具优势，能够充分结合新媒体时代社会发展特点，根据各类公共文化服务的具体情况建立专门的互联网操作平台，满足当下受众的文化信息获取偏好。其次，通过公共文化网络服务平台联结文化企业、演出机构和群众，形成了一个及时公开的信息交流空间。文化企业可以在平台上发布最新文化动态，如展览、演出等信息；演出机构可以把与演出相关的台前幕后等一些创作细节发布到平台，加深人们对演出的认识与理解；群众可在平台中自助下单，选择自己感兴趣的文化产品进行消费。在合作中深化细节，提升"订单式"文化服务的体验感。山西省文化厅与山西晋能集团信息工程公司合作打造山西文化云平台。整个项目由文化资源管理平台、文化公共服务平台、文化产业服务平台三大板块组成，包括文化大数据库系统、文化政务管理系统、公共文化云服务、文化资源数字展馆、文化产品研发及线上交易等子项目，实现了文化信息服务渠道和服务方式多元化，大大提高了文化服务社会的能力。

社会力量为公共文化提供决策咨询参考。文化事业发展各个环节需要专业化咨询服务。北京市已经将公共文化项目的考察及绩效评估服务等项目纳入政府购买公共文化服务指导目录，面向高校、科研机构、咨询企业购买决策咨询和绩效评估服务。深圳市宝安区文体旅游局成立了文化事业发展咨询委员会，聘请了包括专家学者、文艺工作者和文化领域行业代表的多名委员，在调研论证基础上为公共文化服务建设出谋划策。公共文化服务联合社会力量进行决策能够及时反映各行业、各群体的文化需求，强化文化行政部门与各行业专家、从业人员的密切联系，有助于充分发挥文化人才优势，促进决策的科学化、民主化。

公共文化机构与社会力量合作开展文化艺术培训。越来越多的公共文化机构将原有的培训辅导职能开放给社会力量，引进社会机构共同参与音乐、舞蹈、绘画、书法等公益性群众文化的培训辅导工作。台州市文化馆与社会机构合作共同打造台州"文化超市3.0"，利用这些社会机构闲置时段的场地分流培训课程，借助机构阵地和人员力量，缓解公益性文化单位服务力量不足和市民文化需求之间的矛盾，为免费艺术培训提供更多可能性，增加了全民艺术普及的广度和深度。

2. 公共文化服务与旅游融合

文旅融合是党和国家重要的发展建设方针之一，也是提升国家软实力的重要举措，有助于提升旅游的品质，丰富文化内容供给，满足人民群众日益增长的对美好生活的需求。

从内涵上看，公共文化服务最基本的职责在于满足公众的基本文化需求。随着社会经济的快速发展，建成小康社会目标的基本实现，公众的旅游需求也逐渐被纳入基本文化需求应考量的范围，公共文化服务与旅游，尤其是与旅游公共服务的联系更为紧密。

随着公共文化服务与旅游融合程度的进一步深化，也对旅游产业发展提出新要求，旅游产业不仅要满足公众对吃住行游购娱的需求，也承担着提高公众素养、传扬中华文化、塑造国家文化形象的重任，旅游产业的社会效益受到重视与强化，而以杭州西湖、西安汉城湖景区及蓝田王顺山景区等为代表的国家A级景区实行免费开放政策，无疑成为对这一观点最有力的支持。

近些年，随着国家推进文旅融合相关政策的陆续出台，2009年文化部和国家旅游局联合下发的《关于促进文化与旅游结合发展的指导意见》中提出"文化是旅游的灵魂，旅游是文化的重要载体"，首次论证了文化和旅游相辅相成、互为支撑、优势互补的关系，并提出要"利用非物质文化遗产资源优势，开发繁华旅游产品"，从侧面强调公共文化服务在旅游产业中的重要作用。2017年，在国家发改委、文化部、国家旅游局等8个部委联合印发的《"十三五"时期文化旅游提升工程实施方案》总体目标中明确提出，文化遗产与红色旅游景点景区的社会教育和公共文化服务功能要进一步提升。2018年，国务院办公厅《关于促进全域旅游发展的指导意见》中也指出要科学利用传统村落、文物遗迹及博物馆、纪念馆、美术馆、艺术馆、世界文化遗产、非物质文化遗产展示馆等公共文化服务场所开展文化、文物旅游。同年，国务院机构改革方案出台，取消文化部和国家旅游局，组建文化和旅游部，使文化旅游从指导意见、工作方案等政策层面的融合上升到了国家制度层面。

2019年，文化和旅游部在全国文化和旅游厅局长会议的工作报告中提出，要着力推进"理念融合、职能融合、产业融合、市场融合、服务融合、交流融合"。同年，文化和旅游部公共服务司下发的《关于开展文化和旅游公共服务机构融合试点工作的通知》对探索公共文化服务机构与旅游服务中心等公共服务阵地深度融合的路径和方法，推动全省文旅资源共享和服务效能提升，促进公共文化和旅游服务高品质、高标准建设提供有力支撑与保障。

此外，广东省、山西省、黑龙江省、内蒙古自治区也陆续出台文旅融合发展的指导意见与政策，在公共文化服务领域积极推动公共文化服务和旅游公共服务相融合，推进基层综合性文化服务中心建设，引导各级各类旅游目的地因地制宜建设各具特色的公共文化设施。

公共文化服务与旅游在"宜融则融、应融尽融、以文促旅、以旅彰文"的基本原则指导下，文化和旅游融合迈入深层次的变革期。公共文化服务也开始从实践上探索与旅游融合的新方式、新业态，从而扩大自身服务人群，创新服务内容与形式，拓宽服务辐射范围，把公益性、基本性、均等性、便利性基本要求落到实处。通过总结各地实践探索经验，公共文化服务和旅游的融合集中体现为以下三种形式。

一是公共文化服务嵌入景区，增加旅游公共服务文化内涵。比如，北京市海淀区的"一步书香"行动计划用3年时间，在海淀区的100个景区和星级宾馆配置5万册图书和60台数字阅读终端，通过电子阅读屏、二维码、信用借书柜等送达渠道，文化讲座进景区、进宾馆等举措，使书香阅读全面拓展到旅游全程。天津和鄂尔多斯的汽车图书馆、苏州拙政园李宅的园林主题特色图书馆、杭州岳王庙内的启忠书吧、福建省的"清新书苑"、黄姚古镇梦公馆的"民俗+图书馆"等景区阅读空间的打造，《印象·刘三姐》演出剧场所在景区开设的刘三姐文化印象博物馆等，既是图书馆、博物馆功能的一次延伸，也是将文化与旅游深度融合的一次全新探索。

二是公共文化服务融入旅游元素，拓展文化设施与服务功能。一方面，公共文化服务设施与旅游基础设施实现共享共建。一些地区整合当地资源，活跃基层文化机构的旅游服务，实现乡村旅游服务中心与文化服务中心一体化，桂林市恭城瑶族自治县的泗安村整合文旅、住建、工信、民政等多个部门的经费，使村级公共服务中心兼具游客服务中心、旅游产品销售的功能。而博物馆、非遗传习所、图书馆、美术馆、科技馆、纪念馆等文化场所肩负社会公众教育的同时，本身也是城市旅游的重要组成部分，如有"滨海之眼"之称的天津滨海新区图书馆、被称为"孤独图书馆"的秦皇岛阿那亚图书馆、尤伦斯当代艺术中心旗下的沙丘美术馆等，以极具视觉冲击力的造型设计、独特的馆址环境走红网络，吸引公众参观打卡。随着国务院办公厅发布的《国民旅游休闲纲要（2013—2020年）》中提出"逐步推行中小学生研学旅行"的要求，教育部也把研学旅行纳入学校教育教学计划。博物馆、红色纪念馆、科技馆等公共文化场所是推动研学旅游发展的重要支撑，被纳入研学旅游线路，成为中小学研学之旅的教育基地。国家图书馆、中国警察博物馆、武汉自然博物馆、南京博物院等入选2018年"全国中小学生研学实践教育基地"，研学旅游成为公共文化服务与旅游深入融合新契机。

另一方面，公共文化服务与旅游的融合，在一定程度上使其服务内容和范围得以丰富与拓展。在信息传播方面，公共文化服务开始参与本地旅游的宣传推广，如上海市黄浦区图书馆、深圳市宝安区图书馆、海南省图书馆等设置专门的旅游主题区；广西贺州市图书馆定期举办"行走天下·阅享人生"活动，分享旅游经历，充分挖掘本地景区景点的人文历史和民俗风情等文化内涵。

互联网时代，信息技术、数字技术等为公共文化服务与旅游的融合提供便利条件，实现数字文化资源共享，以直播、3D、AI、VR、5G等技术，增强文化赋予的故事性、生活化、场景化，深化旅游的文化属性，增加本地文化特色，使公共文化服务与旅游的联系更为密切。

首都图书馆文化云、辽宁数字文化网、文化嘉定云等公共数字文化服务平台通过文化专题短片，介绍本地历史文化与知名景区；黑龙江数字文化网还专门设有"龙江文化旅游地图"专题；文化和旅游部推出的"文旅e家"App涵盖全民阅读、全民艺术普及、文化旅游等多项公共文化服务与旅游资源。在新冠肺炎疫情期间，旅游景区、公共文化服务线下设施暂时停止开放，转而拓展线上服务平台，公共文化服务与旅游的融合得到进一步强化，数字图书馆、公共文化云等数字平台增设"云观展"，博物馆与抖音、微博、淘宝等社交媒体平台合作，如中国国家博物馆、故宫博物院、南京博物院、敦煌研究院等先后开启直播"云游"的盛宴，打破旅游的现实壁垒，让五湖四海的公众足不出户便可尽览天下美景。

三是开辟特色群众文化活动空间，使其成为城市文化发展新地标。"处处都是旅游环境，人人都是旅游形象"理念贯穿于全域旅游发展的全过程，高质量的全域旅游不仅要求对旅游景点相关配套设施的优化与完善，营造浓厚的城市文化氛围也是不容忽视的关键一点。近些年，成都、上海、广州等地陆续实行街头艺人持证上岗政策，在公共文化服务机构的组织推动下，街头艺术表演成为城市文化氛围营造不可或缺的一部分。由工业文化遗存改造而成的城市公共文化空间，如上海杨浦滨江打造了"工业遗存博览带、原生景观体验带、三道交织活力带"三带融合的城市公共空间；北京首钢工业文化遗存改造利用铁轨、管廊、传送带等工业遗存建设铁轨绿道、空中步道营造城市特色公共空间等，在不同程度上增强城市宜业、宜居、宜乐、宜游度，间接参与服务全域旅游，达到提升全域旅游品质的目的。

3. 公共文化服务与教育融合

公共文化服务自诞生之日起就与教育有着无法割裂的密切联系，它既是学校教育实践的补充与延展，也是进行社会教育的主要讲堂，通过举办各类知识技能讲座、文化艺术习俗展览展示、开展丰富多彩的活动，在提升公民道德素养、普及知识、审美教育等方面发挥重要作用。

从公共文化服务的职能上看，教育是公共社会服务最首要、最本质的职能之一。博物馆以历史文脉涵养文化底蕴、增强归属感与认同感；图书馆以文化人，从书香阅读中开阔眼界、科普推广；文化馆寓教于乐，从丰富多彩的文艺活动中陶冶情操，提升审美素养。

从教育对象来看，公共文化服务面向的是全体社会成员，坚持不分种族、年龄、人群的服务原则。南京博物馆、江城博物馆开设的"博爱展厅"及北京文物局宣教中心举办的"闻·悟北京"系列活动，探索摸、听为主的观展新模式；被网友评为"史上最温暖图书馆"的杭州图书馆为流浪、拾荒者提供了文化栖居地；城市书屋专设的盲文读物、各公共文化机构配备的无障碍设施等，使公共文化机构具有广泛的覆盖率与普及度。

从教育内容与方式来看，公共文化服务几乎涵盖了我们学习生活的各个方面，历史、美术、音乐、舞蹈、科技等门类都是公共文化服务供给的核心内容。在教育方式上，它既不像学校教育以直接传授为主，也不像家庭教育那样过于依赖家长日常言行的潜移默化，而是以展演、互动体验、讲座、动手实践等独特的教育方式，发挥着学校教育、家庭教育所无法替代的作用，担负着启迪民智、提升素养、普及知识的重任，构成了社会教育最重要、最核心的部分。从这个意义来讲，公共文化服务供给能力、水平的高低将直接影响社会教育的广度与深度。

从国家政策的引导、强化来看，我国一直以来都高度重视公共文化服务的社会教育职能，1994年发布的《关于加强科学技术普及工作的若干意见》要求"动员全社会力量，多形式、多层次、多渠道地开展科普工作"❶，博物馆、图书馆、科技馆、广播电视等公共文化服务机构开始加大科普宣传工作的力度，相关公共文化机构先后挂牌"科普教育基地"。1986年开始施行的《中华人民共和国义务教育法》明确规定"社会公共文化体育设施应当为学校开展课外活动提供便利"，1995年颁布的《中华人民共和国教育法》在《中华人民共和国义务教育法》的基础上，把历史文化古迹和革命纪念馆（地）也纳入其中，要求"应当对教师、学生实行优待"，并规定"广播、电视台（站）应当开设教育节目，促进受教育者思想品德、文化和科学技术素质的提高"。2017年开始施行的《公共文化服务保障法》明确提出要"充分发挥公共文化服务的社会教育功能"，把公共文化设施与机构作为传播优秀传统文化、开展全民阅读、全民普法、全民科普和艺术普及的重要场所。

就公共文化社会教育的探索而言，近年来，随着打造"学习型社会"、树立"终身教育""全民教育"理念进一步深化，公共文化服务的社会教育职能得到提升与强化，与其他领域的融合也更为紧密。一方面，博物馆、图书馆、文化馆等公共文化服务机构积极开展进校园活动，如上海交通大学钱学森图书馆开展的"中小学博物馆课程开发计划"，将钱学森图书馆展厅资源与中小学学科教育知识点有机融合，让博物馆的非正规教育与学校的正规教育真正实现互动融合；北京市古代钱币展览馆等专题类博物馆在北京史家小学联合开设的

---

❶ 斯文.中共中央、国务院关于加强科学技术普及工作的若干意见[J].青海交通科技，1997(1)：1-4.

"中国古代科技系列精品课程",从实践中激发学生对传统技艺的兴趣与思考;广东省博物馆和广州美术学院艺术与人文学院共同举办的"2018年馆校合作高级工作坊"、北京市海淀区文化馆与首都师范大学附属中学共同搭建非物质文化遗产孵化平台等项目的实践探索,充分发挥"馆校合作"模式在提高青少年思想品德水平、开阔视野、增长知识、发展能力、培养兴趣、激发创新等方面的重要作用,使博物馆、图书馆、科技馆、美术馆等公共文化服务机构真正成为拓展学校教学的"第二课堂"。

另一方面,互联网信息技术带来公共文化服务的社会教育方式的转变,在线课堂、网络直播课等"云课堂"的兴起进一步延伸了公共文化服务社会职能的触角。据统计,截至2020年3月,全国37个国家级和省级图书馆、36所国家级和省级博物馆、31个省级文化馆均已开通数字服务平台,通过官网、微博、微信等载体开展多种文化艺术普及教育活动。国家图书馆推出的"国图公开课"采用直播、录播和体验式阅读方式,通过线上线下互动的模式倡导公民通识教育和生活教育;陕西省的"互联网+革命文物"教育平台,依托5G技术,利用动漫、游戏、VR、AR等新形式、新技术,提供革命文物全息欣赏、虚拟触摸和历史事件沉浸式体验,激发公众的爱国热情,传承红色基因,弘扬革命精神;北京文化艺术活动中心已上线8类400余门文化慕课,涵盖音乐、美术、文学、国学、戏剧、传统文化、历史、非遗等内容,全民艺术普及话题的在线阅读量已超过8393万人次。在新冠肺炎疫情期间,各公共文化服务机构陆续推出的防疫科普知识、阅读直播活动、线上艺术课堂等通过共享直播、资源点播、在线慕课、讲座等核心功能,使公共文化服务的教育功能摆脱地理空间局限,实现教育资源互联互通、因地制宜精准供给、拓展深化线上线下相结合的公共文化教育方式,有效提高文化教育服务效能。

(二)公共文化服务职能拓展

1. 文化传承

在市场经济条件下,文化传承要实现社会价值和经济价值的双效统一,公共文化服务的融入必不可少。《公共文化服务保障法》第27条指明:"各级人民政府应当充分利用公共文化设施,促进优秀公共文化产品的提供和传播,支持开展全民阅读、全民普法、全民健身、全民科普和艺术普及、优秀传统文化传承活动。"《非物质文化遗产法》第 35 条也规定："图书馆、文化馆、博物馆、科技馆等公共文化机构和非物质文化遗产学术研究机构、保护机构以及利用财政性资金举办的文艺表演团体、演出场所经营单位等，应当根据各自业务范围，开展非物质文化遗产的整理、研究、学术交流和非物质文化遗产代表性项目的宣传、展示。"在数字化技术已覆盖大众生活各领域的互联网时代，公共文化服务借助科技力量，丰富了文化传承的手段、活化了文化传承的内容、提升了文化传承的效果。比如，通过大数据实现优秀传统文化资源网络共享，引荐国内外农村文化保护数据，进行传承、发展与创新；利用物联网为地方特色产品赋予文化特色，将传统文化的寓意内涵与地方产业多元结合；通过虚拟还原技术将遗失或难以修复的文化古迹通过电子激光技术进行模拟修复，加深人们对传统文化的理解与喜爱。再如，乡村地区创新优秀传统文化电子教学模式，通过互联网对农村优秀传统文化进行宣传教育，吸引年轻人参与乡村地区的文化传承。

公共文化服务机构为文化传承提供阵地平台。随着机构精简和部门整合，各地文化（群艺）馆承担了大量非遗保护与研究工作，并定期邀请专家学者在文化馆、少年宫、老年大学等公共服务场所，开设人文历史、地方民俗、民间工艺等公益文化课堂。各级综合档案馆作为公益性的服务机构，通过贮藏历史文化资源、开展公众教育，成为文明传承的载体和基础。对线上平台来说，公共数字文化服务平台上的视频资源成为拓宽更广泛年龄层次的群众走近非遗、了解非遗、喜爱非遗的新渠道。同时，依托全国文化信息资源共享工程、公共电子阅览室建设计划、数字图书馆推广工程，更多优秀传统文化得到了数字化保存、展示，更加充分地实现了其社会教育功能，推动了传统文化的普及。比如，福建联合全省文化和旅游系统参与建成的以福建各级图书馆为平台的"福建文化记忆·专题资源数据库群"，聚焦本地闽南文化、客家文化、妈祖文化、畲族文化等 36 个具有地方特色的文化集群，以福建拥有的世界级、国家级、省级非物质文化遗产及与之相关的文化和自然遗产为重点，抢救性保护和记录福建省内的传统文化技艺、文化生活方式、人文现象。❶再如，国家公共文化云开设的"在线培训"栏目，综合利用各地非遗保护中心的研究成果，将各

---

❶ 张梦宇.公共文化服务视野下的非遗传承实践[J].人文天下，2019（23）：46-52.

地文化（群艺）馆的一线公共文化服务专业人才纳入在线教师队伍，利用慕课技术和国家公共文化云平台，在线传授"小众"非遗课程。截至2019年，全国已有广东省文化馆、河北省群众艺术馆等19家公共文化服务机构承接了27门慕课的制作与运维，其中"广绣""白局弹唱""五禽戏""花儿"等地方特色非遗传习实践，已陆续进入开课阶段。根据国家数字文化网上的信息，2018年6月的"文化和自然遗产日"、国家公共文化云的"非遗专题"板块对各地非遗微视频、摄影图片、活动项目进行了展播，并设计了线上互动游戏活动，吸引了公众对非遗文化的关注；而在遗产日当天进行的9场非遗活动多地实时直播，通过手机App及微信公众号推送，吸引了近140万人次收看。数字化保护、社会教育、学校教育、线上线下结合，公共文化服务介入文化传承的方式正随着资金的到位和公众认识的提高相互转化补充、层层推进。此外，电视广播和新媒体平台在促进文化传播方式多样化、多元化发展，增加优秀传统文化的影响力中发挥了重要作用。

公共文化管理的制度设计为文化传承提供保障机制。随着各地推动民族文化、优秀传统传承发展的长效机制不断完善，在地方实践中形成了文化传承发展公益基金机制、文化开发监督机制、文化保护与补偿机制等，为文化传承发展提供了制度保障。比如，黄山市就把传承弘扬优秀民间文艺纳入新型城镇化和美丽乡村建设总体规划，发展有历史记忆、地域特色、文化特点的特色小镇、打造美丽乡村。在全市非物质文化遗产326个项目中选择民俗、传统戏剧、传统音乐、传统舞蹈等非遗项目，打造具有徽州特色的公共文化产品80项，建立80个民间文艺表演示范村。此外，还编制落实了《黄山市徽州民间文艺表演示范工程创建方案》，对所有已成立的民间文艺表演团队由县（区）文旅体局统一登记备案，由乡镇（街道）综合文化站实施管理，制定传承培训计划，指导日常工作开展。对民间文艺资源较丰富的乡镇，做好挖掘整理和传承工作，条件成熟的组建民间文艺表演队伍。乡镇（街道）综合文化站为民间表演队伍提供排练场地和演出场地，演出经费纳入以奖代补范围。❶

公共文化场所为地区文化传承提供创新空间。随着城市化进程的加快，公

---

❶ 盛学峰，张妙文.基于公共文化服务的传统文化传承发展研究：以徽州民间文艺表演示范工程为例[J].地方文化研究，2020（1）：25-32.

共文化的服务属性在政府、社会的扶持下逐步完善，许多地方将传统文化进行创新转变，引入公共文化场所，通过展览、民俗艺术节等主题文化活动推动传统文化融入居民日常生活。基于场景营造与体验式活态和静态组合的展示，更好地将民俗文化的传承生活化。在社区中，传统文化元素叠加社区生活需求和文化消费的走向，创造出具有新时代特征的文化作品。依托社区文化活动场所进行宣传，进而实现文化与空间的相融相通，对提升区域文化品位品质和居民文化认同感产生了有利影响。

2. 文化扶贫

文化扶贫概念缘起地可以追溯到美国学者奥斯卡·刘易斯（Oscar Lewis）在 20 世纪 60 年代研究墨西哥贫困的过程中提出的贫困文化理论。❶贫困文化理论认为，发展过程中出现的贫困现象应该不单单是经济现象，而是一个根源于经济、社会、文化的综合现象。贫困文化理论体现了人们对贫困现象的思考从纯粹经济理论解释向文化理论解释的一次转变。贫困文化理论进入我国后，学者们结合中国的传统文化、农耕文化对贫困文化在我国的情况做了经验层次上的描述和概念上的探讨。❷20 世纪 80 年代中期到 90 年代初期，针对贫困地区部分农民赤贫状况，国家及经济发达地区用物质输入的方式给贫困地区援助。物质扶贫对当时贫困地区的脱贫起了重要作用，但停止或减少无偿援助后的返贫难题更加棘手。现实状况的推动结合理论研究的成果，我国于 1993 年成立了文化扶贫委员会，开始系统化探索从文化和精神层面进行扶贫的策略。文化扶贫是利用文化手段和文化力量对贫困群体在思想观念、知识水平、地域文化上进行改造、提高和挖掘，其最终目的是实现贫困地区经济、文化、社会的全面协调发展。❸文化扶贫是公共文化服务、文化资源开发、文化旅游产业发展齐发力共同履行文化帮扶责任的过程，公共文化服务是文化扶贫过程中筑牢根基的关键一环。

公共文化服务渗透到文化扶贫的发展肌理之中。中华人民共和国成立初期，普遍贫困条件下，公共文化服务承担着意识形态教育、科学文化普及的重

---

❶ 周怡. 贫困研究：结构解释与文化解释的对垒[J]. 社会学研究，2002（3）.

❷ 方清云. 贫困文化理论对文化扶贫的启示及对策建议[J]. 广西民族研究，2012（4）：158-162.

❸ 桂胜，赵淑红. 农村文化扶贫的路径探索：户籍在外之"故乡人"的反哺[J]. 西南民族大学学报（人文社科版），2017（1）：22-27.

任。通过接受基础性的文化教育，广大工人、农民获得了进行更好地生产生活的必需技能，踏出了脱离贫困的第一步。同时，国家在农村地区大力建设广播网络及图书馆、文化站等公共文化设施，通过改造戏曲、鼓励农村电影播放等形式鼓励文艺创作服务于大众，移风易俗、破旧立新，引导农村新的文化生活。改革开放后，随着社会主义文化制度和文化管理体系的巩固完善及中国文化扶贫委员会的成立，公共文化服务在缩小贫富差距中发挥着重要作用。伴随着"万村书库"工程、"手拉手"工程、电视扶贫工程、为农村儿童送戏工程、报刊下乡工程、电脑下乡工程、光明工程、贫困地区影视文化中心工程及"文化扶贫工程"等系列项目的实施，农村文化基础设施薄弱和文化活动匮乏的问题得到了改善。随后，广播电视村村通工程、全国文化信息资源共享工程、农村电影放映工程、农家书屋工程、西部开发助学工程和电视进万家工程等重点"文化惠民工程"项目加快了文化扶贫的步伐。在中国特色社会主义新时代，国家从顶层设计的高度将公共文化服务在文化扶贫中的职能具体化。2015年1月，《关于加快构建现代公共文化服务体系的意见》提出要按照精准扶贫的要求，以广播电视服务网络、数字文化服务、乡土人才培养、流动文化服务、农村留守妇女儿童文化帮扶等为重点，集中实施一批文化扶贫项目，推动革命老区、民族地区、边疆地区、贫困地区公共文化建设实现跨越式发展。2015年12月，文化部联合国务院扶贫开发领导小组办公室等7部委共同印发了《"十三五"时期贫困地区公共文化服务体系建设规划纲要》，明确了贫困地区公共文化服务体系建设的总体目标、实施范围、具体措施，成为我国贫困地区全面建成小康社会的基本公共文化服务顶层设计和指导贫困地区文化扶贫的行动纲领。2016年印发的《"十三五"脱贫攻坚规划》专节论述旅游扶贫，并且要求按照公共文化建设标准，对贫困县未达标公共文化设施提档升级、填平补齐。2017年2月，《文化部"十三五"时期文化改革发展规划纲要》提出要与国家脱贫攻坚战略相结合，加强对中西部地区特别是老少边穷地区公共文化建设的帮扶，将公共文化帮扶纳入行业扶贫、东西部扶贫协作和定点扶贫工作内容，通过对口支援、合作共建、区域文化联动等形式，建立与扶贫开发工作重点县的结对帮扶机制。此外，在乡村振兴战略中明确贫困地区文化振兴。2017年3月开始实施的《公共文化服务保障法》规定，国家扶助革命老区、民族地区、边疆地区、贫困地区的公共文化服务，促进公共文化服务均衡协调发展。

2018年9月发布的《乡村振兴战略规划（2018—2022年）》中明确了贫困地区文化振兴在乡村振兴中的重要地位，在坚决打赢精准脱贫攻坚战部分提出要注重扶志扶智，逐步消除精神贫困。在一系列国家政策的引导下，各地因地制宜组织实施许多重大文化扶贫项目，开展全方位、多层次的公共文化服务实践活动，积极开发提供适合特殊困难群体的基本公共文化产品和服务，保障困难群众的基本文化权益。同时，通过发展乡村旅游、弘扬传统工艺带动贫困地区群众就近就业、居家就业。

公共文化服务创新文化扶贫的方式。基层公共文化设施的建设向着数字化、信息化升级更新，为文化扶贫工作的开展提供了极大便利。"十三五"时期以来，通过实施贫困地区百县万村综合性文化服务中心覆盖等工程，截至2019年上半年，全国已建成483 672个基层综合性文化服务中心，涌现出浙江文化礼堂、甘肃乡村舞台、广西村级公共服务中心、安徽农民文化乐园等一批先进典型。通过实施边疆万里数字文化长廊建设等项目，边疆贫困地区的2778个乡镇基层服务点、12 412个数字文化驿站实现了升级更新。在文化资源和服务的供给方面，依托各地文化云平台，越来越多的优质资源和服务下沉到基层一线。2019年，国家公共文化云"云上群星奖"总访问量超过5000万人次，"乡村春晚"网络联动吸引3078.7万人次在线观看。❶利用网络在线教育功能，2019年共开展面向乡村地区的包括远程培训在内的各类示范性培训83次，培训人数约42万人。❷县级融媒体中心通过深入挖掘各地区乡村蕴藏的优秀传统文化资源，结合当地人民群众的现实需求，打造具有地域文化特色的品牌节目成为乡村地区弘扬移风易俗风尚的新平台。

公共文化服务拓展文化振兴的路径。随着脱贫攻坚目标任务的完成，乡村地区面临的问题转变成通过实现文化振兴确保区域高质量发展，公共文化服务在拓展乡村文化振兴路径中汇聚力量。首先，通过持续推进公共文化服务均等化促进乡村文化振兴。贫困地区长期以来处于区域性整体贫困的状态，且由于不同的行政区划的分割和地方政府财政能力的差异，区域文化旅游公共服务投入差距明显，群众享受的文化旅游公共服务数量和质量存在差异，制约地区文

---

❶ 数据来源：文化和旅游部公共服务司。
❷ 数据来源：2019年文化和旅游部第四季度例行新闻发布会。

化进一步发展。因此，要建立区域视野，推进区域内文化旅游公共服务的均等化。其次，通过构建区域优秀传统文化传承创新体系推动乡村文化振兴。民族地区和乡村地区丰富的非物质文化遗产、物质文化遗产等优秀传统文化是区域文化开发的宝贵资源，构建区域优秀传统文化传承创新体系，为区域内生性发展创造条件，为文化振兴提供动力源泉。此外，在后扶贫时期，国家要强化社会主义文化法治建设，健全法治保障下的政府文化扶贫责任体系。认真贯彻落实《公共文化服务保障法》等法律法规，还要将欠发达地区的文化发展纳入立法规划，落实文化成果共享的法治机制，明确各级政府在公共文化服务、文化资源开发、文化旅游产业发展等方面的文化帮扶责任。公共文化服务还要在凝聚社会力量参与乡村文化建设中提供支持，总结人民团体、社会组织、各界人士参与文化扶贫的有效模式和积极成效，认清社会力量参与文化服务的风险隐患和实践困境，有针对性地完善相关政策，积极引导社会力量有序、有效、有力参与到乡村振兴之中。❶

3. 文化养老

根据民政部门预测，"十四五"期间，全国老年人口将突破3亿人，随着城乡一体化的快速发展，越来越多老年人为支持儿女事业、照顾第三代从农村来到大城市生活。同时，物质生活充裕却没有子女在身边的"空巢老人"也越来越多。面对这样的社会现状，除了要保障老年人在经济赡养、生活照顾、疾病治疗等方面的权益，更需要丰富老年人的精神世界，"文化养老"的概念由此进入大众视野。对"文化养老"的理解，有学者将其定义为一种相对于物质赡养而后起的积极的养老理念，一种体现中国传统文化和当代人文关怀的养老方式，可以体现在通过对某一文化事项持续的经常性的学习，丰富其精神文化需求，进而帮助老年群体树立健康积极的老年价值观，最终实现高质量的养老生活。"文化养老"推动越来越多的老年人积极主动与社会接轨，乘着老年的大好时光，融入社会这方大天地。有人去老年大学上课，培养兴趣爱好；有人则结伴走出国门，去看看外面的世界；还有人与三五好友相约去图书馆看书。同时，在乡村也有越来越多的"银发志愿者"积极参与农村社区开展的各种文化活动，发挥自己的特长，给年轻人传承文化做出示范、树立美德榜样。

---

❶ 胡守勇. 文化扶贫70年：范式演进与攻坚方略[J]. 求索, 2020（1）：188-195.

基于均等普惠的特点，我国公共文化服务在老年人文化生活中发挥着关键作用，也是设施"文化养老"的重要主体。首先，制度建设的不断完善明确了公共文化服务在老年人文化生活中的作用，为"文化养老"提供政策保障。1999年，文化部出台《关于加快老年文化工作的意见》，要求各级地方文化部门搞好老年文化活动场所建设，积极开展丰富多彩的老年文化活动，办好老年大学，建立老年教育网络，搞好老年文化活动的管理和规划；2011年，国务院印发了《中国老龄事业发展"十二五"规划的通知》，提出要加强老年教育工作、老年文化工作、老年体育健身工作，扩大老年人社会参与的任务；2015年，中共中央办公厅、国务院办公厅印发的《关于加快构建现代公共文化服务体系的意见》，明确提出将老年人作为公共文化服务的重点对象，积极开展面向老年人的公益性文化艺术培训服务活动；2016年，《公共文化服务保障法》明确指出，各级人民政府应当根据老年人群体的特点与需求，提供相应的公共文化服务，将老年人活动中心纳入公共文化设施范畴；《国民经济和社会发展第十三个五年规划纲要（2016—2020年）》指出推进基本公共文化服务标准化、均等化，加强老年人群体的文化权益保障；《"十三五"国家老龄事业发展和养老体系建设规划》提出开辟适宜老年人的活动场所并实施优惠开放政策，增加适合老年人的特色文化项目，培育老年活动品牌，拓展面向老年人的数字资源服务；《"十三五"旅游业发展规划》强调要制定老年旅游专项规划和服务标准，开发多样化老年旅游产品，引导社会资本发展非营利性乡村养老机构，完善景区无障碍旅游设施，完善老年旅游保险产品；《老年教育发展规划（2016—2020年）》指出应当增加老年科技大学、老年数字大学等针对性大学对老年人群进行数字融入教育，构建老有所学的终身学习体系；2020年，《老年人运用智能技术困难的实施方案》指出要提高文体场所服务适老化程度，丰富老年人参加文体活动的智能化渠道。

随着数字经济所催生的各种新业态、新服务成为我国经济新的增长点，加快融入数字化生活已经成为老年人社会生活的必选项，也成为"文化养老"的新时尚。公共文化服务在解决老年人数字化生存难题中发挥着不可替代的作用。公共文化服务与社会力量合作，通过课程培训、公益讲座、志愿服务等创新实践扫清老年人的"文化盲区"。比如，中国数字图书馆（CDL）与北京东方妇女老年大学合作建设的"第三龄频道"，通过互联网电视、数字电视、IP

电视、数字图书馆等多媒体形态，以优质音视频与数字图书、期刊、新闻资讯、课程等内容为主导，与老年用户形成人性化的互动。在志愿服务方面，全国范围内开展的以"'文化暖心点亮生活'关爱特殊群体"为主题的基层文化志愿服务活动，组织各地各单位的文化志愿者深入社区、广场和敬老院等，为老年人送去了免费文艺演出、科普讲座、文化展览等文化服务，收获了良好的效果。在智能技术融入方面，许多省市通过实施"智慧助老"专项行动，为老年人提供智能手机使用、电信防诈骗等培训服务，帮助老年人迈过"数字鸿沟"。此外，各地也正探索在养老机构、社区居家养老服务中心建设智慧养老云平台，让老年人充分享受互联网带来的便利。比如，一些地方由政府建立的"虚拟养老院"可以通过电话、网络等信息管理系统接收居家老人发送的需求指令，由养老服务企业和人员上门为老年人提供包括文化娱乐、陪同就医、家政服务在内的多项服务，让老年人轻松实现居家养老。借助网络，"文化养老"已经打破了原有的现实范围，智能化的服务得到了更加广泛的延伸，承载着更大数量老年人的养老需求。

但目前而言，我国文化养老仍然存在许多问题，政府补贴力度不足、购买服务能力不强，社会力量参与度不够广泛、养老文化产品市场开发不足，广大社区工薪阶层的老年人缺少进行文化休闲活动及接受继续教育的师资、场地和资源等。以江苏省为例，据江苏省老龄产业协会统计，江苏老年人已达1800多万，目前的200所老年大学招收10万名学员，远远满足不了广大老年人的文化养老需求。在老龄化社会现状下，只有老年人的心理和身体都得到照料，才能获得有尊严和有品位的生活。面对"文化养老"的趋势，老有所养、老有所乐、老有所安，是全社会的共同期盼，也是全社会相向而行的全民行动。

# 第六章　互联网式治理的传播与保障

传播与保障作为本书构建的公共文化服务体系中行为系统的重要组成，以公共文化服务供给为核心行为，与决策、评估合力为公众提供精准有效、极具生命力的优质文化服务保驾护航。传播是推广公共文化服务、提高公众认知度的主要宣传阵地，土地、财政、人才等基本保障是公共文化服务得以顺利开展的重要基石。本章节重点聚焦公共文化服务的传播、土地、财政、人才四个方面，探讨互联网时代背景下，公共文化服务传播与基础保障出现的新机遇、新转变、新态势，从当前实践发展中，总结经验，洞悉掣肘，为今后公共文化服务体系的优化与完善提供有益助力。

## 一、公共文化服务的传播

信息传播技术的更新与互联网的广泛应用，使传播领域发生重大变革，深刻地改变了公众的信息传播与接受习惯，重构人与信息的接触模式。在数字化应用大行其道的当下，网络数字平台与公共文化服务的融合更为紧密，它既是拓展公共文化服务辐射触角的有力抓手，也是宣传推广公共文化服务的重要途径。尤其伴随着公共文化服务对传播效能需求的与日俱增，传播能力既是影响公共文化服务发挥效能、提升公共文化服务公众认知度、维护公共文化服务公平性的关键因素，也成为建立健全现代公共文化服务体系的重要指标之一。

在各省市地区因地制宜、因时制宜的探索实践中，既有值得我们借鉴的好做法与成功经验，也有值得我们反思的问题与不足。本章节主要从传播政策、传播主体、传播渠道、传播形式四个维度分析研究当前我国公共文化服务传播的发展现状，期望能对提高公共文化服务传播能力有所启示。

（一）传播的政策

党的十八届三中全会首次提出要构建现代公共文化服务体系，并把整合基层、加强文化宣传作为体系建设的主要内容之一。在中共中央办公厅、国务院办公厅印发《关于加快构建现代公共文化服务体系的意见》（2015年）中进一步明确提出提升公共文化服务的现代传播能力、加快构建与我国经济社会发展实际相适应的现代文化传播体系要求的同时，也为我们明确了公共文化服务传播的界定范围。从狭义上讲，它主要是指我们日常生活中所接触的公共文化服务内容的宣传推广，既包括以互联网数字媒体、广播电视为代表的线上传播，也包括以公共文化机构为载体的线下传播。从广义上讲，公共文化服务传播涵盖了基础信息技术工程与设施的建设完善、覆盖网络与传输渠道的搭建与拓展及互动电视、手机电视等业务形态、传播载体与数字出版、移动应用等产品形式的创新，既强调保障信息传播的高效快捷，又注重传播环境、传播内容的安全有序。

而2017年3月开始正式实施的《公共文化服务保障法》中所提出的推动现代信息技术和传播技术的运用、促进优秀公共文化产品的传播、鼓励新闻媒体积极开展公共文化服务的宣传报道等内容无疑把加强传播予以法律形式的确认。随后，部分省市也陆续出台了地方条例，从不同层面规范公共文化服务传播。

《湖北省公共文化服务保障条例》不仅对公共文化设施与机构的传播内容、效果做出具体要求，还明确规定了广播、电视、报刊、网络等新闻媒体在公共文化服务传播中的具体职责，即"应当对重点公共文化产品创作生产和重大公共文化活动品牌进行策划报道、动态跟踪、专题访谈和热点评论，加强优秀公共文化产品和活动的传播推广"❶。《陕西省公共文化服务保障条例》要求公益性文化单位应加强线上线下相结合，倡导建立产学研的联动机制，加强应用研发，促进公共文化服务传播形式与渠道的创新。安徽省、上海市、天津市等地的相关保障促进条例均强调要充分利用公共文化设施，以优质公共文化产品与文化品牌促进公共文化服务的传播与推广；四川省以"文化四川云"为平台，拓展公共文化传播渠道；江苏省、重庆市从推进公共文化服务与科技、互联网

---

❶ 参见《湖北省公共文化服务保障条例》第27条。

融合发展角度，增强文化信息资源的传输、存储、供给和远程服务等能力。全国各级政府相关政策法规条例的陆续出台，为提升现代公共文化服务传播能力提供制度保障与支持。

（二）传播的主体

以微信、抖音、微博等为代表的新媒体强势侵入传播领域，使传播者与接收者的界限逐渐消解，以政府、公共文化机构等为主体的传统公共文化服务传播体系受到冲击，并逐渐走向瓦解，公众不再是被动的信息接收者，而更多地成为信息的生产者与传播者。"人人皆是传播者"的全民传播时代的到来，完成了由政府、服务主体单向传播向多元主体互动传播的转变，也让公共文化传播的主体变得更为多元。随着开放、共享理念的深入人心，过去因政府、公共文化机构与公众间信息不对等而造成的壁垒被打破，公众对文化资源、文化内容选择自由度的极大提升与评价表达意愿的不断增强，让公众逐渐掌握了文化传播的话语权，"口碑传播"作为当前网络社会最具社会认可度的一种传播方式，正逐渐成为扩大传播效能的主力军，发挥着不容忽视的作用。

2018 年，由凤凰卫视和故宫博物院联手打造高科技互动艺术展演《清明上河图 3.0》一经出现就吸引了 141 万人次观赏，这主要得益于公众自发的"二次传播"传播效应，不仅刷屏了微信朋友圈，还迅速成为当年微博的热门话题，微博总阅读量达到 552.9 万，并为之后其他地区展演相关内容树下良好口碑；中国国家博物馆推出"今天是你的生日"快闪短视频，超话阅读逾 6 亿次，讨论 192 万次。这种公共文化服务主体发布文化活动信息、公众借助微信、微博、抖音等网络传播载体主动参与信息扩散的传播形式，也促使天津滨海图书馆、上海油罐艺术中心等一系列"网红"公共文化服务设施的出现。

在 2020 年初新冠疫情的影响下，以微博全民健身话题下的健身教学与打卡视频、各个公共数字文化平台举办的抗疫主题文艺作品征集等为代表的"宅家"文化活动，让公众作为公共文化内容生产者与传播者的意识与身份得到进一步强化。而 2020 年 4 月初的故宫直播，再次印证了公众所具有的强大传播效能。据统计，截至 2020 年 4 月 6 日，相关微博话题讨论量约达 1.84 亿，《人民日报》微博账号发布信息后，公众转发量达到 3.7 万。❶ 以公众为代表的

---

❶ 数据来源：截至 2020 年 6 月 12 日《人民日报》官方微博转发量显示。

新传播主体的出现，为公共文化服务传播力的提升注入新活力，成为公共文化服务活动普及推广的重要推手。

（三）传播的渠道

得益于互联网技术的飞速发展，公共文化服务的传播载体前所未有的丰富与多元。一方面，广播电视、新闻报纸等为代表的主流媒体、公共文化机构官网等传统渠道继续发力，特别是在新冠疫情最严峻时期，广播电视成为普及抗疫知识、凝心聚力的抗疫第一线，电视开机启动画面的宣传海报、告诉村民禁止聚会外出的乡村大喇叭等，在这场抗疫中发挥了不容忽视的作用。另一方面，随着微博、微信、短视频 App、数字平台等新媒体的兴起，以互联网数字平台为载体的线上传播渠道，成为公共文化服务传播的主舞台，并在新冠疫情的持续影响下，互联网打破物理空间限制、实时互动的传播特性所带来的传播红利势必将进一步扩大。

截至 2020 年 3 月，全国 104 个国家及省级图书馆、博物馆、省（直辖市、自治区）直属文化馆均拥有自己的新浪微博账号、微信公众号，并把其作为宣传推广的第一阵地。而根据新冠疫情期间回收的 4563 份有效问卷显示，已有超过 50% 的公众通过社交媒体、公共文化服务机构及地方政务官方网络平台知晓公共文化服务的相关信息，这再次印证了建立完善数字传播渠道与平台的重要性。

（四）传播的形式

互联网时代，一个最显著的特征就是"用户思维"的广泛运用，使得各个公共文化服务机构在充分挖掘互联网、数字技术带来的全新感官体验的同时，更加注重对用户的深度解读，开始从用户的实际体验与需求出发，通过打造公共文化服务品牌、组织文化活动、举办文化节、开展网络直播等多种形式，有针对性地进行公共文化服务传播形式的创新实践，积极探索公众参与公共文化服务传播的新模式。

成都市文化馆开展的"公共文化服务体验师"项目，短短两年时间，已经先后招募三批共计百余人的"体验师"队伍，从公众实际需求出发，有针对性地优化改善公共文化服务项目的同时，通过事前发布体验招募信息吸引公众关注,事中媒体全程跟踪报道直击现场,事后发表《体验报告》及项目改进情况的实时报道与宣传,形成了一套完整的公共文化活动项目宣传推广模式。

上海市则把全民共享的市民文化节作为宣传普及的重要渠道,自2013年开办以来,平均每年举办4.8万～6万项文化活动,惠及人群2400万～3000万,其中直接参与者接近200万人次,有效转变公共文化服务知晓率低、公众参与率低的症结,让公众共享文化建设的成果。

新冠疫情带来了"云剧场""云游博物馆"等形式的直播热潮,这既是服务体验的创新,也是公共文化服务传播的一次尝试;既有助于激活公共文化服务机构的潜在用户群,也助力提高公众对公共文化服务平台、对公共文化服务内容的认知度,提升服务的普及度。例如,由国家文物局牵头举办的"在家运用博物馆"系列活动,仅一天的播放量就已达2676万次;苏州博物馆等八家展馆共同举办的"博物馆云春游"活动,仅苏州博物馆就吸引了58万观众共同参与,让博物馆突破地域限制,真正走进全国观众的视野。

(五)现存的问题

在互联网、数字信息技术的影响带动下,公共文化服务传播能力得到扩展与提升,但也应当注意到,当前我国公共文化服务的传播体系并不完善,传播潜力未能充分发掘,由此带来的公众知晓度低、公众参与率低等问题严重制约公共文化服务实际效能的提升。据调查,仍有40.40%的公众并不知晓当地公共文化机构开放的相关服务与文化活动(见图6-1)。

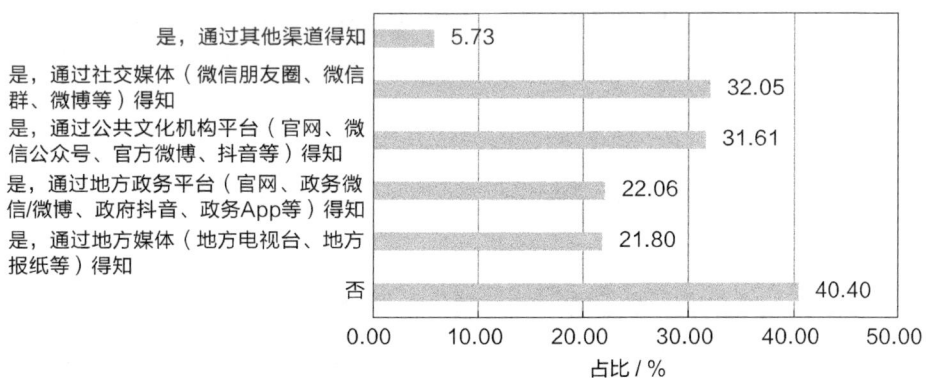

图6-1 公众对公共文化服务的知晓情况及知晓途径

究其原因,一是顶层设计关照明显不足。尽管国家在2015年就已提出构建现代公共文化服务传播体系的要求，但除湖北省、陕西省等少数地区对公共文化服务传播作出相对较为具体的要求外，大多数地区仍仅把传播作为提升供给能力与服务内容质量的附属品，传播作为现代公共文化服务体系重要一环的主体地位未能得到足够的认识，传播基础设施的构建完善、传播环境的营造、传播主体职责的明晰、传播效果的标准、传播内容与载体的监管反馈渠道及奖惩制度的确立等相关体制机制亟待建立与完善。

二是传播理念的僵化。信息技术、融媒体技术的应用普及，减少了文化传播的成本，缩小了公众与公共文化服务间的距离，也改变了二者间文化传输的关系。在"全民传播"的时代，公众既是文化接受者，也是生产者、传播者。公共文化机构不再是公众获取文化资源的主要渠道，公共文化服务平台仅凭借单纯的信息发布已难以吸引公众追求个性化、差异化的目光。

三是传播渠道和方式单一。公众主要依靠微信或官方网站获取公共文化项目和活动的相关信息，关注信息的人群相对固定，微信、微博等社交媒体粉丝新增难度大，在线互动活跃度低，丧失新媒体"去中心化"后带来双向传播、二次传播的优势。这种单一不仅指社交媒体、直播平台等新媒体间缺少资源、渠道的整合与联通，更在于线上线下传播渠道与传播方式间存在的无形壁垒，割裂了二者相互映衬、彼此关照的联系。

四是专业宣传策划人才的匮乏。公共文化服务机构的宣传策划人员多是机构工作人员兼任，缺乏对新媒体传播特点的敏锐把握，缺少传播、营销、策划等必备的专业知识和技能，对公众尤其是年轻群体的兴趣点与需求点难以准确把握、精准预判，导致传播效果往往事倍功半。建立完善的公共文化服务传播体系既是提升公共文化服务效能的关键前提，也是推进现代公共文化服务体系建设的必然要求。

## 二、公共文化服务的保障

公共文化服务的保障机制是落实公益性、基本性、均等性和便利性的重要保证，是公共文化服务顺利有序开展、内容服务供给高效高质、公众平等享有基本公共文化服务权利的根本前提。土地、财政、人才作为公共文化服务最根本的三大保障，其保障力度与效能将直接关系到公共文化服务的供给质量与效能。随着互联网对公共文化服务影响的不断深入,"管放服"改革的进一步深化,以政府为主导、社会力量为补充的公共文化服务保障机制也必然随之改变。

（一）土地保障

文化用地是公共文化服务最重要的物质载体,对公共文化服务体系建设起着重要承载与支撑的作用,是保障公众获得文化服务的前哨堡垒,也是提高公共文化服务效能、保证公共文化活动有序进行的根本基石。公共文化用地是否得到切实保障,直接关系到公共文化服务设施规划是否科学合理、是否满足人民日益增长的对美好文化生活的需求。从当前我国文化设施用地的现状出发,观察公共文化服务建设现状,无论对推进公共文化服务体系建设更加完善,还是促进城市建设"减少增量、盘活存量"发展理念的转变,都具有十分重要的意义。

就土地性质划分来看,我国现行有两套用地分类标准:一类是原国土资源部于 2017 年组织修订的《土地利用现状分类》,从用途、经营特点、利用方式和覆盖特征角度上,把公共文化设施用地统一归为建设用地下的"文化设施用地";另一类是住房和城乡建设部组织编订的《城乡用地分类与规划建设用地标准》,它从土地使用的方式上,把文化设施用地归于公共管理与公共服务设施用地下文化设施用地,并将其具体细分为图书展览设施用地❶和文化活动设施用地❷两类。不管是《公共文化服务保障法》还是各级政府制定的地方性公共文化服务促进条例,其对公共文化设施建设用地审批规划的制定都是以此为依据。

从我国长期以来公共文化用地的供给方式来看,政府划拨是主体,不仅在《划拨用地目录》和 2019 年修正《中华人民共和国土地管理法》中明确规定了图书馆、博物馆、文化馆、青少年宫、青少年科技馆、青少年（儿童）活动中心等非营利性公共文化设施用地和公益事业用地,可经县级以上人民政府依法批准,以划拨方式取得土地使用权,在北京市印发的《关于保护利用老旧厂房

---

❶ 图书展览设施用地包括公共图书馆、博物馆、档案馆、科技馆、纪念馆、美术馆和展览馆、会展中心等设施用地。

❷ 文化活动设施用地包括综合文化活动中心、文化馆、青少年宫、儿童活动中心、老年活动中心等设施用地。

拓展文化空间的指导意见》等地方政策条例中也特别指出老旧厂房改造后用于兴办非营利性公共文化设施的用地可采取划拨方式办理用地手续。

近年来，随着城市治理理念由粗放型向集约型转变，以精益思维为代表的互联网发展理念也随之深入公共文化服务领域的各个方面，反映在用地政策上，最突出的一点就是带来了公共文化设施用地来源的改变，从过去以征地增建为主转变为充分运用、激活城市的土地存量，在城市微更新的建设发展带动下，拓展公共文化空间。2006 年，北京市在其印发的《土地利用总体规划（2006—2020 年）》中率先提出要充分挖掘和盘活存量土地，积极引导开放和连通城市公共空间。在此总体规划的指导下，北京市又在之后印发的《关于加快推进公共文化服务体系示范区建设的意见》和《关于保护利用老旧厂房拓展文化空间的指导意见》中进一步强调要积极推动疏解后腾退的空间用于公共文化服务，改善和优化公共文化设施布局；要充分挖掘老旧厂房空间资源，提升改造后空间的公共文化功能承载力，提升公共文化服务的保障能力。

国务院也在 2020 年印发的《推动老工业城市工业遗产保护利用实施方案》中，明确要求依托工业遗产资源，融入现代设计观念，打造适宜现代城市生活的公共文化开放空间，这也意味着开始从国家层面推进全国各地开展工业遗产空间转化与城市微空间改造的行动。上海、广州、深圳、沈阳等市在城市更新规划与老旧厂房改造意见中提出要优先满足增加公共文化空间的需要，深圳在此基础上又对改造更新后文化活动中心（8000~10000 平方米）及社区文化活动室（1000~2000 平方米）的具体用地标准做了明确规定。

在各级政府盘活存量政策的引导下，涌现出一批城市腾改空间的典型代表，如北京甘露寺地瓜社区利用街道地下闲置空间改造的社区居民文化共享新空间；上海长宁在"螺蛳壳里做道场"，出现了武夷路的"小白楼"、愚园路街口的"故事商店"等城市微型"文化会客厅"；长春长影旧址博物馆、铜仁市的朱砂古镇、柳州工业博物馆等发挥工业遗产的文化禀赋，提高公共文化服务的承载力。这些以腾退资源为依托的公共文化新空间，真正嵌入城市居民的生活，成为链接情感的新纽带。

在公共文化设施用地标准与人均用地标准方面，我国也有明确规定。《北京市基层公共文化设施建设标准》《上海市公共事业用地指南》《长沙市文化设施用地专项规划》《公共图书馆用地标准》《文化馆建设用地指标》等文件以服务人口数量为依据，确定场馆的建设面积与数量，并严格要求场馆的服务范围与半径。随着我国公共文化建设从求量到求质的转变，山东省出台的《禁止、限制供地项目目录》严格规定各类文化用地面积不得随意超过超标要求；《文化馆建设用地指标》等也在规划中明确规定服务人口数量不足 5 万人的地区，不得设置独立的文化馆，鼓励"一馆多用"，以提升公共文化设施的综合利用率。

此外，在 2008 年发布的《城市公共设施规划规范》中明确规定了我国城市人均文化用地的标准，中小城市人均文化娱乐设施用地为每人 0.8~1.1 平方米，大城市人均用地为每人 0.8~1.0 平方米，同时规定图书和展览及影剧院、游乐和文化艺术类等公益性文化娱乐设施用地面积占比分别不得低于文化娱乐设施总面积的 20% 和 50%（见表 6-1），为我国公共文化设施建设用地划下红线。据统计，截至 2019 年底，全国公共图书馆实际使用房屋建筑面积 1699.67 万平方米，比上年末增长 6.5%，平均每万人公共图书馆建筑面积 121.4 平方米，比上年末增加 7.0 平方米；全国群众文化机构实际使用房屋建筑面积 4518.18 万平方米，比上年末增长 5.5%，业务用房面积 3295.21 万平方米，比上年末增长 4.7%；全国平均每万人群众文化设施建筑面积 322.72 平方米，比上年末提高 15.77 平方米。❶

表 6-1　公益性的各类文化娱乐设施规划用地比例

| 设施类别 | 广播电视和出版类 | 图书和展览 | 影剧院、游乐和文化艺术类 |
| --- | --- | --- | --- |
| 占文化娱乐设施规划用地比例 | 10% | 20% | 50% |

从公共文化用地保障与扶持鼓励措施来看，一方面，《公共文化服务保障法》及地方公共文化服务促进条例把公共文化用地纳入本级城乡规划，并对土地性质、用途等方面予以立法保护，从根本上保证了公共文化用地的安全性。另一方面，部分省市也从政策、税收、用地奖励等方面，鼓励社会力量积极参与公共文化设施的建设。比如，北京市要求加强老旧厂房保护利用，通过功能性流转和创意化改造，建设新兴城市公共文化空间；上海市提出为地区提供公

---

❶ 文化和旅游部.2018 年文化和旅游发展统计公报.[EB/OL].(2019-05-30)[2021-12-18].https://www.chnlib.com/wenhuadongtai/2019-05/1049641.html.

共性设施或公共文化开放空间的单位或机构,可在原有建筑总量的基础上予以适当增加经营性面积的奖励;广州市鼓励市、区政府对参与剧场、博物馆、美术馆等公共文化设施投资兴办的社会力量给予用地方面的政策支持;广西壮族自治区规定,公益性文化设施建设和相关配套设施项目的行政事业性收费可依据相关规定批准后进行减免。江西省、浙江省对农村各类公益性文化体育场馆及图书馆、纪念馆等未成年人校外活动场所免征房产税和城镇土地使用税。这些措施在一定程度上激发社会力量积极参与热情,有利于盘活好、利用好存量土地,为公共文化服务发展注入活力。

但当前公共文化服务在用地保障方面仍存在一些不足,一方面,文化用地专项的政策法规有待确立。尽管各地对公共文化用地均有不同程度的探索,北京、上海、济南、湘潭等地也陆续出台了公共文化设施用地的专项规划,国家也对公共图书馆、文化馆等主要公共文化设施的用地建设制定标准,但总的来说都比较零散,尚未形成统一的文化用地体系。公共文化服务体系建设不仅限于供给网络的完备与高效,更在于筑牢土地保障的根本基石,推动公共文化用地相关政策法规的出台,无疑是从顶层设计上规范好、利用好、活化好公共文化设施的用地。另一方面,公共文化设施用地指标未能形成统一标准。两套用地标准并行,虽在一定程度上为农业、工业、文化等不同领域用地行为提供指导,但在具体的范围界定上却存在明显的差异,各级文化部门、文化机构在进行公共文化设施用地规划与申报时往往难以同时兼顾,导致审批程序复杂化,增加行政成本。

此外,公共文化用地的监管机制也有待强化,尽管在《公共文化服务保障法》等相关法律条例中对侵占、挪用、更改公共文化设施用地行为予以法律处分,但由于双监管部门主体的存在,主体权责落实难,缺少监管机制的整体规划和推进。

(二)财政保障

财政是经济、政治和社会问题的交汇点,财政活动涉及国家治理的全过程。❶ 公共文化服务作为国家文化治理体系的重要组成,关系到公众文化基本

---

❶ 贾康,龙小燕.财政全域国家治理:现代财政制度构建的基本理论框架[J].地方财政研究,2015(7):4—10.

权益的实现程度与满意度。由于公共文化服务本身具有极强的公益性与普惠性，财政投入无疑是保障公共文化服务高质量供给的有力支撑，其投入的充裕度与区域发展的平衡性一定程度上影响了公共文化服务供给能力和均等化水平。❶一方面，公共文化服务的有序运营有赖于政府财政的投入力度。另一方面，政府也通过税收优惠政策、扶持奖励资金等措施来引导公共文化服务体系的建设方向，调动社会力量参与的积极性，缩小城乡差距、缓解区域发展的不平衡，以保证最大限度实现公共文化服务供给公益性和均等性。

随着"十三五"规划明确提出到2020年公共文化服务体系基本建成发展目标的要求，"补短板"成为这一时期公共文化服务体系建设的重要内容，这也引起公共文化领域财政投入的转变。一是加大文化和旅游事业费的投入，完善公共文化服务基础建设。据统计，我国文化和旅游事业费已从2017年的855.8亿元增长到2019年的1065.02亿元，增长了24.4%，文化和旅游事业费占财政总支出的比重也从2017年的0.41%上升到2019年的0.45%，增加了0.04个百分点（见图6-2）。❷2020年是基本建成现代公共文化服务体系收官之年，2019年人均文化和旅游事业费的投入也迎来一个小高峰（见图6-3），截至2019年，我国人均文化和旅游事业费达到了76.07元（见图6-4）。

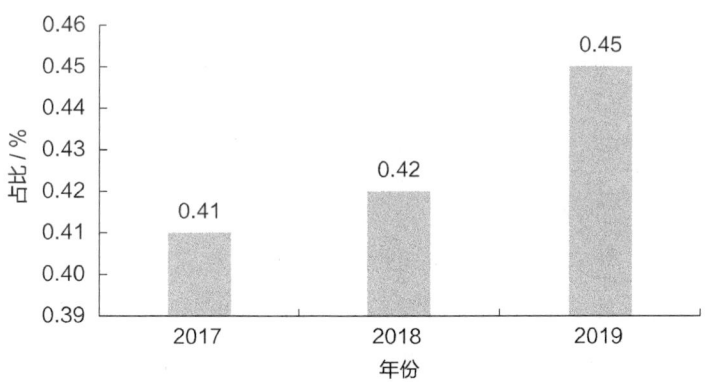

图6-2 文化和旅游事业费占财政总支出的比重

---

❶ 张启春，范晓琳.以标准化示范促进基本公共服务均等化：基于H省G县基本公共文化服务标准化示范实践的分析［J］.湖北行政学院学报，2017（6）：77—82.

❷ 文化和旅游部.2019年文化和旅游发展统计公报［EB/OL］.（2020-06-20）［2021-12-18］.
https：//www.mct.gov.cn/whzx/ggtz/202006/t20200620_872735.htm.

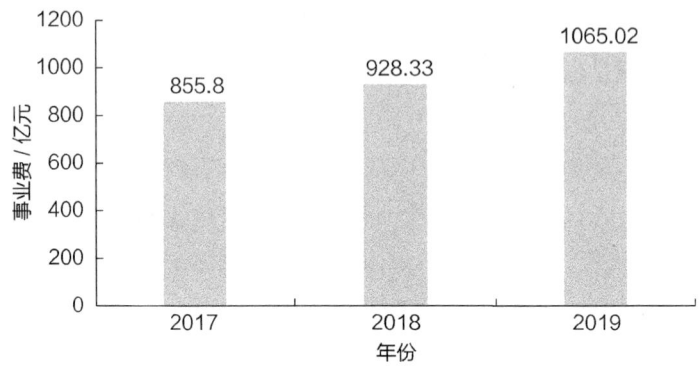

图 6-3　全国文化和旅游事业费

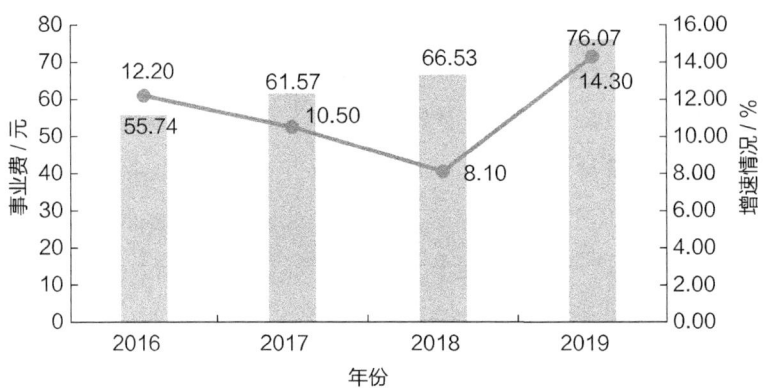

图 6-4　全国人均文化和旅游事业费及增速情况

这一时期，我国公共图书馆的人均图书占有量由 2016 年的 0.65 册增加为 2019 年的 0.79 册；博物馆的接待人次由 2016 年的 8.5 亿人次增长到 2019 年的 11.47 亿人次；群众文化机构的活动次数与服务人次分别增长了 33.2% 和 35.96%。❶ 我国公共文化人均资源量、供给能力及辐射能力得到显著提升。

二是实行财政资金转移支付制度，它是在一定的财政体制安排下，按照法律和政策要求将财政资金无偿地由上级政府转移给下级政府，一般分为一般性转移支付和专项转移支付。❷ 在公共文化服务领域，专项转移支付占据了主要

---

❶ 文化和旅游部. 2019 年文化和旅游发展统计公报［EB/OL］.（2020-06-20）［2021-12-18］. https://www.mct.gov.cn/whzx/ggtz/202006/t20200620_872735.htm.

❷ 江光华. 北京市公共文化转移支付制度研究［J］. 北京社会科学，2009（6）：14-19.

地位，与一般性转移支付不同，专项转移支付明确规定下拨资金的具体用途，也就是通常所说的"戴帽金""专项补助资金"。

在项目类型上，专项补助资金更具针对性、灵活性与动态性。由于扶持项目的选择，往往是依据当前公共文化服务建设发展实际，以公众实际文化需求为立足点，因而每年的补助项目并不固定，补助扶持的重点也更为明确。面对当前国家大力推动公共文化数字化建设的需求，公共文化数字平台建设、内容供给等方面成为急需补足的"短板"，从 2016 年到 2019 年，中央下拨的专项补助金额已连续四年超过 5.6 亿元；而随着农家书屋、文化站及配套设施的日益完善，"流动文化车""盲人数字阅读推广工程智能听书机"等项目逐渐退出中央专项文化事业补助资金的扶持范围。

在扶持力度上，呈现出西多东少的特征。由于我国东、中、西部地区经济发展水平存在明显差异，中、西部地区经济发展水平相对较低，地方财政对公共文化服务投入的经费有限，公共文化服务体系建设所需的人力、物力、财力远不及东部地区。有钱投资、无钱运营的窘境严重制约中、西部地区公共文化服务的发展，这也造成了东部与中、西部地区在公共文化服务基础设施完善度及机构自我造血能力方面存在明显的差距。

中西部地区公共文化服务机构对财政投入的依赖性更强，截至 2019 年，我国用于"三馆一站"免费开放的中央补助专项资金已连续四年超过 20 亿元，其中，中、西部地区所占比重超过 90%；2020 年 6 月出台的《公共文化领域中央与地方财政事权和支出责任划分改革方案》中对免费或低价开放的基层公共文化服务设施扶持力度进一步细化为五档❶的同时，也明确提出中央财政对中、西部地区的分担比例要达到 60% 以上的要求。

相较而言，东部地区公共文化机构的自主性明显更强，如北京朝阳文化馆通过运作 9 剧场和兵马俑系列展览等项目实现年创收突破 2000 万元，主动要

---

❶ 第一档包括内蒙古、广西、重庆、四川、贵州、云南、西藏、陕西、甘肃、青海、宁夏、新疆等 12 个省（自治区、直辖市），中央财政分担 80%；第二档包括河北、山西、吉林、黑龙江、安徽、江西、河南、湖北、湖南、海南等 10 个省，中央财政分担 60%；第三档包括辽宁、福建、山东等 3 个省（不含计划单列市），中央财政分担 50%；第四档包括天津、江苏、浙江、广东等 4 个省（直辖市）及大连、宁波、厦门、青岛、深圳等 5 个计划单列市，中央财政分担 30%；第五档包括北京、上海等 2 个直辖市，中央财政分担 10%。

求财政差额拨款❶；2018年，苏州博物馆文创产品收入就已超过2073万元，有效减轻对地方政府财政投入依赖的同时，也必然造成中央对不同地区文化事业扶持力度有所倾斜与侧重，呈现出东、中、西部补助资金依次递减的现象（见图6-5）。面对我国公共文化服务体系建设水平和供给能力存在区域性差异的现状，由中央下拨给地方的专项转移支付无疑成为有效解决地区公共文化服务不均衡的重要途径。

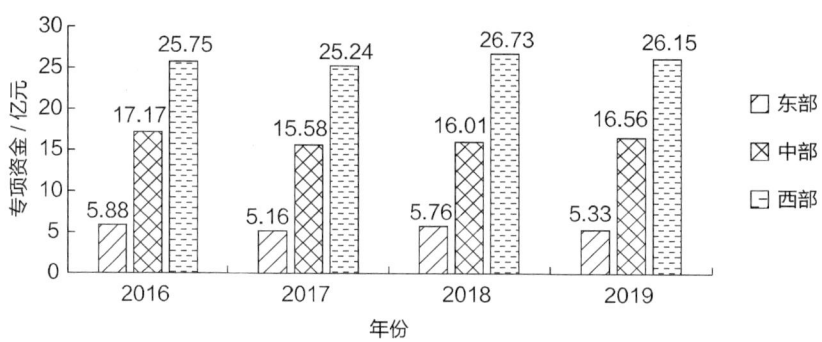

图6-5　中央补助东、中、西部文化事业专项资金

三是充分发挥税收优惠与政府购买引导主体、激发活力的作用。税收作为调节资源配置的有力杠杆，是社会资源公平分配的有力保障，在公共文化服务领域也是如此。一方面，通过免征增值税与先征后退政策，缓解公共文化设施、机构的运营成本压力。比如，我国一直以来实行的免征纪念馆、文物保护单位管理机构、美术馆、展览馆、书画院等场所的第一道门票收入增值税政策；财政部、国家税务总局联合下发的阶段性免征科普单位和科普活动的门票收入、有线数字电视维护费和基本收视费增值税等，都在一定程度上为其提供良好发展环境。另一方面，通过税收优惠政策，鼓励引导个人、企业及社会组织通过资金或项目捐赠、成立基金会等方式积极参与、扶持公共文化服务发展，拓展资金引入渠道。比如，广东省博物馆事业发展基金会2016年至今已为67个公益性文博项目提供过资助；杭州市图书馆基金会2018年至2019年资助金额超过46万元，受益人数近3万人。❷

此外，各级政府也大力推动政府采购公共文化服务。比如，云南省不仅把

---

❶ 改制20年 朝阳文化馆获市委书记点赞［N］.新京报，2017-09-10.
❷ 数据来源：杭州市图书馆事业基金会官网（https://www.tsgjjh.org.cn/project/projectList）.

政府购买服务资金纳入本级财政预算,还对政府新增公共文化服务支出中政府购买服务比例作出不低于30%的具体规定;广东省三乡镇每年用于采购公共文化服务的资金,从2016年的123万元增加到2019年的135万元。政府购买公共文化服务,不仅有助于调动社会力量参与积极性,提升内容供给专业化,也在一定程度上减少政府财政的支出,如无锡新区图书馆通过服务外包,与同类图书馆相比,约减少了2/3的运营成本。

但也应当看到,当前我国公共文化服务在财政保障机制方面仍存在一些问题。一是财政支出虽有提升,投入力度仍显不足。自2000年以后,全国文化事业费在财政总支出中所占比重已连续15年始终徘徊在0.38%左右。尽管2019年全国文化和旅游事业费达到1065.02亿元,同比增长14.7%,在国家财政总支出中占比也达到0.45%,突破零增长(见图6-6),但其最关键一个原因在于统计范围的改变,在2019年的统计中,首次把旅游纳入文化事业费的统计之中,从这角度看,很难对2019年的增长持乐观态度。

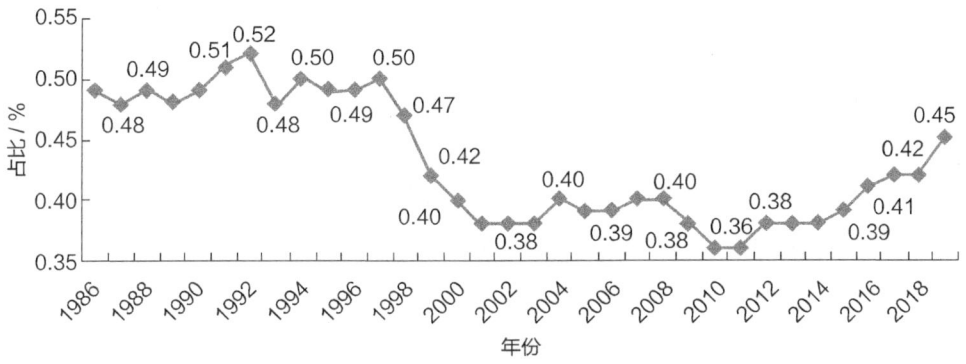

**图 6-6　全国文化事业费占财政总支出比重**

二是财政资源配置结构和文化事业经费支出结构有待优化。专项补助资金最大的优势在于专款专用,可以有效补足当前发展中最迫切的"短板"问题。公共数字文化建设作为公共文化服务的线上延展,与线下服务共同构成了现代公共文化服务体系,尤其在此次新冠肺炎疫情的冲击下,建立完善公共文化数字服务的必要性与迫切性不言而喻,但在当前实行文化事业补助资金分配中,财政支出已连续四年未曾调整,且比重不超过总补助资金的12%。与之相对,"三馆一站"免费开放补助资金占比已连续四年超过42%(见图6-7)。我们应该看到,"三馆一站"免费开放补助资金的作用不在于扶持公共文化服务机构或设施的运营发展，而是在于帮助机构、设施度过骤然缺少门票收入而带来的运营困难，为其转变运营理念，探索创收新途径提供缓冲期。随着各公共文化服务机构、设施陆续完成运营转型，专项补助资金将呈现逐渐下降的趋势。面对当前重点建设项目补助资金占比不高，辅助运营资金占比略有提升的现状，财政资源配置结构亟待优化。建立健全公共文化财政支出体系，优化财政支出结构，加强财政支出实际使用效率的监管机制，既是数字化、智慧化加速发展的时代要求，也是构建现代化公共文化服务体系的基石。

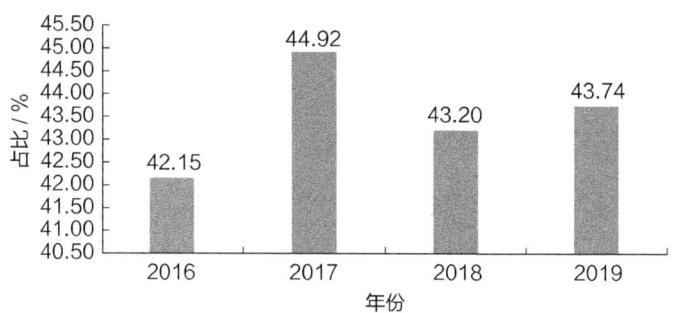

图6-7 "三馆一站"免费开放占补助资金总支出比重

三是公共文化服务资金渠道有待拓展。近几年，随着创新治理理念的提出，"放管服"改革与"减税降费"政策得到进一步深化与落实，社会力量在公共文化服务供给中的参与比重不断提升，但大部分基层公共文化服务的运营资金来源仍较为单一，以财政投入、政府购买、专项资金为主的资金获取方式，显然难以适应发展的现实需求。

（三）人才保障

在公共文化服务体系中，人才作为公共文化发展的关键一环，是丰富文化内容、优化服务质量、创新服务形式的助推器。公共文化服务从业队伍数量的多少、质量的高低直接关系到公众获取文化服务的体验感与满意度，只有不断壮大人才队伍，提高从业人员专业能力，才能不断激发公共文化服务的创新活力，为公共文化服务提供不竭动力。因此，建立具有一定规模、专业能力强的专业人才队伍，对于构建现代公共文化服务体系具有重要意义。

近年来，我国稳步推进公共文化服务队伍建设和人才培训，尤其注重基层队伍和志愿者队伍的建设问题。在政策引领方面，2015年印发的《关于加快构建现代公共文化服务体系的意见》重点强调了要完善基层公共文化服务人才激励和保障机制，加强基层乡土文化人才建设，大力实施边远贫困地区、边疆民族地区、革命老区人才文化工作者专项支持计划；《公共文化服务保障法》从法律层面规定了要把公共文化服务专业人才培养纳入国民教育体系；2017年文化部印发的《"十三五"时期公共数字文化建设规划》，主张通过专兼职结合、服务外包、联建共享、分级培训等方式加强公共数字人才队伍的建设。各级地方政府也在中央相关方案意见的指导下，因地制宜出台了一系列具有针对性的具体措施，如广东省提出通过职业教育、委托培养、兼职客座、定期服务、项目合作等方式加强基层人才队伍建设；甘肃省要求文化共享工程基层网点的工作人员必须进行岗前培训和统一考试，通过后方可入职工作；上海市要求做好社区公共文化专业技术人员的职称评聘工作，以提升服务水平和能力。

在人才培训方面，文化和旅游部办公厅每年定期举办"全国基层文化队伍培训工作"，通过示范性培训、巡讲、远程培训等方式，其中《公共文化空中大课堂》作为远程教学的重要平台之一，截至2019年7月，申报加入的全国教学接受点已达到882个，我国公共文化人才培训网络渐趋完善，从业队伍人数、质量得到有效提升。据统计，截至2019年末，我国现有全国公共图书馆从业人员57 796人，比上年末增加194人。其中具有高级职称的人员6966人，占12.1%，同比增长0.6个百分点；具有中级职称的人员18 540人，占32.1%，同比增长0.2个百分点。群众文化机构从业人员190 068人，比上年末增加4431人。其中具有高级职称的人员6675人，占3.5%，同比增长0.1%；具有中级职称的人员17 503人，占9.2%，同比减少0.1%。全国文物机构从业人员16.24万人，比上年末减少0.02万人。其中高级职称10 123人，占6.2%，同比增加0.2%；中级职称21 176人，占13.0%，同比减少0.3%。❶

此外，各省市也开始积极探索线上培训的实践，如广东省图书馆情报继续教育网络学习中心为图书馆从业人员提供超过500门、总学时3500多个小时、课程视频总数超过6900集的免费培训课程；吉林省文旅厅2020年举办的两场公共数字文化工程直播培训课累计收看量超过1.8万人次，参与人数远超线下

---

❶ 文化和旅游部.2019年文化和旅游发展统计公报［EB/OL］.（2020-06-20）［2021-12-18］. https：//www.mct.gov.cn/whzx/ggtz/202006/t20200620_872735.htm.

培训等。在新冠肺炎疫情的影响下，以直播为主的线上教学方式得到飞速普及，公共文化人才培训应借此契机，进一步推进线上线下培训渠道融合的深度与广度，提升公共文化机构从业人员的服务专业化水平。

在志愿服务方面，文化志愿者可以有效弥补公共文化服务机构人员不足，依据志愿者各自专长增强服务内容供给的专业性与个性化，是公共文化服务人才队伍建设的重要补充。2016年文化部下发的《文化志愿服务管理办法》和中宣部、中央文明办等七部门印发的《关于公共文化设施开展学雷锋志愿服务的实施意见》对开展公共文化志愿服务的内容、范围、条件等方面做出具体的规定，使文化志愿服务走向更加规范化、制度化，推动构建参与广泛、内容丰富、形式多样、机制健全文化志愿服务体系的发展步伐。《公共文化服务保障法》鼓励和支持文化专业人员、高校毕业生和志愿者到基层从事公共文化服务工作，并将其纳入中予以法律形式的保障。2017年国务院签发的《志愿服务条例》，重点强调了志愿服务激励措施，一定程度上调动起公众投身志愿服务的热情。

浙江省、宁夏回族自治区、上海市等省、自治区、直辖市先后修改志愿服务条例，把志愿服务激励工作作为重点内容，而河北省、成都市、太原市、福州市等省市更是率先出台《志愿服务激励回馈办法》，以激励机制促进志愿服务常态化，尽最大努力调动各方积极性，吸纳专业人才，在公共文化服务领域表现尤为显著。目前，广东省注册文化志愿者超过9万人，上海文化志愿服务队伍约5200支、北京注册文化志愿者3万余名；湖北、山东等省建有专门的文化志愿服务数字平台，开放志愿服务供需渠道。江阴市香山书屋的"志愿者时间银行"自2015年上线至今，已经拥有志愿者12492人（江阴市志愿者总量35万），无疑为优化推广志愿者服务提供一种新模式。

群众文化艺术团体既是公共文化服务的受益者、参与者，也是各种文化艺术作品与活动的主要提供者。截至2019年末，全国群众文化机构共有馆办文艺团体8094个，演出17.65万场，观众7564万人次。由文化馆（站）指导的群众业余文艺团体42.61万个，同比增长3.7%。❶这些群众文艺团体成员来

---

❶ 文化和旅游部.2019年文化和旅游发展统计公报［EB/OL］.（2020-06-20）［2021-12-18］.https://www.mct.gov.cn/whzx/ggtz/202006/t20200620_872735.htm.

自社会各行各业、各个阶层，有着最广泛的群众基础，对公众的实际文化需求有着敏锐的感知力，是活跃于基层中的"文艺轻骑兵"。增强群众团体建设的规范化、制度化、常态化，充分发挥群众团体的实践先导作用与潜移默化影响力，对活跃公众文化生活、丰富公共文化内容、营造百花齐放艺术氛围、提高公共文化供给精准化和有效性具有不同忽视的推动作用。

然而，公共文化人才队伍建设仍有不足之处，一是缺少完备的人才培训体系，当前培训体系多为巡讲或专题讲座，相关技能的实践培训与指导明显不足，使各公共文化机构从业者、志愿者、群众团体的服务质量参差不齐，中高级从业人员增长缓慢。同时，激励与考核机制的不完善，也使从业者、志愿者难以充分发挥自我完善、主动参与的积极性。二是缺少人才交流与多元的志愿服务渠道，与高等院校、科研院所、文化企业等合作效能潜力未能充分发挥，合作形式单一、模式僵化，未能形成人才引进、培养、转化三位一体的良性循环。三是公共数字文化专业人才数量不足，多是机构其他工作人员兼任，缺乏大数据分析、新媒体、数字化应用等必备的专业知识和技能，对公众需求难以准确把握、精准预判，将极大制约未来公共文化服务的数字化、智慧化发展。

# 第七章 互联网式治理的评估指标体系构建

本书基于相关理论基础已清晰梳理互联网式治理下公共文化服务的决策回应、内容供给与职能拓展、传播与保障。基于现有研究成果和本书对互联网式治理的创新性研究，构建互联网式治理公共文化服务评估指标体系，通过服务评价来检验和推进公共文化服务建设是互联网式治理下完善公共文化服务体系的必然要求。构建科学合理的评估指标体系是评价互联网式治理公共文化服务效能的核心环节，在本章节中，基于公共文化服务治理在互联网时代下的特殊性，采用内容分析法和相关统计方法形成评估体系，并进行测验与应用，以此检验评估指标体系的可执行性。

## 一、国内相关评估指标体系回顾与梳理

从国际来看，20世纪中叶以前文化政策一直未被政府所重视，绩效评估作为一个新的研究领域并大规模应用在实践中始于20世纪70年代末的公共管理运动，绩效评估成为评估政府公共服务的重要治理工具之一。❶20世纪80年代初我国开始研究建立和健全一套符合我国国情、具有中国特色的社会统计指标体系，国家统计局社会统计司于1983年公布的《社会统计指标体系（草案）》提出十三个大类指标综合反映一定历史条件下的社会面貌，其中将"文化与体育"作为第十大类指标来反映人们参与文体活动的情况。❷经1989年调

---

❶ 寇垠，黄凤. 我国公共文化服务绩效评价体系研究现状与展望 [J]. 文化软实力研究，2016，1（4）：68-75.

❷ 社会统计指标体系（草案）简介 [J]. 统计，1983（12）：10-12.

整和修改后，我国建立第二套社会统计指标体系，提出十五个大类指标，其中将文化和体育分开，文化被单列为第十一大类指标。其后，文化指标一直作为大类指标进行统计，涵盖了公共文化、文化产业、文化创意、文化遗产等内容。❶ 从 2005 年"公共文化服务"在官方文件中明确提出，到 2016 年《公共文化服务保障法》的出台，及近年公共数字文化服务建设，我国政府对公共文化服务越发重视，公共文化服务评估指标体系在理论研究和具体实践上得到长足发展。

在国家层面，中共中央办公厅、国务院办公厅于 2015 年 1 月印发《关于加快构建现代公共文化服务体系的意见》（以下简称《意见》），《国家基本公共文化服务指导标准（2015—2020 年）》与《意见》一同印发。❷ 该标准是国家颁发的指导性标准，从基本公共文化服务项目与内容、硬件和文化设施、人员配备和编制等方面对各级政府作出明确规定，以加快构建现代公共文化服务体系，保障人民群众的基本文化权益。2015 年 4 月，文化部、财政部修订《国家公共文化服务体系示范区（项目）创建工作方案》，并发布《第三批国家公共文化服务体系示范区（项目）创建标准》，启动第三批示范区（项目）创建工作。❸ 示范区创建标准实行东、中、西部三套方案，围绕公共文化设施网络建设、公共文化服务供给、公共文化服务与科技融合发展、公共文化服务社会化建设、公共文化服务体制机制建设、公共文化服务保障、其他等七个方面，设置 32 个考核项目和 94 项指标，评选具有典型示范带动作用的城市和单位，探索建立公共文化服务体系可持续发展的长效保障机制，为同类地区提供经验借鉴。2018 年 5—9 月，国家公共文化服务体系示范区（项目）创建工作领导小组办公室组织开展验收工作，于 2019 年 3 月公布结果。在第三批公共文化服务体系示范区（项目）名单中，共确定 30 个城市（区）作为本批国家公共文化服务体系示范区，54 个项目作为本批国家公共文化服务体系示范项目。

---

❶ 杨永恒，龚璞，潘雅婷. 公共文化服务效能评估：理论与方法［M］. 北京：科学出版社，2018：11.

❷ 关于加快构建现代公共文化服务体系的意见［EB/OL］.（2015-01-14）［2021-11-28］. http://www.gov.cn/xinwen/2015-01/14/content_2804240.htm.

❸ 关于国家公共文化服务体系示范区（项目）创建工作的通知［EB/OL］.（2015-04-30）［2021-12-18］. https：//www.mct.gov.cn/whzx/zxgz/gjggwhfwtxsfqcjgz/201504/t20150430_796684.htm.

针对公共文化服务机构，文化和旅游部、国家文物局等文化行政部门定期对公共文化服务机构进行评估定级工作。以博物馆评估定级为例，我国现行的博物馆定级评估体系始于2008年，2008年以来，国家文物局、中国博物馆协会先后组织开展了三轮博物馆定级评估工作，累计评出国家一级博物馆130家、国家二级博物馆286家、国家三级博物馆439家，合计855家，占全国博物馆总数16%（截至2018年5月）。❶2020年开展第四轮博物馆定级评估工作，采用2019年12月最新修订的《博物馆定级评估办法》和《博物馆定级评估标准》（以下简称《标准》）。新版《标准》共设有三个一级评估指标，其下分设13个二级指标、78个三级指标，以及15个加分项。第一类指标是综合管理与基础设施指标，包括法人治理结构、章程与发展规划、建筑与环境、人力资源、财务管理、安全保障、信息化建设等具体指标；第二类指标是藏品管理与科学研究指标，下设藏品管理、学术研究与科技两个二级指标，含藏品数据库、藏品保养制度和措施健全等具体指标；第三类指标是陈列展览与社会服务指标，包括影响力、展示、教育和传播、公众服务等方面。❷新版《标准》的指标体系降低了硬性指标要求，取消不符合实际的"一票否决"设计，不以藏品多寡等作为衡量博物馆质量高低的核心标准，同时完善学术研究、青少年教育、志愿者服务、社区活动等软性指标要求，推动博物馆更好地实现为社会及社会发展服务的职能，将更多的博物馆纳入定级评估的范畴，促进全国博物馆同步发展。新版《标准》鼓励各类博物馆互相帮扶，推动馆与馆之间、博物馆与博物馆协会组织、博物馆与教育等行业协同融合发展，还将学术研究、高清资源开放共享、博物馆资源进校园、馆际交流合作等方面作为加分项目，激励各博物馆创新性、差异化、特色化发展。总体上来看，新版《标准》按照提升精细化管理和服务水平、实现高质量发展的要求，对评估指标设置、权重等进行了优化完善。

除中央所颁布的国家级评价体系外，不少地方政府及文化行政部门结合当地实际情况，在加快构建现代化公共文化服务体系的进程中，出台相应政策

---

❶ 推动博物馆高质量发展 更好满足人民美好生活需要：国家文物局博物馆与社会文物司（科技司）有关负责人解读新版《博物馆定级评估办法》等文件［EB/OL］.（2020-01-20）［2021-12-18］. http：//www.ncha.gov.cn/art/2020/1/20/art_1967_158458.html.

❷ 数据来源：《博物馆定级评估标准》（2019年12月）。

文件，细化公共文化服务建设指标。2016年4月，深圳市委宣传部、深圳市文旅局联合制定《深圳市"图书馆之城"建设规划（2016—2020）》，进一步提升城市文化软实力。❶ 该建设规划由指导思想、发展原则、总体目标、七项主要任务、六大保障措施组成，对基础设施、云平台建设、馆藏文献、数字资源服务、队伍结构等方面提出明确的量化指标要求。2016年11月，北京市发布《北京市"十三五"时期社会治理规划》，成为全国首个出台的省级社会治理五年规划。❷ 该规划从社会服务、社会管理、社会动员、社会环境、社会关系、党的建设等六个方面，明确提出北京市"十三五"时期社会治理28项主要发展指标，其中在社会服务类发展指标中，提出城市社区"一刻钟社区服务圈"覆盖率达到99.99%和公共文化设施覆盖率达到99.99%共两项公共文化服务体系建设发展指标。2019年3月，河北省沧州市发布《沧州市公共文化服务体系建设三年提升计划（2019—2021年）》。❸ 该计划围绕公共文化设施网络建设、公共文化服务供给、公共文化服务与科技融合发展、公共文化服务社会化建设、公共文化服务体制机制建设、公共文化服务人才保障等六个方面作出明确要求，以解决当地公共文化服务体系建设不平衡不充分的矛盾，巩固提升其国家公共文化服务体系示范区创建成果。

在学术研究方面，众多学者已在尝试构建公共文化服务相关评估指标体系。多数学者集中于对公共文化服务绩效评估体系的研究，胡税根、莫锦江、李军良基于"投入—产出—效果"模型，并遵循SMART指标体系设计原则和"4E"评估方法，构建了公共文化资源整合绩效评估指标体系，其中包括公共文化资源投入类、公共文化资源产出类、公共文化资源效果类等三项一级指标，下设七项二级指标及77项三级指标，采用主成分分析法进行指标赋权，并邀请45位公共管理专家对各个指标按照李克特量表五点评分法打分，进而

---

❶ 数据来源：深圳市政府信息公开目录系统（http：//www.sz.gov.cn/whj/ghjh/zh_3/201605/t20160504_3615698.htm）。
❷ 北京市"十三五"时期社会治理规划［EB/OL］.（2016-11-23）［2021-12-18］.http：//www.beijing.gov.cn/gongkai/guihua/wngh/sjzdzxgh/201907/t20190701_100228.html.
❸ 沧州市人民政府办公室关于印发《沧州市公共文化服务体系建设三年提升计划（2019—2021年）》的通知［EB/OL］.（2019-03-27）［2021-12-18］.http：//www.cangzhou.gov.cn/zwbz/jggg/625069.shtml.

形成总评估指标评价值。❶ 还有学者对公共文化服务效能进行评估理论和方法的研究，杨永恒、龚璞、潘雅婷基于"投入—产出—效果"逻辑模型构建公共文化服务效能指标体系，提出公共文化服务效能指数由投入指数、能力指数、效果指数、投入效能指数、服务效能指数构成，对原始指标进行 Z 标准化处理后采用功效系数法将指数结果转换为百分制呈现，并对重要性不存在差异的参评指标采用平均赋权，对投入和效果要素下重要性差异大的参评指标采取不同权重，由此形成公共文化服务效能指数的权重结构。❷ 近两年一些学者开始尝试构建公共数字文化服务评估体系，陈则谦、余晓彤等学者通过专家调查的方式进行指标筛选与权重赋值，构建起一个公共文化云服务评价指标体系，包含服务平台、服务资源、服务功能、服务效果、服务管理五项一级指标，下设 12 项二级指标及 40 项三级指标。❸

现行具有行政效力的公共文化服务评估指标和学界关于公共文化服务评估指标体系研究成果为公共文化服务评估指标体系提供了珍贵的参考借鉴和实践基础，但在上文对国内公共文化服务评估体系的回顾中，仍能看出现有研究成果存在不足之处。

（1）评估指标体系发展不健全。现行公共文化服务评估指标体系不完善。我国目前尚未建立科学有效的公共文化服务评估指标体系，现有的评估指标多局限于针对特定工程项目或单一公共文化机构服务评估，全面评价地区公共文化服务体系能力的指标不健全。以中央发布的各项指导政策为基础，各地应当结合当地群众需求、政府财政能力和文化特色，制定适合本地区的公共文化服务评估指标，建立起与国家、地区相衔接的评估指标体系。但目前各地政府对公共文化服务评估指标体系的认知程度和重视程度不同，制定的评估指标体系在实际应用中所发挥的效用也存在明显差异。互联网时代公共文化服务的治理理念、政策和制度演变、机制体制改革都呈现出时代特殊性，现行评估指标缺

---

❶ 胡税根，莫锦江，李军良.公共文化资源整合绩效评估指标体系构建与实证研究［J］.理论探讨，2018（2）：143-149.

❷ 杨永恒，龚璞，潘雅婷.公共文化服务效能评估：理论与方法［M］.北京：科学出版社，2018：11.

❸ 陈则谦，余晓彤，等.公共文化云服务的评价指标构建及应用［J］.图书情报知识，2020（6）：18.

乏时代关照。

（2）评估指标体系科学性尚待提高。现行评估指标存在统计口径差异。一方面，现行公共文化服务评估指标既有采用大文化概念展开评估，也有采用小文化概念实施评估，公共文化服务评估对象范围存在较大差异，从而影响评估结果的实际效用，降低了评估结果的可比性。另一方面，部分指标具体内容的统计口径差异也影响评估指标体系的科学性。比如，对公共文化服务投入，目前较多使用"文化事业费"和"文化体育与传媒支出"两项指标，但在实际统计数据中，以上两项指标的统计范围与公共文化服务领域实际投入存在一定差距，统计范围过大或过小都使得该项指标的实际评估意义科学性降低。此外，目前部分评估指标过分注重规模效应，着重考核财政投入、资源总量、场地面积、设备数量等硬指标，而对公共文化服务质量和服务效果、公众满意度、社会参与度等软指标的考量较少，从而影响评估结果的客观性。投入规模和服务质量齐头并进是公共文化服务发展的理想结果，公共文化服务评估指标体系应平衡规模和质量之间的关系。

（3）评估指标体系功能尚不完善。现行评估指标体系多集中于对绩效的评估，评估指标体系也多基于传统绩效评估的框架来展开，对公共文化服务实际传播效能、对地缘文化的重视程度及保护与开发效能、公众对公共文化服务效果的反馈等环节的设计相对较少，致使评估指标体系功能存在缺失，其整体性、完成度不高。

（4）评估指标体系运行规范缺失。现行公共文化服务评估体系评估过程规范性不足。由于缺乏对评估过程的统一规划和指导，评估过程的封闭性、自主性容易助长评估程序的随意性，又由于评估过程缺乏群众的监督和第三方专业机构的参与，评估结果较难获知。另外公共文化服务评估实施主体因地域、行业等因素存在多样性，各实施主体独立评估，评估结果没有实现共建共享，容易重复评估，造成过程冗余和资源浪费。

## 二、互联网式治理公共文化服务评估指标体系制定依据

（一）政策依据

进入新时代，人民日益增长的美好生活需要和不平衡不充分的发展之间的

矛盾成为社会主要矛盾，公共文化服务则作为社会调和剂，成为满足人民群众对精神文化需要的重要组成部分。❶

在构建现代化公共文化服务体系的实践中，我国各级政府始终发挥着核心引领和推动作用，根据不同时期公共文化服务的特点及人民群众对利用公共文化服务需求的转变，制定和修订公共文化服务政策，并以此作为重要抓手，助力政府切实履行职责。

公共文化服务政策的制定，为公共文化服务体系建设指明了前进方向，也为本书公共文化服务评估指标体系的制定确立了政策依据。研究我国公共文化服务政策的演变规律，为制定互联网式治理下的公共文化服务评估指标体系提供了严谨的参考，公共文化服务政策中的价值理念是评估指标体系的应有之义，其政策目标更应是本评估指标体系的考核重点。

随着《关于加快构建现代化公共文化服务体系的意见》《公共文化服务保障法》等一系列公共文化服务政策法规的制定和出台，推动公共文化服务建设纵深化发展。党的十八届三中全会提出"加快构建现代公共文化服务体系"，"现代"一词则赋予了公共文化服务建设时代性、创新性和开放性的要求。党的十九大提出要完善公共文化服务体系，则是要求公共文化服务在标准化、均等化、社会化、数字化、开放融合、地缘认同等方面实现新的突破。❷

1. 标准化和均等化

保障公民平等地享有基本公共文化权利是公共文化服务政策的核心要义和立足点，公平性、公益性是公共文化服务政策的价值追求所在。针对公共文化资源分配在区域、城乡和不同人群之间存在配置不平衡的情况，通过对公共文化服务的内容和质量制定规范化的标准，以标准化促进基本公共文化服务均等化，是完善公共文化服务体系的新手段。

2015年1月，由中共中央办公厅、国务院办公厅印发的《关于加快构建现代公共文化服务体系的意见》提出，要统筹推进公共文化服务均衡发展，一并下达的《国家基本公共文化服务指导标准（2015—2020年）》要求以国家指导标准为基础，结合各地实际情况制定本地区的实施标准，开展标准化工作。

---

❶ 李少惠，王婷. 我国公共文化服务政策的价值识别及演进逻辑 [J]. 图书馆，2019（9）：18-26.
❷ 曹树金，刘慧云，王雨. 我国公共文化服务政策演进（2009—2018）[J]. 图书馆论坛，2019，39（9）：39-47.

2016年,《公共文化服务保障法》颁布,政府在法律权威的保障下,明确了公共文化服务的内容、种类、规模等规范的标准制度,各级政府保障责任和义务的标准化落实,使得基本公共文化服务均等化在更加成熟、科学的环境下有序推行,实现保障人民的文化权益"兜底"的法律承诺。

2. 社会化

构建现代公共文化服务体系,要求正确处理政府、市场与社会的关系,简政放权,推动公共文化服务社会化,从而建立起以"政府主导、社会参与、多元投入、协力发展"为基本特征的现代公共文化服务治理结构,提高公共文化服务供给能力和总体水平。

《关于加快构建现代公共文化服务体系的意见》(2015年)提出,坚持社会参与的基本原则。引入市场机制,鼓励和引导社会力量参与,建立健全政府向社会力量购买公共文化服务机制。通过改变政府过去"大包大揽"的传统做法,改革自身运作方式,提高政府管理和公共文化服务社会效率,充分发挥社会力量在保障公共文化服务供给、改善社会文化治理等方面的作用,激发社会文化活力和文化创造力。《关于深入推进公共文化机构法人治理结构改革的实施方案》(2017年)提出,推进法人治理结构改革,进一步简政放权,完善运行管理机制,引入社会力量参与,提高运行效率和服务效能,从而提供符合群众满意的精准服务。

3. 数字化

互联网时代背景下,公共文化服务数字化点播的方式越发广泛,公共文化服务与数字技术融合无疑是大势所趋,吸纳数字科技手段创新公共文化服务方式,延伸公共文化服务范围,更是新时代公共文化服务创新升级的必然选择。

《"十三五"时期公共数字文化建设规划》(2017年)提出,到2020年,基本建成与现代公共文化服务体系相适应的开放兼容、内容丰富、传输快捷、运行高效的公共数字文化服务体系。依托三大公共数字文化工程,构建互联互通的公共数字文化网络,打造公共数字文化资源库群,解决区域、城乡之间公共文化服务和资源分布不均衡的问题,有效提升公共数字文化服务效能,实现公共文化服务供需对接互动。《关于开展深入推进宽带网络提速降费 支撑经济高质量发展2019专项行动的通知》（2019年）❶提出，推动移动网络扩容升级，推动开展精准降费。采取举措为开展公共数字文化服务提供便利，刺激公共文化服务数字化消费，切实打通公共文化服务"最后一公里"。

4. 开放融合

开放融合是新时代发展的不逆之势，反映在公共文化服务领域，构建现代公共文化服务体系，"现代"一词正是体现了开放融合的时代要求。《关于加快构建公共文化服务体系的意见》提出，要推进公共文化服务与科技融合发展，加强国际交流，形成多层次的对外文化交流格局。国内公共文化领域首部法律《公共文化服务保障法》以法律形式，保障公共文化服务跨界融合发展，鼓励和支持公共文化服务与学校教育相结合，鼓励和支持在公共文化服务领域开展国际合作与交流等。

5. 地缘认同

党的十九大报告强调，需要坚定文化自信。充分挖掘传统文化、民俗文化等文化资源禀赋，加强文化遗产保护，有利于维系民族团结、增强文化认同、坚定文化自信。《非物质文化遗产法》（2011年）的颁布，将关于文化遗产保护的方针政策上升到国家意志的高度，为开展非物质文化遗产保护工作的长期实施提供坚实的法律保障。《国务院关于进一步加强文物工作的指导意见》（2016年）的颁布，对加强文化遗产保护与传承利用进行了战略规划，制定主要目标，并明确各级政府和主管部门的责任和职责。《国家"十三五"文化遗产保护与公共文化服务科技创新规划》（2016年）的出台，进一步明确"十三五"时期文化遗产保护与公共文化服务科技创新的方向与任务。建立优秀传统文化传承和发展体系，广泛开展优秀文化艺术推广普及工作、促进中华优秀传统文化的传播，既能丰富公共文化产品供给，又能增强人民群众的文化认同感和归属感。

（二）现实依据

互联网时代的公共文化服务治理具有特殊性。互联网式治理公共文化服务的制度思考既要符合现代公共文化服务体系的建设要求，又要与互联网时代相

---

❶ 关于开展深入推进宽带网络提速降费 支撑经济高质量发展2019专项行动的通知［EB/OL］.（2019-05-09）［2021-12-18］.http：//www.cac.gov.cn/2019-05/09/c_1124469535.htm.

适应，融入互联网思维，最终实现公共文化服务的善治，并能与城市发展的其他方面形成协同发展，因此，互联网式治理公共文化服务评估指标体系的制定必须考虑公共文化服务治理在互联网时代下的特殊性。

第一，互联网式治理公共文化服务评估指标体系的制定要融入互联网思维。本书中评估指标体系的构建要树立人本思维，强调用户至上，始终围绕公共文化服务多元主体协同治理、便捷程度、精准化需求导向、用户口碑、用户使用习惯等"以人为本"的理念选取指标。本评估指标体系的构建要融入开放思维、共享思维和融合思维，考量互联网技术在公共文化服务领域的应用，重视公共文化服务领域内的信息资源共享及公共文化服务与科技、教育、文化产业等各行业间的跨界与融合。树立创新思维则是要在本评估指标体系的构建中注重地方在公共文化服务体系、城市治理现代化建设的创造性和前瞻性。融入互联网思维的互联网式治理公共文化服务评估指标体系，就是要破除原有公共文化服务指标体系的局限，打破不同概念、系统间的壁垒，体现互联网时代公共文化服务治理的特殊性。

第二，本书中指出技术基底、主体关系、行为运作和价值观理念四部分协调运作形成公共文化服务体系的互联网式治理。技术基底的应用发展体现出治理的智能化特征，从互联网技术应用、智能设施设备普及、数字平台功能优化、数字资源建设与共享等方面考量本评估指标体系在互联网时代智能化治理的特色；主体的多元共治体现出互联网式治理的社会化特征，由政府主导、公众参与、社会组织和企业互动的多元主体共治是互联网时代公共文化服务体系建设的重要特征，社会化治理自然应成为本评估指标体系重要考量指标；行为的协调运作体现出治理的有序化特征，公共文化服务体系中行为系统的有序化即是实现公共文化服务供给、传播、保障和评估的四运作机制；价值理念的贯彻体现为治理的制度化特征，本评估指标体系的构建需要从制度化治理层面考量地方公共文化服务制度化建设的顶层设计和配套衔接，强调制度建设的标准化与透明化、管理决策的扁平化与权责分明，并综合考量公共文化服务标准化、社会化、智能化、有序化治理在制度层面的体现。

互联网式治理公共文化服务评估指标体系的构建是公共文化服务治理在互联网时代的迫切要求，是公共文化服务治理在互联网时代特殊性的体现。本评估指标体系需融入互联网思维，从制度化治理、有序化治理、社会化治理、智能化治理四个维度构建评估模型,是互联网式治理在公共文化服务领域提出的现实要求。

## 三、互联网式治理公共文化服务评估指标体系设计原则

构建科学合理的评估指标体系是评价互联网式治理公共文化服务效能的核心环节,与评估测算结果的客观性、正确性息息相关。一方面,要秉持一级指标完善稳定,下设指标凸显创新性、拓展性,主客观指标相结合的设计宗旨。另一方面,要全面合理地设置指标,使其具有效度和信度,评估测算结果才能正确、客观、全面地反映互联网时代下公共文化服务的治理能力与发展趋势。在评估指标体系设计、指标筛选和指标数据等方面应充分考虑以下原则。

首先,评估指标体系的科学性与系统性原则。互联网式治理公共文化服务涉及多方面因素,具有综合性、复杂性的特点,这就要求评估指标体系中各项指标须概念清晰、简明实用、内容全面、测算科学、评估标准规范,能科学系统地反映互联网式治理公共文化服务的各方面特征,全面展现其效能、内在机制和发展趋势。

其次,指标筛选要遵循 SMART 原则。第一,指标须是具体的,要切中互联网时代下公共文化服务的运行机制、内在逻辑,不能笼统而定。第二,指标须是可度量的,指标设计需要主客观相结合,需要可量化或行为化的客观指标,也需要包括公众满意度等在内的主观性指标,通过科学方法对二者进行赋权后形成可度量的、主客观指标间可以相互印证的指标体系。第三,指标须是可达的,指标设定与筛选要立足实际情况,在目标层避免设定过高或过低的目标,须是公共文化服务工作在现实情况中付出努力可以实现的。第四,指标须是相关的,是与互联网式治理公共文化服务相关联的,同时指标之间尽量选择统计表征上相关性弱的指标,提升单个指标的效用和独立性。第五,指标须是有时限的,互联网式治理公共文化服务评估指标的筛选须严格以互联网时代的特性为背景。

最后,指标数据的可获得性与可比性原则。指标设定应具有统计基础,确保指标数据可获得和数据质量,对不可直接量化的指标通过科学可靠的方法进行转换赋分,公共文化服务的评估需广泛收集各地的数据资料和信息,包括权

威机构、相关部门等的直接统计数据信息和对相关数据信息进行处理后得到的简介数据和信息，以达到较为准确地反映现实情况并提升测算结果的权威性。同时，要保证指标数据的可比性，数据在时间、地点、计量范围、统计口径等方面要具有可比性，各指标间要相对独立，对数据不全或无法获得的指标应当使用科学方法替代或舍去。

## 四、互联网式治理公共文化服务评估指标体系构建与说明

基于现有研究成果和本书对互联网式治理的创新性研究，此部分探索构建起"互联网式治理公共文化服务评估指标体系"框架，从制度化治理、有序化治理、社会化治理、智能化治理四个维度测量互联网式治理公共文化服务的效能、治理能力与发展趋势，包括四项一级指标、13项二级指标、39项三级指标、16项四级指标及33项五级指标。

制度化体现互联网式治理公共文化服务的价值理念，是公共文化服务的总体设计与规划，从制度建设、组织架构两方面考量；有序化体现互联网式治理公共文化服务的协调运作，是公共文化服务实现的运作机制与内在逻辑，包括公共文化服务的供给、传播、保障、评估四大运作机制；社会化体现互联网式治理公共文化服务的主体关系，是公共文化服务实现的重要一环，由政府主导，公众、社会组织、企业等社会力量参与；智能化体现互联网式治理公共文化服务的技术基底，是公共文化服务创新拓展的技术保障，含智能设施设备、数字平台、数字资源、技术创新等方面。为进入实际应用，对指标进行可操作化处理，列举出四级、五级具体考察指标。互联网式治理公共文化服务评估指标体系框架如下所述。

（一）制度化治理：顶层设计与配套衔接

公共文化服务体系的完善程度是衡量一个国家社会文明进步程度的重要标志之一，公共文化服务体系的构建与完善需要制度的跟进。2010年，我国正式开展国家公共文化服务体系建设制度研究设计工作，进行符合文化发展需求的公共文化服务制度建设。公共文化服务制度建设是中国特色社会主义文化建设的重要组成部分，它的建设应坚持保障人民基本文化权益，坚持标准化、均

等化，同时要保持民族特色与地域特色。这就要求地方公共文化制度建设要在中央整体规划基础上制定出有本地特色的创新性政策规划，从而与中央统筹规划的规范性法律政策一同构成公共文化服务领域的较为完善的政策体系。

制度化治理这一维度的指标主要考察地方在互联网式治理公共文化服务的规划建设完整性和前瞻性。在"制度化治理：顶层设计与配套衔接"一级指标下设制度建设和组织领导两项二级指标，通过考察当地公共文化服务体系整体规划，标准化、均等化、社会化、智能化制度在中央领导下的配套建设与创新，对地方文化的传承与保护，以及当地公共文化机构、组织架构等的积极改革与创新建设情况，衡量当地公共文化服务体系建设在制度层面对国家法律法规的回应程度，以及创新性和前瞻性。"制度化治理：顶层设计与配套衔接"指标体系框架与指标细则（见表7-1）。

表7-1 评估指标体系——制度化治理：顶层设计与配套衔接

| 一级指标 | 二级指标 | 三级指标 | 四级指标 | 指标代码 |
| --- | --- | --- | --- | --- |
| I<br>制度化治理：顶层设计与配套衔接 | I1<br>制度建设 | I11<br>整体规划 | 将公共文化服务纳入国民经济与社会发展总体规划及城乡规划 | I11-1 |
| | | | 将公共文化服务纳入年度工作规划 | I11-2 |
| | | | 制定公共文化服务发展规划 | I11-3 |
| | | I12<br>推动均等化发展 | 将城乡基本公共文化服务均等化纳入国民经济和社会发展总体规划及城乡规划 | I12-1 |
| | | | 制定推进公共文化服务均等化的规划（含意见、实施方案等） | I12-2 |
| | | | 制定保障特殊群体基本公共文化服务的规划（含意见、实施方案等）[a] | I12-3 |
| | | I13<br>推动标准化建设 | 制定基本公共文化服务实施标准 | I13-1 |
| | | | 建立实施标准动态调整机制 | I13-2 |
| | | | 制定公共文化设施管理制度和服务规范 | I13-3 |
| | | | 创建国家公共文化服务体系示范项目 | I13-4 |

续表

| 一级指标 | 二级指标 | 三级指标 | 四级指标 | 指标代码 |
|---|---|---|---|---|
| I<br>制度化治理：<br>顶层设计与配<br>套衔接 | I1<br>制度建设 | I13<br>推动标准<br>化建设 | 创建国家公共文化服务体系示范区 | I13-5 |
| | | I14<br>推动社会<br>化发展 | 制定政府购买公共文化服务的政策文件及相关目录 | I14-1 |
| | | | 制定推进PPP的政策文件 | I14-2 |
| | | | 制定文化志愿服务管理的政策文件 | I14-3 |
| | | | 制定社会捐赠管理的政策文件 | I14-4 |
| | | | 制定推进公共文化机构法人治理结构改革的政策文件 | I14-5 |
| | | | 制定推进文化事业和文化产业融合发展的政策文件 | I14-6 |
| | | I15<br>推动智能<br>化发展 | 制定智慧城市建设规划、文件 | I15-1 |
| | | | 制定数字信息产业发展规划、文件 | I15-2 |
| | | | 制定公共文化服务与科技创新融合发展专项规划 | I15-3 |
| | | | 制定公共文化服务领域科技标准规范 | I15-4 |
| | | | 制定公共文化服务智能化、数字化发展的规划、文件 | I15-5 |
| | | | 制定公共文化智能设施的管理制度与服务规范 | I15-6 |
| | | I16<br>促进地缘<br>认同 | 将文物保护事业纳入国民经济和社会发展总体规划及城乡规划 | I16-1 |
| | | | 将非物质文化遗产保护、保存事业纳入本级国民经济和社会发展规划 | I16-2 |
| | | | 制定非物质文化遗产代表性项目保护规划（含意见、实施方案等） | I16-3 |
| | | | 制定促进特色文化产业发展的规划（含意见、实施方案等） | I16-4 |
| | | | 制定加强传统村落保护发展的规划（含意见、实施方案等） | I16-5 |
| | | | 制定历史文化名城、历史文化街区（村镇）保护规划（含意见、实施方案等） | I16-6 |

续表

| 一级指标 | 二级指标 | 三级指标 | 四级指标 | 指标代码 |
| --- | --- | --- | --- | --- |
| I<br>制度化治理：<br>顶层设计与配<br>套衔接 | I1<br>制度建设 | I16<br>促进地缘<br>认同 | 制定红色文化保护发展的计划（含意见、实施方案等） | I16-7 |
| | | | 制定城市街头艺术、公共艺术空间等营造城市公共文化氛围的规划（含意见、实施方案等） | I16-8 |
| | | I17<br>地方制度<br>创新 | 制定公共文化服务发展的地方性法规 | I17-1 |
| | | | 制定公共文化服务发展的创新性规划、政策文件 | I17-2 |
| | I2<br>组织领导 | I21<br>责任落实 | 责任人为党委政府一把手 | I21-1 |
| | | | 近一年党委政府召开公共文化服务专题大型会议的次数 b | I21-2 |
| | | | 近一年党委政府主要领导批示的次数 | I21-3 |
| | | I22<br>组织架构 | 建立公共文化服务体系建设协调机制 | I22-1 |
| | | | 建立公共文化服务专项工作小组 | I22-2 |
| | | | 公共文化服务职能部门健全 | I22-3 |
| | | | 公共文化机构设置合规 | I22-4 |
| | | | 建立公共文化服务发展智库 | I22-5 |
| | | I23<br>地方机构<br>创新 | 公共文化服务管理体制改革创新 | I23-1 |
| | | | 建立推进公共文化服务社会化、智能化治理的专门机构 | I23-2 |

注：a.特殊群体：老年人、未成年人、残疾人、农民工、农村留守妇女儿童、生活困难群众等。
　　b.大型会议指有主要领导及相关专家参会的规模较大的会议。

1. 制度建设

在国家层面，《文化部"十三五"时期文化发展改革规划》提出要全面推进基本公共文化服务标准化、均等化，《公共文化服务保障法》明确规定县级以上人民政府应将公共文化服务纳入本级国民经济和社会发展规划，《关于加快构建现代公共文化服务体系的意见》《"十三五"推进基本公共服务均等化规划的通知》《国家"十三五"文化遗产保护与公共文化服务科技创新规划》《关于深入推进公共文化机构法人治理结构改革的实施方案》《非物质文化遗产法》《中华人民共和国文物保护法》等法律文件和政策规划对公共文化服务标准化、均等化、社会化、智能化及地方文化保护与活化等作出制度要求。相应地，对地方互联网式治理公共文化服务的考察中，先从整体规划入手，包括将公共文化服务纳入国民经济与社会发展总体规划及城乡规划、年度工作规划和制定公共文化服务发展规划；考察推动公共文化服务均等化、标准化建设的制度，包括制定推进公共文化服务均等化的规划（含意见、实施方案等）、制定基本公共文化服务实施标准及以是否建成国家级公共文化服务体系示范区为加分项等；对社会化发展制度建设的考量集中在制定政府购买公共文化服务的政策文件及相关目录，制定推进PPP、文化志愿服务管理、社会捐赠管理、推进公共文化机构法人治理结构改革、推进文化事业和文化产业融合发展的政策文件等方面；在促进地缘认同上，考察地方对文物、非物质文化遗产、城市街头艺术等的传承保护与活化，以及对特色文化产业发展等的指导性政策文件的出台。在衡量地方对国家政策的回应程度后，考量地方公共文化服务的制度创新，反映地方在公共文化服务发展上的前瞻性。

2. 组织领导

公共文化机构的组织领导结构和地方政府对公共文化服务体系建设的重视程度反映出地方政府公共文化服务治理能力。责任落实指标主要反映地方政府对公共文化服务体系建设的重视程度，重视程度高表明地方在公共文化服务治理中决策有力，主要包括责任人为党委政府一把手、近三年党委政府召开公共文化服务专题会议的次数、近三年党委政府主要领导批示的次数三项具体考察指标。组织架构指标评估地方政府在公共文化服务相关领导机构设置的完善程度，含建立公共文化服务体系建设协调机制、建立公共文化服务专项工作小组、公共文化服务职能部门健全、公共文化机构设置合规等。除了考察公共文化服务相关组织领导架构的常规设置外，地方在公共文化服务管理制度的创新，以及在互联网式治理下建设推动公共文化服务的社会化、智能化等发展的专门机构设置等，可以反映出地方政府公共文化服务治理能力和创新力。

（二）有序化治理：内容供给与机制运作

党的十九大指出我国社会主要矛盾已经转化为人民日益增长的美好生活需要和不平衡不充分的发展之间的矛盾，这一矛盾视阈下，公共文化服务需要从"重数量"向"重质量"转变，从硬性输出向柔性供给转变，从求全向求精转变，以满足人民群众对高品质精神文化生活的需求。这就要求新时代下构建现代公共文化服务体系，必须创新公共文化服务和治理机制，建立起网络健全、结构合理、发展均衡、运行高效的公共文化服务可持续发展协调机制，一是公共文化精准供给的机制，二是公共文化服务保障和督导评估机制，从而为人民群众提供优质高效的公共文化产品和服务。

有序化治理这一维度的指标主要考察互联网式治理公共文化服务的内在逻辑和协调运作机制，下设供给机制、传播机制、保障机制、评估机制四项二级指标，通过评估公共文化服务的设施水平、创新性服务内容、服务效能，公共文化产品和服务的传播力建设水平，以及公共文化服务在财政、人力、安全等方面的保障力和公共文化服务评估程序的完整性，来考察当地公共文化服务协调运作机制的完整性和可持续性，反映当地互联网式治理下公共文化服务的创新特色和质量水平。"有序化治理：内容供给与机制运作"指标体系框架与指标细则（见表 7-2）。

表 7-2　评估指标体系——有序化治理：内容供给与机制运作

| 一级指标 | 二级指标 | 三级指标 | 四级指标 | 五级指标 | 指标代码 |
| --- | --- | --- | --- | --- | --- |
| O<br>有序化治理：内容供给与机制运作 | O1<br>供给机制 | O11<br>设施网络 | 本级公共文化设施建设合规 | — | O11-1 |
| | | | 建立公共文化机构总分馆制 | — | O11-2 |
| | | | 建成公共文化生活圈[a] | — | O11-3 |
| | | | 优惠或免费开放合规 | — | O11-4 |
| | | | O11-5<br>创新性免费开放实施办法 | 扩大公共文化设施优惠或免费开放范围[b] | O11-51 |
| | | | | 延长优惠或免费开放时间 | O11-52 |
| | | | O11-6<br>特殊群体设施建设[c] | 配置无障碍设施设备[d] | O11-61 |
| | | | | 开设针对特殊群体设立的活动区域[e] | O11-62 |
| | | | 公共文化场馆承担复合型功能[f] | — | O11-7 |

续表

| 一级指标 | 二级指标 | 三级指标 | 四级指标 | 五级指标 | 指标代码 |
|---|---|---|---|---|---|
| O 有序化治理：内容供给与机制运作 | O1 供给机制 | O12 服务内容 | 文化惠民活动开展合规 | — | O12-1 |
| | | | 开展针对特殊群体设立的公共文化活动和文化服务 | — | O12-2 |
| | | | O12-3 开展文化精品工程 g | 本年度文化精品工程重点项目数量 | O12-31 |
| | | | | 本年度获具有较大影响的省级奖励的文化精品数量 | O12-32 |
| | | | | 本年度获具有重大影响的国家级奖励的文化精品数量 | O12-33 |
| | | O13 开放合作 | O13-1 开展文化走出去工程 | 定期举办国际交流活动次数 h | O13-11 |
| | | | O13-1 开展文化"走出去"工程 | 定期举办文化"走出去"活动次数 i | O13-12 |
| | | | | 本年度获国际性奖项或荣誉称号的文化活动/作品数量 | O13-13 |
| | | O13 开放合作 | O13-2 公共文化与其他行业开放合作 j | 与其他行业开展开放合作的文化活动 | O13-21 |
| | | | | 向其他行业提供公共文化设施 | O13-22 |
| | | | | 向其他行业提供公共文化服务 | O13-23 |
| | | | 开展馆际合作 k | — | O13-3 |
| | | O14 地方文化 | 是否为历史文化名城 | — | O14-1 |
| | | | 是否拥有历史文化街区（村镇） | — | O14-2 |
| | | | 本级行政区域内获"中国民间文化艺术之乡"称号的数量 | — | O14-3 |

续表

| 一级指标 | 二级指标 | 三级指标 | 四级指标 | 五级指标 | 指标代码 |
|---|---|---|---|---|---|
| O 有序化治理：内容供给与机制运作 | O1 供给机制 | O14 地方文化 | 本级行政区域内被纳入国家级非物质文化遗产项目名录的非遗项目数量 | — | O14-4 |
| | | | 本级行政区域内被纳入联合国教科文组织非物质文化遗产项目名录的非遗项目数量 | — | O14-5 |
| | | | 本级行政区域内被列入国家级非物质文化遗产代表性项目代表性传承人名单的传承人或传承单位数量 | — | O14-6 |
| | | O14 地方文化 | O14-7 开发特色文化产品和文化服务 | 特色文化品牌活动年举办次数 [l] | O14-71 |
| | | | | 本年度获省级及以上奖励的地方文创产品数量 | O14-72 |
| | | O15 服务效能 | 本年度本级公共文化活动上座率 | — | O15-1 |
| | | | 公众对公共文化活动满意度 | — | O15-2 |
| | O2 传播机制 | O21 传播渠道 | O21-1 建成线上传播渠道 | 建成全媒体传播渠道 [m] | O21-11 |
| | | | | 与其他线上传播载体建立合作渠道 [n] | O21-12 |
| | | | O21-2 建成线下传播渠道 | 建成线下媒体传播渠道 [o] | O21-21 |
| | | | | 建成线下广告媒介传播渠道 [p] | O21-22 |
| | | | | 建成现场传播渠道 [q] | O21-23 |
| | | O22 传播效能 | O22-1 本年度公共文化机构全媒体渠道平均访问量占城市人口总数比例 [r] | — | — |

续表

| 一级指标 | 二级指标 | 三级指标 | 四级指标 | 五级指标 | 指标代码 |
|---|---|---|---|---|---|
| O<br>有序化治理：内容供给与机制运作 | O2<br>传播机制 | O22<br>传播效能 | O22-2<br>本年度公共文化场馆平均访问量占城市人口总数比例 [g] | — | — |
| | | | O22-3<br>开展文化活动预热性宣传 | — | — |
| | | | O22-4<br>开展文化活动总结性宣传 | — | — |
| | O3<br>保障机制 | O31<br>财政保障 | 文化旅游体育与传媒支出占本级财政预算的比重 | — | O31-1 |
| | | | 设立非物质文化遗产保护、保存经费 | — | O31-2 |
| | | | 设立本级文化人才专项资金 | — | O31-3 |
| | | | 设立公共数字文化建设专项资金 | — | O31-4 |
| | | | 制定对参与公共文化服务的社会力量的相关优惠政策 [i] | — | O31-5 |
| | | | 制定公共文化服务资金使用监督和统计公告制度 | — | O31-6 |
| | | O32<br>人力保障 | O32-1<br>建立专业人才引进、培养、激励机制 | 建立文化志愿者招募、培训、评价、激励机制 | O32-11 |
| | | | | 建立地方文化传承和保护的人才引进、培养、激励机制 | O32-12 |
| | | | | 建立其他相关人才引进、培养、激励机制 | O32-13 |
| | | | 公共文化机构负责人具有文化专业学习经历或文化相关从业经验 | — | O32-2 |
| | | | 公共文化机构编制人员学历结构 | — | O32-3 |

续表

| 一级指标 | 二级指标 | 三级指标 | 四级指标 | 五级指标 | 指标代码 |
|---|---|---|---|---|---|
| O 有序化治理：内容供给与机制运作 | O3 保障机制 | O32 人力保障 | 公共文化机构从业人员文化专业知识结构 | — | O32-4 |
| | | | 公共文化机构从业人员科技人员结构 | — | O32-5 |
| | | | 建有本级文化智库 | — | O32-6 |
| | | O33 安全保障 | 制定数字版权保护制度 | — | O33-1 |
| | | | 制定网络文化信息安全制度 | — | O33-2 |
| | | | 制定用户信息安全、征信制度 | — | O33-3 |
| | | | 制定公共文化场所和文化活动突发事件应急管理制度 | — | O33-4 |
| | | | 制定意识形态工作管理制度[ii] | — | O33-5 |
| | | | 设置公共文化场所安全保障工作小组 | — | O33-6 |
| | O4 评估机制 | O41 评估主体 | 引入公众参与评估 | — | O41-1 |
| | | | 引入公共文化机构从业人员参与评估 | — | O41-2 |
| | | | 引入专业评估机构参与评估 | — | O41-3 |
| | | | 引入其他公共文化机构参与评估 | — | O41-4 |
| | | O42 评估程序 | 建立公共文化服务事前—事中—事后评估机制 | — | O42-1 |
| | | | 对标准实施情况的动态监测机制 | — | O42-2 |
| O 有序化治理：内容供给与机制运作 | O4 评估机制 | O42 评估程序 | 建立第三方公共文化服务评估机制[v] | — | O42-3 |
| | | | 建立社会力量提供的公共文化服务情况评估机制 | — | O42-4 |
| | | | 建立绩效评估责任制 | — | O42-5 |
| | | | 建立评估方案、流程和结果信息公开机制 | — | O42-6 |

**注**：a. 或称公共文化设施服务圈，科学规划文化资源分布，实现以文化站为中心、文化广场为定点的网格化文化资源分布，使群众生活区范围内有文化基础设施，如建成城市中心区公众×分钟／公里公共文化生活圈，近郊区公众×分钟／公里公共文化生活圈。
b. 指其他不做免费开放要求的公共文化设施进行优惠或免费开放。
c. 特殊群体：将老年人、未成年人、残疾人、农民工、农村留守妇女儿童、生活困难群众作为公共文化服务的重点对象。
d. 设置无障碍通道、无障碍电梯、无障碍厕所等设施。
e. 建有未成年人阅览室（区）、盲人阅览室（区），配置并及时更新盲文读物、视听读物及相关设备。
f. 指公共文化场馆除提供基本公共文化服务外，凭借其优厚的社区关系，承担起除基本公共文化服务外的人才培养、居民生活、公益等方面更加多元化的城市功能，如成立创新创业中心、成立公益团队等。
g. 文化精品：即制作或展演以讴歌党、讴歌祖国、讴歌人民、讴歌英雄为创作主题，聚焦重大题材、现实题材、红色题材和本土题材的文艺作品。
h. 指近三年本行政区域独立或牵头主办的在国内举办的国际性文化活动（含会议、展览、文化活动等）。
i. 指近三年当地文化作品或服务"走出去"在国外参与文化活动。
j. 指公共文化与其他行业融合，如教育、体育、文化产业、餐饮等。
k. 包括馆际资源共享、合作举办文化活动及其他创新性合作模式。
l. 特色文化品牌活动：具有地方特色的品牌文化活动，如文化节活动、民族特色活动等。
m. 全媒体传播渠道：含官方门户网站、微信公众号、微信小程序、微博及抖音、快手短视频平台等。
n. 其他线上传播渠道：地方政务媒体平台、地方广播电视媒体、地方电台、商业媒体、国际性传播媒体等。
o. 线下媒体传播渠道：纸质媒体、公共交通移动媒体等。
p. 线下广告媒介传播渠道：城市街道、社区、学校等的广告位宣传，制作公共文化服务宣传手册、海报等。
q. 现场传播渠道：活动现场地推，开展街道社区、校园流动宣传等。
r. 统计范围包括公共文化云、博物馆、图书馆、文化馆所拥有的官网、微信公众号、微博、抖音等官方媒体平台的访问量。
s. 统计范围包括本行政区域内一级博物馆、图书馆、文化馆的参观人次。
t. 制定对参与公共文化服务的社会力量的税收优惠、项目补贴、专项经费、贷款贴息等优惠政策。
u. 含意识形态工作责任制度、意识形态内容供给制度、意识形态传播制度等。
v. 如建立社会组织公共文化服务绩效评估制度、建立社会力量兴办的公益性文化机构公共文化服务情况评估机制等。

### 1. 供给机制

为人民群众提供内容丰富、优质高效的公共文化产品和服务，是完善公共文化服务体系的出发点和落脚点。基于新发展理念——文化认同理念，从设施建设、服务内容、开放合作、地方文化、服务效能五个方面考察公共文化服务的基本供给水平、创新性供给内容和供给效果。创新理念引领创新行动，以新内容、新形式为公共文化服务有效供给提供新动能，公共文化服务的供给要以公众的文化需求为出发点，注重地方特色文化的保护和活化，保证公共文化设施和公共文化活动的个性化和特色化，实现供给与公众需求有效衔接。协调理念下，要切实考虑特殊群体享受公共文化服务的权益，实现公共文化服务协调供给的格局。以绿色理念开展公共文化活动和服务，培育开发文化精品项目，传递当代中国的价值观与理想信念。开放理念激活公共文化服务新活力，《公共文化服务保障法》等以法律形式保障公共文化服务的跨界融合发展，鼓励公共文化与科技、教育、军队等其他行业融合发展和对外交流，以此发掘特色文化内容，提升服务效能。共享理念在于公众享受的公共文化服务权益大致均等，要实现公共文化服务的互通共享，公共文化设施免费开放，文化惠民活动切实开展，建设便民利民的公共文化生活圈，使公众公共文化生活便捷可达。

因此，在供给机制指标下，设施建设类指标包括公共文化设施建设合规、建设公共文化生活圈、优惠或免费开放合规、特殊群体设施建设、公共文化场馆承担复合型功能等。服务内容类指标包括文化惠民活动开展合规、开展文化精品工程等。开放合作类指标包括开展文化走出去工程、公共文化与其他行业开放合作、开展馆际合作三个方面。地方文化类指标包括地方特色文化资源保护和评级、开发特色文化产品和文化服务两个方面。服务效能指标则从本年度本级公共文化活动公众上座率和公众对公共文化活动满意度两个方面考量当地公共文化服务供给效果。

2. 传播机制

目前我国已经基本建成城乡覆盖、便捷高效的公共文化服务体系，调动公众参与是公共文化服务发挥效能的前提，全面系统推进公共文化服务传播力建设，增强传播意识、拓宽传播渠道、丰富传播形式、优化传播效果，成为互联网式治理下公共文化服务建设的重要任务。传播机制从传播渠道、传播效能两个方面评估。在传播渠道方面，契合互联网时代受众的传播习惯，建成全媒体传播渠道或与其他线上媒体合作，如使用微博、快手、抖音、喜马拉雅等社交媒体平台或地方政务平台，建成线上线下综合传播的模式，采用喜闻乐见的双向互动方式提升公众对公共文化服务的知晓度从而提升参与度，因此从线上传播渠道和线下传播渠道两个方面来考察公共文化服务传播渠道的建设程度。在传播效能方面，以公共文化活动预热性宣传和总结性宣传来考察当地对公共文化活动和服务传播的重视程度，侧面反映公共文化活动和服务的公众知晓度，以线上传播渠道和线下公共文化场馆访问量与当地人口规模的比例实现均衡考察各地传播效能与公共文化活动和服务的公众参与度。

3. 保障机制

随着我国供给侧结构性改革的不断深入和政府治理能力现代化水平的不断提高，完善我国地方政府公共文化服务保障机制显得尤为重要。公共文化服务保障是政府履行公共服务职能的重要方面，保障机制包括财政保障、人力保障、安全保障三类指标。财政保障方面，公共财政是政府履行公共文化服务职能的制度依托和物质基础，财政保障基本公共文化服务成为共识和政策导向❶，但由于现行财政预算科目并未将公共文化服务经费单独列为一科，本评估指标体系采用财政部门惯用且体现"大文化"概念的文化旅游体育与传媒支出为指标，其包括文化、旅游、文物、新闻出版、广播影视等支出，可以反映当地总的投入规模效应，现行财政预算科目便于统计和地区间的直接比较，缺陷则是统计口径较大。此外，财政保障还包括地方文化、人才、公共数字文化等方面的投入，包括设立非物质文化遗产保护、保存经费，设立本级文化人才专项资金，设立公共数字文化建设专项资金等指标。人力保障方面，公共文化服务建设需要专业人才队伍支撑，需要激发社会参与活力，包括建立专业人才引进、培养、激励机制，文化专业人员占公共文化机构从业人员的比重，信息技术专业人员占公共文化机构从业人员的比重，建有本级文化智库等。安全保障方面，考察地方是否重视互联网时代下网络文化安全和数字版权保护，重视突发事件应急管理制度的制定，注重公共文化的意识形态导向等。

4. 评估机制

作为内部控制与外部监督的重要工具，评估是公共文化服务体系建设的重要环节、改革与发展的"助推器"。引入现代评估理论与方法，健全运行评估机制，对公共文化服务体系建设与运行状况进行科学评估，评估机制的完善对

---

❶ 张启春，山雪艳. 公共文化服务体系建设财政保障机制的完善：基于湖北省42个县的问卷调查[J]. 中南民族大学学报（人文社会科学版），2019，39（6）：156-161.

公共文化服务具有计划辅助功能、监控支持功能、预测判断功能、激励约束功能和资源优化功能。❶ 评估机制下设评估主体、评估程序两类指标，考察地方公共文化服务评估主体的多元性和评估程序的完整度、透明度。社会力量参与公共文化服务治理，同样需要参与到公共文化服务的评估中，评估主体的考核包括引入公众参与评估、引入公共文化机构从业人员参与评估、引入专业评估机构参与评估、引入其他公共文化机构参与评估等。评估程序的完整度与透明度考核包括建立公共文化服务事前—事中—事后评估机制、对标准实施情况的动态监测机制、建立第三方公共文化服务评估机制、建立社会力量提供的公共文化服务情况评估机制、建立绩效评估责任制、建立评估方案、流程和结果信息公开机制等。

（三）社会化治理：多元参与与协同共治

《公共文化服务保障法》总则第2条规定：公共文化服务是指由政府主导、社会力量参与，以满足公民基本文化需求为主要目的而提供的公共文化设施、文化产品、文化活动及其他相关服务。在法律的高度上，公共文化服务这一概念，其供给主体就被赋予了社会化的含义。完善公共文化服务体系，要求正确处理政府、市场与社会的关系，建立以"政府主导、社会参与、多元投入、协力发展"为基本特征的现代公共文化服务治理结构。

社会化治理这一维度的指标主要考察互联网式治理下公共文化服务供给主体之间的关系，一级指标之下将"政府主导""社会组织参与""企业参与""公众参与"四个指标设定为二级指标，通过评估政府所发挥的主导作用及鼓励和引导社会力量参与实际效果，以及公众、企业和社会组织等社会力量参与公共文化服务建设的积极程度、活跃表现，衡量当地公共文化服务社会化发展水平，反映当地公共文化服务供给能力和总体水平。"社会化治理：多元参与与协同共治"指标框架及指标细则（见表7-3）。

---

❶ 谢媛.我国公共文化服务绩效评估的理论与实践研究综述[J].四川行政学院学报，2012（4）：17-21.

表 7-3 评估指标体系——社会化治理：多元参与与协同共治

| 一级指标 | 二级指标 | 三级指标 | 四级指标 | 指标代码 |
|---|---|---|---|---|
| S 社会化治理：多元参与与协同共治 | S1 政府主导 | S11 政府支出 | 向社会购买公共文化服务财政支出部分逐年增加 | S11-1 |
| | | | 公共文化领域 PPP 项目实现逐年增加 | S11-2 |
| | | | 对民营公共文机构的补贴逐年增加 | S11-3 |
| | | S12 鼓励社会力量参与 | 引入社会力量参与公共文化机构治理 | S12-1 |
| | | | 引入社会力量参与公共文化设施运营 | S12-2 |
| | | | 制定简化采购业务管理程序制度 | S12-3 |
| | | | 接受社会力量投资或捐赠实现逐年递增 | S12-4 |
| | S2 社会组织参与 | S21 社会组织发展规模 | 每万人拥有社会组织的数量＝社会组织的单位数/人口数 | S21-1 |
| | | | 累计获得"3A"等级以上社会组织的数量 | S21-2 |
| | | | 专职工作人员占社会组织工作人员总数的比重 a | S21-3 |
| | | | 专业技术人员占社会组织专职工作人员总数的比重 | S21-4 |
| | | | 文化类社会组织数量 | S21-5 |
| | | | "3A"等级以上的文化类社会组织占"3A"等级以上社会组织总数的比例 b | S21-6 |
| | | | 公共文化服务机构行业协会（或理事会）数量 c | S21-7 |
| | | | 有社会组织设立的公共文化机构 | S21-8 |
| | | | 每万人拥有艺术表演团体机构数 d | S21-9 |
| | | S22 社会组织的参与深度 | 艺术表演团体演出场次 e | S22-1 |
| | | | 社会组织举办的文化活动获奖数量 | S22-2 |
| | | | 政府购买服务收入占社会组织总收入的比重 | S22-3 |
| | | | 社会捐赠收入占社会组织总收入的比重 | S22-4 |
| | | | 政府补助收入占社会组织总收入的比重 | S22-5 |
| | | | 获得公共文化服务体系建设相关表彰 | S22-6 |
| | | | 定期举办或参与国际交流活动的次数 | S22-7 |
| | S3 企业参与 | S31 文化企业发展规模 | 文化企业数量 | S31-1 |
| | | | 规模以上文化企业占文化企业总数的比重 | S31-2 |
| | | | 专业技术人才数量占文化企业从业人员数量的比重 | S31-3 |

续表

| 一级指标 | 二级指标 | 三级指标 | 四级指标 | 指标代码 |
|---|---|---|---|---|
| S 社会化治理：多元参与与协同共治 | S3 企业参与 | S32 文化企业的参与深度 | 政府向文化企业购买公共文化服务的数量逐年增长 | S32-1 |
| | | | 政府向文化企业购买公共文化服务的成交金额逐年增长 | S32-2 |
| | | | 文化企业提供公益性文化活动的次数 | S32-3 |
| | | | 文化企业提供的公共文化服务项目获奖数量 | S32-4 |
| | | | 获得公共文化服务体系建设相关表彰 | S32-5 |
| | S4 公众参与 | S41 群众团体发展规模 | 本级行政区域内社区成立公众文艺创作团队比例 | S41-1 |
| | | | 公共文化机构文化志愿服务覆盖率 | S41-2 |
| | | | 建成数字文化志愿者队伍 | S41-3 |
| | | S42 公众的参与深度 | 文化志愿者开展线下文化活动的次数 | S42-1 |
| | | | 文化志愿者开展线上文化活动的次数 | S42-2 |
| | | | 公众文艺创作团队举办的文化活动获奖数量 | S42-3 |

注：a. 专业技术人员指具有专业技术职称（含初、中、高级）的专职从业人员。
　　b. 依据民政部出台的《社会组织评估管理办法》获得社会组织等级评估结果。根据民政部5个级别的评估等次，"5A"是优秀，"4A"是良好，"3A"是合格，"2A"是较差，"1A"是差。各等次都对应一系列评价标准。
　　c. 公共文化服务机构行业协会（或理事会）即博物馆行业协会、图书馆行业协会、群众文化协会等公共文化服务类协会组织。
　　d. 每万人拥有艺术表演团队机构数＝本行政区域内艺术表演机构数/人口数（单位：万人）。
　　e. 艺术表演团体指由文化部门主办或实行行业管理（经文化市场行政部门审批或已申报登记并领取相关许可证），专门从事表演艺术等活动的各类专业艺术表演团体、民间职业剧团。

1. 政府主导

政府在鼓励和引导社会力量参与公共文化服务建设方面作出的努力，可以通过政府支出和鼓励社会力量参与的方式两类指标评估。政府支出指标包括增加对公共文化领域PPP项目的投入、增加对民营公共文化机构的补贴。鼓励社会力量参与指标包括引入社会力量参与公共文化机构治理、参与公共文化设施运营，接受社会力量投资或捐赠等。

2. 社会组织参与

社会组织进入公共文化服务领域，向社会提供公共文化产品和服务的供给水平，既与当地社会组织发展规模有关，也与当地社会组织参与公共文化服务供给环节的深度有关。社会组织发展规模指标反映当地社会组织参与公共文化服务建设的基础条件，只有成熟的社会组织规模，才能尽可能广泛地参与到公共文化服务供给的诸多环节。这类指标包括每万人拥有社会组织的数量、等级评估达"3A"以上的社会组织数量、社会组织从业人员质量、文化类社会组织数量、公共文化服务机构行业协会（或理事会）数量等。社会组织参与程度指标反映当地社会组织实际参与公共文化服务供给的情况，社会组织向公众提供公共文化产品和服务，获得主流肯定，收入结构组成科学，才能取得长远的发展。这类指标包括艺术表演团体演出场次、获得表彰的数量、政府购买服务收入占总收入的比重、社会捐赠收入占总收入的比重、政府补助收入占总收入的比重等。

3. 企业参与

企业参与公共文化服务建设，主要表现为文化企业向社会提供公共文化产品和服务，丰富公众的文化选择。同样，文化企业参与文化服务供给所发挥的效能，与当地文化企业发展规模和参与深度相关。文化企业发展规模指标反映当地文化产业发展水平，文化企业与文化事业深度融合，文化产业发展水平高，文化企业参与公共文化服务供给的条件更加成熟，产品和服务更加丰富。这类指标包括文化企业的数量、规模以上文化企业数量的占比及专业人才从业比重等。文化企业参与深度的指标反映当地文化企业向社会提供公共文化服务产品和服务的效果，这类指标包括政府向企业购买公共文化服务的年度项目数量和年度成交金额、文化企业提供公益性文化活动的数量、公共文化服务项目获得表彰情况等。

4. 公众参与

公众是公共文化服务的享用者，也能作为公共文化服务的供给主体，公共文化的繁荣离不开公众的参与。在本指标中，公众主要是指文艺创作团队和文化志愿者，公众参与水平可以通过群众团体发展规模和公众参与程度两类指标反映。群众团体发展规模反映当地公共文化公众参与热情，可通过社区成立公众文艺创作团队比例、公共文化机构文化志愿服务覆盖率和数字文化志愿者队伍数量等指标进一步评估。公众参与深度反映当地公共文化公众参与效果，可通过文化志愿者开展线上、线下文化活动的次数和公众文艺创作团队举办的文化活动获奖数量等指标进行考核。

### （四）智能化治理：技术创新与智慧应用

《公共文化服务保障法》总则第 11 条规定：国家鼓励和支持发挥科技在公共文化服务中的作用，推动运用现代信息技术和传播技术，提高公众的科学素养和公共文化服务水平。在"互联网+"时代背景下，大数据、物联网、AI、5G 等现代信息技术发展迅猛，并广泛应用于包括公共文化服务体系在内的各大领域建设中，公共文化服务与科技深度融合，公共文化服务数字化升级与智慧城市建设协同，推动现代公共文化服务体系向终端多样化、传递智能化、资源集聚化和服务云端化的方向发展。❶ 公共文化服务智能化是现代公共文化服务体系的技术基底，是公共文化服务创新拓展的技术保障。

智能化治理这一维度的指标主要考察互联网式治理下公共文化服务数字化转型过程中数字惠民成果和公众所能享受的公共文化服务智慧体验。在一级指标之下制定"智能设施""数字资源""技术创新"三个二级指标，通过评估当地现代信息技术和应用部署、公共数字文化云平台和公共文化机构数字场馆建设成果、公众接触公共文化数字资源的便捷程度和利用率等，衡量当地公共文化服务智能化建设成果，反映当地公共文化服务体系的现代化水平。"智能化治理：技术创新与智慧应用"指标框架及指标细则（见表 7-4）。

表 7-4　评估指标体系——智能化治理：技术创新与智慧应用

| 一级指标 | 二级指标 | 三级指标 | 四级指标 | 五级指标 | 指标代码 |
|---|---|---|---|---|---|
| T 智能化治理：技术创新与智慧应用 | T1 智能设施 | T11 网络普及 | 公共文化场所免费无线网络覆盖率 | — | T11-1 |
| | | | 本行政区域内 5G 技术覆盖率 | — | T11-2 |
| | | T12 公共数字文化云平台 | 是否建立本级公共文化云平台 | — | T12-1 |

---

❶ 童茵，张彬，李晓丹. 智慧技术推进公共文化融合体系建设[C]\\ 北京数字科普协会、首都博物馆联盟、中国博物馆协会博物馆数字化专业委员会、中国文物学会文物摄影专业委员会. 融合·创新·发展：数字博物馆推动文化强国建设——2013 年北京数字博物馆研讨会论文集，2013：80-85.

续表

| 一级指标 | 二级指标 | 三级指标 | 四级指标 | 五级指标 | 指标代码 |
|---|---|---|---|---|---|
| T 智能化治理：技术创新与智慧应用 | T1 智能设施 | T12 公共数字文化云平台 | 是否有云计算、大数据、物联网、AI、VR、AR等技术应用 | — | T12-2 |
| | | | 整合本级及以下公共数字文化平台文化资源 | — | T12-3 |
| | | | T12-4 平台服务功能优化 | 基本功能完善[a] | T12-41 |
| | | | | 具备文化产业服务功能 | T12-42 |
| | | | | 具备特殊群体服务功能 | T12-43 |
| | | | T12-5 与其他公共数字文化平台共享 | 链接其他公共数字文化平台门户网站[b] | T12-51 |
| | | | — | 与其他公共数字文化平台资源共享 | T12-52 |
| | | | 与国外数字资源库合作共享 | — | T12-6 |
| | | T13 公共文化机构数字场馆 | 数字场馆建成率 | — | T13-1 |
| | | | 是否有云计算、大数据、物联网、AI、VR、AR等技术应用 | — | T13-2 |
| | | | 整合本级及以下同类数字场馆文化资源 | — | T13-3 |
| | | | T13-4 平台服务功能优化 | 基本功能完善 | T13-41 |
| | | | | 具备文化产业服务功能 | T13-42 |
| | | | | 具备特殊群体服务功能 | T13-43 |
| | | | T13-5 与其他公共数字文化平台共享 | 链接其他公共数字文化平台门户网站 | T13-51 |
| | | | | 与其他公共数字文化平台资源共享 | T13-52 |
| | | | 与国外数字资源库合作共享 | — | T13-6 |
| | | T14 信息化设备 | 公共文化场所信息化设施设备覆盖率 | — | T14-1 |

续表

| 一级指标 | 二级指标 | 三级指标 | 四级指标 | 五级指标 | 指标代码 |
|---|---|---|---|---|---|
| T 智能化治理：技术创新与智慧应用 | T1 智能设施 | T14 信息化设备 | 公共文化场所智能化文化体验交互专区建成率 c | — | T14-2 |
| | | T21 数字资源数量 | 可用数字资源总量 | — | T21-1 |
| | | | 本年度加载更新资源总量 | — | T21-2 |
| | | | 地方特色文化数字资源量占可用数字资源总量的比重 | — | T21-3 |
| | T2 数字资源 | T22 数字资源质量 | 数字资源有效利用率 d | — | T22-1 |
| | | | 定期举办品牌网络文化活动的数量 e | — | T22-2 |
| | | | 本年度获得具有较大影响的省级及以上奖励的网络文艺作品数量 | — | T22-3 |
| | T3 技术创新 | T31 管理系统 | 建成业务管理信息化系统 | — | T31-1 |
| | | T32 内容生产系统 | 建成公共文化大数据采集与监测系统 | — | T32-1 |
| | | | 建成公共文化大数据采集与监测系统 | — | T32-2 |
| | | | 建成公共文化内容配送系统 | — | T32-3 |
| | | T33 评估系统 | 建成公共文化服务绩效评估系统 | — | T33-1 |

注：a. 基本功能是指具备文化资源服务、文化志愿服务、文化供需服务、文化导航服务等功能。
b. 公共数字文化平台即公共数字文化云平台及公共文化机构数字场馆。
c. 运用人机交互、虚拟现实、增强现实、3D 打印等现代技术，设立阅读、舞蹈、音乐、书法、绘画、摄影、培训等交互式文化体验专区。
d. 指数字资源下载量或播放量占总体访问量的比例。
e. 品牌网络文化活动是指在本行政区域内拥有较大影响力、主题延续并定期举办的网络文化活动。

1. 智能设施

公共文化智能设施在线上线下场景的推广普及和应用,需要便利的网络服务作为运行条件,要求公共文化云、公共文化机构数字场馆等数字平台建成并不断优化功能,同时增设线下信息化设备,从而为公众提供更便捷的服务体验。网络普及指标主要考察当地 5G 技术覆盖率和公共文化场所免费无线网络覆盖率,通过评估信息技术部署反映当地公共文化服务数字化的网络条件。公共数字文化云平台指标和公共文化机构数字场馆指标主要考察当地公共文化云平台的建成情况、数字文化场馆建成情况、现代信息技术应用情况、资源整合能力、平台功能以及开放共享情况,评估当地公共文化数字平台建设成效。信息化设备指标主要包括公共文化场所信息化设施设备覆盖率和智能化文化体验交互专区建成率,反映当地开展公共文化服务过程中对现代技术的应用水平和公众所能享受的文化服务体验智能化水平。

2. 数字资源

推进公共文化服务数字化建设,要提高数字资源供给能力。公共文化数字资源数量是开展公共文化数字服务的基础,公共文化数字资源质量直接关乎公共文化服务建设成果。数字资源数量指标包括可用数字资源总量、本年度加载更新资源总量和地方特色文化数字资源量占可用数字资源总量的比重,评估当地公共文化数字资源库建设水平,以及对特殊数字文化产品的开发情况。数字资源质量指标主要包括数字资源有效利用率、拥有品牌网络文化活动的数量和获得表彰情况等,反映当地公众对公共文化数字资源的实际享用情况,在数字文化产品开发和利用方面取得的成效。

3. 技术创新

技术创新为公共文化服务智能化发展提供了可持续性支撑,助力公共文化服务提档升级。从管理系统、内容生产系统、评估系统三个指标进行评估,反映当地利用现代化技术,创新公共文化服务供给,提升业务水平所取得的成效。

## 五、互联网式治理公共文化服务评估指标体系评分细则

本指标细则共计 800 分,共分为四个一级指标,各一级指标分值为:制度

化治理 100 分、有序化治理 300 分、社会化治理 200 分、智能化治理 200 分。评估时，总评估结果最低分值应在 104 分（含）以上，其中制度化治理最低分值应在 34 分（含）以上；有序化治理最低分值应在 29 分（含）以上；社会化治理最低分值应在 19 分（含）以上；智能化治理最低分值应在 22 分（含）以上（见表 7-5）。

表 7-5 互联网式治理公共文化服务评估指标体系评分细则

| 指标代码 | 评定项目 | 检查评定方法与指标说明 | 大项分值栏 | 分项分值栏 | 次分项分值栏 | 小项分值栏 | 次小项分值栏 | 自评计分栏 | 评定计分栏 |
|---|---|---|---|---|---|---|---|---|---|
| I | 制度化治理：顶层设计与配套衔接 | | 100 | | | | | | |
| I1 | 制度建设 | | | 63 | | | | | |
| I11 | 整体规划 | | | | 3 | | | | |
| I11-1 | 将公共文化服务纳入国民经济与社会发展总体规划及城乡规划 | | | | | 1 | | | |
| I11-2 | 将公共文化服务纳入年度工作规划 | | | | | 1 | | | |
| I11-3 | 制定公共文化服务发展规划 | | | | | 1 | | | |
| I12 | 推动均等化发展 | | | | 3 | | | | |
| I12-1 | 将城乡基本公共文化服务均等化纳入国民经济和社会发展总体规划及城乡规划 | | | | | 1 | | | |
| I12-2 | 制定推进公共文化服务均等化的规划（含意见、实施方案等） | | | | | 1 | | | |
| I12-3 | 制定保障特殊群体基本公共文化服务的规划（含意见、实施方案等） | 特殊群体指老年人、未成年人、残疾人、农民工、农村留守妇女儿童、生活困难群众等 | | | | 1 | | | |
| I13 | 推动标准化建设 | | | | 5 | | | | |

续表

| 指标代码 | 评定项目 | 检查评定方法与指标说明 | 大项分值栏 | 分项分值栏 | 次分项分值栏 | 小项分值栏 | 次小项分值栏 | 自评计分栏 | 评定计分栏 |
|---|---|---|---|---|---|---|---|---|---|
| I13-1 | 制定基本公共文化服务实施标准 | | | | | 1 | | | |
| I13-2 | 建立实施标准动态调整机制 | | | | | 1 | | | |
| I13-3 | 制定公共文化设施管理制度和服务规范 | | | | | 1 | | | |
| I13-4 | 创建国家公共文化服务体系示范项目 | 本项为本行政区域内成功创建国家公共文化服务体系示范项目专属加分项，满分1分 | | | | 1 | | | |
| I13-5 | 创建国家公共文化服务体系示范区 | 本项为本行政区域内成功创建国家公共文化服务体系示范区专属加分项，满分1分 | | | | 1 | | | |
| I14 | 推动社会化发展 | | | | 12 | | | | |
| I14-1 | 制定政府购买公共文化服务的政策文件及相关目录 | | | | | 2 | | | |
| I14-2 | 制定推进PPP的政策文件 | | | | | 2 | | | |
| I14-3 | 制定文化志愿服务管理的政策文件 | | | | | 2 | | | |
| I14-4 | 制定社会捐赠管理的政策文件 | | | | | 2 | | | |
| I14-5 | 制定推进公共文化机构法人治理结构改革的政策文件 | | | | | 2 | | | |
| I14-6 | 制定推进文化事业和文化产业融合发展的政策文件 | | | | | 2 | | | |

续表

| 指标代码 | 评定项目 | 检查评定方法与指标说明 | 大项分值栏 | 分项分值栏 | 次分项分值栏 | 小项分值栏 | 次小项分值栏 | 自评计分栏 | 评定计分栏 |
|---|---|---|---|---|---|---|---|---|---|
| I15 | 推动智能化发展 | | | | 23 | | | | |
| I15-1 | 制定智慧城市建设规划、文件 | 本项为一般加分项,满分2分 | | | | 2 | | | |
| I15-2 | 制定数字信息产业发展规划、文件 | | | | | 2 | | | |
| I15-3 | 制定公共文化服务与科技创新融合发展专项规划 | 本项为一般加分项,满分8分 | | | | 8 | | | |
| I15-4 | 制定公共文化服务领域科技标准规范 | | | | | 3 | | | |
| I15-5 | 制定公共文化服务智能化、数字化发展的规划、文件 | 本项为一般加分项,满分6分 | | | | 6 | | | |
| I15-6 | 制定公共文化智能设施的管理制度与服务规范 | | | | | 2 | | | |
| I16 | 促进地缘认同 | | | | 14 | | | | |
| I16-1 | 将文物保护事业纳入国民经济和社会发展总体规划及城乡规划 | | | | | 1 | | | |
| I16-2 | 将非物质文化遗产保护、保存事业纳入本级国民经济和社会发展规划 | | | | | 1 | | | |
| I16-3 | 制定非物质文化遗产代表性项目保护规划（含意见、实施方案等） | | | | | 1 | | | |
| I16-4 | 制定促进特色文化产业发展的规划（含意见、实施方案等） | | | | | 2 | | | |

续表

| 指标代码 | 评定项目 | 检查评定方法与指标说明 | 大项分值栏 | 分项分值栏 | 次分项分值栏 | 小项分值栏 | 次小项分值栏 | 自评计分栏 | 评定计分栏 |
|---|---|---|---|---|---|---|---|---|---|
| I16-5 | 制定加强传统村落保护发展的规划（含意见、实施方案等） | 本项为本行政区域内拥有传统村落的专属加分项，满分2分 | | | | 2 | | | |
| I16-6 | 制定历史文化名城、历史文化街区（村镇）保护规划（含意见、实施方案等） | 本项为本行政区域内拥有历史文化名城、历史文化街区（村镇）的专属加分项，满分2分 | | | | 2 | | | |
| I16-7 | 制订红色文化保护发展的计划（含意见、实施方案等） | 本项为本行政区域内拥有红色文化资源的专属加分项，满分2分 | | | | 2 | | | |
| I16-8 | 制定城市街头艺术、公共艺术空间等营造城市公共文化氛围的规划（含意见、实施方案等） | 本项为一般加分项，满分3分 | | | | 3 | | | |
| I17 | 地方制度创新 | | | | 3 | | | | |
| I17-1 | 制定公共文化服务发展的地方性法规 | | | | | 1 | | | |
| I17-2 | 制定公共文化服务发展的创新性规划、政策文件 | 本项为一般加分项，满分2分 | | | | 2 | | | |
| I2 | 组织领导 | | | 37 | | | | | |
| I21 | 责任落实 | | | | 18 | | | | |
| I21-1 | 责任人为党委政府一把手 | | | | | 2 | | | |
| I21-2 | 近一年党委政府召开公共文化服务专题大型会议的次数 | 大型会议指有主要领导及相关专家参会的规模较大的会议 | | | | 8 | | | |

续表

| 指标代码 | 评定项目 | 检查评定方法与指标说明 | 大项分值栏 | 分项分值栏 | 次分项分值栏 | 小项分值栏 | 次小项分值栏 | 自评计分栏 | 评定计分栏 |
|---|---|---|---|---|---|---|---|---|---|
| I21-21 | 近一年党委政府召开公共文化服务专题大型会议2次及以上 | | | | | | 8 | | |
| I21-22 | 近一年党委政府召开公共文化服务专题大型会议1次及以上 | | | | | | 4 | | |
| I21-3 | 近一年党委政府主要领导公共文化服务相关专题批示的次数 | | | | | 8 | | | |
| I21-31 | 近一年党委政府主要领导公共文化服务相关专题批示8次及以上 | | | | | | 8 | | |
| I21-32 | 近一年党委政府主要领导公共文化服务相关专题批示4次及以上 | | | | | | 4 | | |
| I22 | 组织架构 | | | | 9 | | | | |
| I22-1 | 建立公共文化服务体系建设协调机制 | | | | | 1 | | | |
| I22-2 | 建立公共文化服务专项工作小组 | | | | | 1 | | | |
| I22-3 | 公共文化服务职能部门健全 | | | | | 1 | | | |
| I22-4 | 公共文化机构设置合规 | | | | | 1 | | | |
| I22-5 | 建立公共文化服务发展智库 | | | | | 5 | | | |
| I23 | 地方机构创新 | | | | 10 | | | | |
| I23-1 | 公共文化服务管理体制改革创新 | 本项为一般加分项，满分为5分 | | | | 5 | | | |
| I23-2 | 建立推进公共文化服务社会化、智能化治理的专门机构 | 本项为一般加分项，满分为5分 | | | | 5 | | | |

续表

| 指标代码 | 评定项目 | 检查评定方法与指标说明 | 大项分值栏 | 分项分值栏 | 次分项分值栏 | 小项分值栏 | 次小项分值栏 | 自评计分栏 | 评定计分栏 |
|---|---|---|---|---|---|---|---|---|---|
| O | 有序化治理：内容供给与机制运作 | | 300 | | | | | | |
| O1 | 供给机制 | | | 150 | | | | | |
| O11 | 设施网络 | | | | 26 | | | | |
| O11-1 | 本级公共文化设施建设合规 | | | | | 1 | | | |
| O11-2 | 建立公共文化机构总分馆制 | | | | | 1 | | | |
| O11-3 | 建成公共文化生活圈 | 本项为一般加分项，满分为8分 | | | | 8 | | | |
| O11-4 | 优惠或免费开放合规 | | | | | 1 | | | |
| O11-5 | 创新性免费开放实施办法 | | | | | | | | |
| O11-51 | 扩大公共文化设施优惠或免费开放范围 | 本项为一般加分项，满分为3分 | | | | | 3 | | |
| O11-52 | 延长优惠或免费开放时间 | | | | | | 3 | | |
| O11-6 | 特殊群体设施建设 | | | | | | | | |
| O11-61 | 配置无障碍设施设备 | 配置无障碍通道、无障碍电梯、无障碍厕所等设施 | | | | | 2 | | |
| O11-62 | 开设针对特殊群体的活动区域 | 建有未成年人阅览室（区）、盲人阅览室（区），配置并及时更新盲文读物、视听读物及相关设备 | | | | | 2 | | |

续表

| 指标代码 | 评定项目 | 检查评定方法与指标说明 | 大项分值栏 | 分项分值栏 | 次分项分值栏 | 小项分值栏 | 次小项分值栏 | 自评计分栏 | 评定计分栏 |
|---|---|---|---|---|---|---|---|---|---|
| O11-7 | 公共文化场馆承担复合型功能 | 指公共文化场馆除提供基本公共文化服务外,凭借其优厚的社区关系,发挥除基本公共文化服务外的人才培养、居民生活、公益等方面更加多元化的城市功能,如成立创新创业中心、公益团队等。本项为一般加分项,满分为5分 | | | | 5 | | | |
| O12 | 服务内容 | | | | 31 | | | | |
| O12-1 | 文化惠民活动开展合规 | | | | | 1 | | | |
| O12-2 | 开展针对特殊群体的公共文化活动和文化服务 | | | | | 2 | | | |
| O12-3 | 开展文化精品工程 | 文化精品指制作或展演以讴歌党、讴歌祖国、讴歌人民、讴歌英雄为创作主题,聚焦重大题材、现实题材、红色题材和本土题材的文艺作品 | | | | | | | |
| | 本年度文化精品工程重点项目数量 | | | | | | 10 | | |
| O12-31 | 本年度文化精品工程重点项目30个及以上 | | | | | | 10 | | |
| | 本年度文化精品工程重点项目15个及以上 | | | | | | 6 | | |

续表

| 指标代码 | 评定项目 | 检查评定方法与指标说明 | 大项分值栏 | 分项分值栏 | 次分项分值栏 | 小项分值栏 | 次小项分值栏 | 自评计分栏 | 评定计分栏 |
|---|---|---|---|---|---|---|---|---|---|
| | 本年度文化精品工程重点项目5个及以上 | | | | | | 3 | | |
| O12-32 | 本年度获具有较大影响的省级奖励的文化精品数量 | | | | | | 8 | | |
| | 本年度获具有较大影响的省级奖励的文化精品8部及以上 | | | | | | 8 | | |
| | 本年度获具有较大影响的省级奖励的文化精品4部及以上 | | | | | | 4 | | |
| | 本年度获具有较大影响的省级奖励的文化精品1部及以上 | | | | | | 2 | | |
| O12-33 | 本年度获具有重大影响的国家级奖励的文化精品数量 | | | | | | 10 | | |
| | 本年度获具有重大影响的国家级奖励的文化精品5部及以上 | | | | | | 10 | | |
| | 本年度获具有重大影响的国家级奖励的文化精品3部及以上 | | | | | | 6 | | |
| | 本年度获具有重大影响的国家级奖励的文化精品1部及以上 | | | | | | 3 | | |
| O13 | 开放合作 | | | | 47 | | | | |
| O13-1 | 开展文化"走出去"工程 | | | | | 35 | | | |

续表

| 指标代码 | 评定项目 | 检查评定方法与指标说明 | 大项分值栏 | 分项分值栏 | 次分项分值栏 | 小项分值栏 | 次小项分值栏 | 自评计分栏 | 评定计分栏 |
|---|---|---|---|---|---|---|---|---|---|
| O13-11 | 定期举办国际交流活动次数 | 指近三年本行政区域独立或牵头的在国内举办的国际性文化活动（含会议、展览、文化活动等） | | | | | 10 | | |
| | 年均举办国际交流活动3次以上 | | | | | | 10 | | |
| | 两年举办国际交流活动3次以上 | | | | | | 6 | | |
| | 三年举办国际交流活动3次以上 | | | | | | 2 | | |
| O13-12 | 定期举办文化"走出去"活动次数 | 指近三年当地文化作品或服务"走出去"在国外参与文化活动 | | | | | 10 | | |
| | 年均举办文化"走出去"活动3次以上 | | | | | | 10 | | |
| | 两年举办文化"走出去"活动3次以上 | | | | | | 6 | | |
| | 三年举办文化"走出去"活动3次以上 | | | | | | 2 | | |
| O13-13 | 本年度获国际性奖项或荣誉称号的文化活动（作品）数量 | | | | | | 15 | | |
| | 本年度获国际性奖项或荣誉称号的文化活动（作品）3项及以上 | | | | | | 15 | | |
| | 本年度获国际性奖项或荣誉称号的文化活动（作品）1项及以上 | | | | | | 8 | | |

续表

| 指标代码 | 评定项目 | 检查评定方法与指标说明 | 大项分值栏 | 分项分值栏 | 次分项分值栏 | 小项分值栏 | 次小项分值栏 | 自评计分栏 | 评定计分栏 |
|---|---|---|---|---|---|---|---|---|---|
| O13-2 | 公共文化与其他行业开放合作 | 指公共文化与其他行业融合，如教育、体育、文化产业、军队、餐饮等 | | | | 12 | | | |
| O13-21 | 与其他行业开展开放合作的文化活动 | | | | | | 3 | | |
| O13-22 | 向其他行业提供公共文化设施 | | | | | | 3 | | |
| O13-23 | 向其他行业提供公共文化服务 | | | | | | 3 | | |
| O13-3 | 开展馆际合作 | 包括馆际资源共享、合作举办文化活动及其他创新性合作模式 | | | | 3 | | | |
| O14 | 地方文化 | | | | 47 | | | | |
| O14-1 | 是否为历史文化名城 | 本项为本行政区域内拥有历史文化名城的专属加分项，满分3分 | | | | 3 | | | |
| O14-2 | 是否拥有历史文化街区（村镇） | 本项为本行政区域内拥有历史文化街区（村镇）的专属加分项，满分3分 | | | | 3 | | | |
| O14-3 | 本级行政区域内获"中国民间文化艺术之乡"称号的数量 | 本项为本行政区域内拥有"中国民间文化艺术之乡"的专属加分项，满分3分 | | | | 3 | | | |
| O14-4 | 本级行政区域内被纳入国家级非物质文化遗产项目名录的非遗项目数量 | | | | | 6 | | | |

续表

| 指标代码 | 评定项目 | 检查评定方法与指标说明 | 大项分值栏 | 分项分值栏 | 次分项分值栏 | 小项分值栏 | 次小项分值栏 | 自评计分栏 | 评定计分栏 |
|---|---|---|---|---|---|---|---|---|---|
| O14-41 | 本级行政区域内被纳入国家级非物质文化遗产项目名录的非遗项目120个及以上 | | | | | | 6 | | |
| O14-42 | 本级行政区域内被纳入国家级非物质文化遗产项目名录的非遗项目80个及以上 | | | | | | 4 | | |
| O14-43 | 本级行政区域内被纳入国家级非物质文化遗产项目名录的非遗项目50个及以上 | | | | | | 2 | | |
| O14-44 | 本级行政区域内被纳入国家级非物质文化遗产项目名录的非遗项目20个及以上 | | | | | | 1 | | |
| O14-5 | 本级行政区域内被纳入联合国教科文组织非物质文化遗产项目名录的非遗项目数量 | | | | | 6 | | | |
| O14-51 | 本级行政区域内被纳入联合国教科文组织非物质文化遗产项目名录的非遗项目2个及以上 | | | | | | 6 | | |
| O14-52 | 本级行政区域内被纳入联合国教科文组织非物质文化遗产项目名录的非遗项目1个及以上 | | | | | | 4 | | |

续表

| 指标代码 | 评定项目 | 检查评定方法与指标说明 | 大项分值栏 | 分项分值栏 | 次分项分值栏 | 小项分值栏 | 次小项分值栏 | 自评计分栏 | 评定计分栏 |
|---|---|---|---|---|---|---|---|---|---|
| O14-6 | 本级行政区域内被列入国家级非物质文化遗产代表性项目代表性传承人名单的传承人或传承单位数量 | | | | | 6 | | | |
| O14-61 | 本级行政区域内被列入国家级非物质文化遗产代表性项目代表性传承人名单的传承人或传承单位120人及以上 | | | | | | 6 | | |
| O14-62 | 本级行政区域内被列入国家级非物质文化遗产代表性项目代表性传承人名单的传承人或传承单位80人及以上 | | | | | | 4 | | |
| O14-63 | 本级行政区域内被列入国家级非物质文化遗产代表性项目代表性传承人名单的传承人或传承单位50人及以上 | | | | | | 2 | | |
| O14-64 | 本级行政区域内被列入国家级非物质文化遗产代表性项目代表性传承人名单的传承人或传承单位20人及以上 | | | | | | 1 | | |
| O14-7 | 开发特色文化产品和文化服务 | | | | | 20 | | | |

续表

| 指标代码 | 评定项目 | 检查评定方法与指标说明 | 大项分值栏 | 分项分值栏 | 次分项分值栏 | 小项分值栏 | 次小项分值栏 | 自评计分栏 | 评定计分栏 |
|---|---|---|---|---|---|---|---|---|---|
| | 特色文化品牌活动年举办次数 | 特色文化品牌活动指具有地方特色的品牌文化活动，如文化节活动、民族特色活动等 | | | | | 10 | | |
| O14-71 | 特色文化品牌活动年举办次数为4次及以上 | | | | | | 10 | | |
| | 特色文化品牌活动年举办次数为2次及以上 | | | | | | 5 | | |
| | 本年度获省级及以上奖励的地方文创产品数量 | | | | | | 10 | | |
| O14-72 | 本年度获省级及以上奖励的地方文创产品8个及以上 | | | | | | 10 | | |
| | 本年度获省级及以上奖励的地方文创产品5个及以上 | | | | | | 6 | | |
| | 本年度获省级及以上奖励的地方文创产品3个及以上 | | | | | | 3 | | |
| O15 | 服务效能 | | | | 11 | | | | |
| O15-1 | 本年度本级公共文化活动上座率 | | | | | 5 | | | |
| O15-11 | 本年度本级公共文化活动上座率不低于90% | | | | | | 5 | | |
| O15-12 | 本年度本级公共文化活动上座率不低于60% | | | | | | 2 | | |

续表

| 指标代码 | 评定项目 | 检查评定方法与指标说明 | 大项分值栏 | 分项分值栏 | 次分项分值栏 | 小项分值栏 | 次小项分值栏 | 自评计分栏 | 评定计分栏 |
|---|---|---|---|---|---|---|---|---|---|
| O15-2 | 公众对公共文化活动满意度 | | | | | 6 | | | |
| O15-21 | 公众对公共文化活动满意度不低于95% | | | | | | 6 | | |
| O15-22 | 公众对公共文化活动满意度不低于85% | | | | | | 3 | | |
| O15-23 | 公众对公共文化活动满意度不低于80% | | | | | | 1 | | |
| O2 | 传播机制 | | | 45 | | | | | |
| O21 | 传播渠道 | | | | 21 | | | | |
| O21-1 | 建成线上传播渠道 | | | | | | | | |
| O21-11 | 建成全媒体传播渠道 | 全媒体传播渠道包括官方门户网站、微信公众号、微信小程序、微博及抖音、快手等短视频平台 | | | | | 6 | | |
| O21-12 | 与其他线上传播载体建立合作渠道 | 其他线上传播渠道包括地方政务媒体平台、地方广播电视媒体、地方电台、商业媒体、国际性传播媒体等 | | | | | 6 | | |
| O21-2 | 建成线下传播渠道 | | | | | | | | |
| O21-21 | 建成线下媒体传播渠道 | 线下媒体传播渠道包括纸质媒体、公共交通移动媒体等 | | | | | 3 | | |
| O21-22 | 建成线下广告媒介传播渠道 | 线下广告媒介传播渠道包括城市街道、社区、学校等的广告位宣传，制作公共文化服务宣传手册、海报等 | | | | | 3 | | |

续表

| 指标代码 | 评定项目 | 检查评定方法与指标说明 | 大项分值栏 | 分项分值栏 | 次分项分值栏 | 小项分值栏 | 次小项分值栏 | 自评计分栏 | 评定计分栏 |
|---|---|---|---|---|---|---|---|---|---|
| O21-23 | 建成现场传播渠道 | 现场传播渠道包括活动现场地推，开展街道社区、校园流动宣传等 | | | | | 3 | | |
| O22 | 传播效能 | | | | 24 | | | | |
| O22-1 | 本年度公共文化机构全媒体渠道平均访问量占城市人口总数比例 | 统计范围包括公共文化云、博物馆、图书馆、文化馆所拥有的官网、微信公众号、微博、抖音等官方媒体平台的访问量 | | | | 6 | | | |
| O22-11 | 平均访问量占城市人口总数不低于60% | | | | | | 6 | | |
| O22-12 | 平均访问量占城市人口总数不低于30% | | | | | | 3 | | |
| O22-13 | 平均访问量占城市人口总数不低于10% | | | | | | 1 | | |
| O22-2 | 本年度公共文化场馆平均访问量占城市人口总数比例 | 统计范围包括本行政区域内一级博物馆、图书馆、文化馆的参观人次 | | | | 6 | | | |
| O22-21 | 平均访问量占城市人口总数不低于60% | | | | | | 6 | | |
| O22-22 | 平均访问量占城市人口总数不低于30% | | | | | | 3 | | |
| O22-23 | 平均访问量占城市人口总数不低于10% | | | | | | 1 | | |
| O22-3 | 开展文化活动预热性宣传 | | | | | 6 | | | |
| O22-31 | 活动开始前不进行预热性宣传 | | | | | | 0 | | |

续表

| 指标代码 | 评定项目 | 检查评定方法与指标说明 | 大项分值栏 | 分项分值栏 | 次分项分值栏 | 小项分值栏 | 次小项分值栏 | 自评计分栏 | 评定计分栏 |
|---|---|---|---|---|---|---|---|---|---|
| O22-32 | 活动开始前7天内开展预热性宣传 | | | | | 2 | | | |
| O22-33 | 活动开始前15天内开展预热性宣传 | | | | | 4 | | | |
| O22-34 | 活动开始前15天及以上开展预热性宣传 | | | | | 6 | | | |
| O22-4 | 开展文化活动总结性宣传 | | | | 6 | | | | |
| O22-41 | 活动结束当天开展总结性宣传 | | | | | 6 | | | |
| O22-42 | 活动结束2天内开展总结性宣传 | | | | | 4 | | | |
| O22-43 | 活动结束3天及以上开展总结性宣传 | | | | | 2 | | | |
| O22-44 | 活动结束后不进行总结性宣传 | | | | | 0 | | | |
| O3 | 保障机制 | | 83 | | | | | | |
| O31 | 财政保障 | | | 19 | | | | | |
| O31-1 | 文化旅游体育与传媒支出占本级财政预算的比重 | | | | 8 | | | | |
| O31-11 | 文化旅游体育与传媒支出占本级财政预算不低于1.5% | | | | | 8 | | | |
| O31-12 | 文化旅游体育与传媒支出占本级财政预算不低于1% | | | | | 5 | | | |
| O31-13 | 文化旅游体育与传媒支出占本级财政预算不低于0.5% | | | | | 2 | | | |
| O31-2 | 设立非物质文化遗产保护、保存经费 | | | | 2 | | | | |

续表

| 指标代码 | 评定项目 | 检查评定方法与指标说明 | 大项分值栏 | 分项分值栏 | 次分项分值栏 | 小项分值栏 | 次小项分值栏 | 自评计分栏 | 评定计分栏 |
|---|---|---|---|---|---|---|---|---|---|
| O31-3 | 设立本级文化人才专项资金 | | | | | 2 | | | |
| O31-4 | 设立公共数字文化建设专项资金 | | | | | 3 | | | |
| O31-5 | 制定对参与公共文化服务的社会力量的相关优惠政策 | 制定对参与公共文化服务的社会力量的税收优惠、项目补贴、专项经费、贷款贴息等优惠政策 | | | | 2 | | | |
| O31-6 | 制定公共文化服务资金使用监督和统计公告制度 | | | | | 2 | | | |
| O32 | 人力保障 | | | | 46 | | | | |
| O32-1 | 建立专业人才引进、培养、激励机制 | | | | | 6 | | | |
| O32-11 | 建立文化志愿者招募、培训、评价、激励机制 | | | | | | 2 | | |
| O32-12 | 建立地方文化传承和保护的人才引进、培养、激励机制 | | | | | | 3 | | |
| O32-13 | 建立其他相关人才引进、培养、激励机制 | | | | | | 1 | | |
| O32-2 | 公共文化机构负责人具有文化专业学习经历或文化相关从业经验 | | | | | 5 | | | |
| O32-3 | 公共文化机构编制人员的学历结构 | | | | | 10 | | | |

续表

| 指标代码 | 评定项目 | 检查评定方法与指标说明 | 大项分值栏 | 分项分值栏 | 次分项分值栏 | 小项分值栏 | 次小项分值栏 | 自评计分栏 | 评定计分栏 |
|---|---|---|---|---|---|---|---|---|---|
| O32-31 | 全部学士以上，其中硕士比例不低于50%，博士比例不低于10% | | | | | | 10 | | |
| O32-32 | 全部学士以上，其中硕士比例不低于40% | | | | | | 8 | | |
| O32-33 | 全部学士以上，其中硕士比例不低于20% | | | | | | 6 | | |
| O32-34 | 全部大专以上，其中学士比例不低于80% | | | | | | 4 | | |
| O32-4 | 公共文化机构从业人员的文化专业知识结构 | | | | | 10 | | | |
| O32-41 | 从事公共文化相关专业学科研究的人员比例不低于60% | 公共文化相关专业指图书馆学、博物馆学、档案管理学、教育学、文物学等与公共文化机构定位、宗旨相符的文化专业 | | | | | 10 | | |
| O32-42 | 从事公共文化相关专业学科研究的人员比例不低于40% | | | | | | 6 | | |
| O32-43 | 从事公共文化相关专业学科研究的人员比例不低于20% | | | | | | 4 | | |
| O32-5 | 公共文化机构从业人员的科技人员结构 | | | | | 10 | | | |
| O32-51 | 从事数字信息技术相关专业研究的科技人员比例不低于15% | | | | | | 10 | | |

续表

| 指标代码 | 评定项目 | 检查评定方法与指标说明 | 大项分值栏 | 分项分值栏 | 次分项分值栏 | 小项分值栏 | 次小项分值栏 | 自评计分栏 | 评定计分栏 |
|---|---|---|---|---|---|---|---|---|---|
| O32-52 | 从事数字信息技术相关专业研究的科技人员比例不低于8% | | | | | | 5 | | |
| O32-6 | 建有本级文化智库 | | | | | 5 | | | |
| O33 | 安全保障 | | | | 18 | | | | |
| O33-1 | 制定数字版权保护制度 | | | | | 3 | | | |
| O33-2 | 制定网络文化信息安全制度 | | | | | 3 | | | |
| O33-3 | 制定用户信息安全、征信制度 | | | | | 3 | | | |
| O33-4 | 制定公共文化场所和文化活动突发事件应急管理制度 | | | | | 3 | | | |
| O33-5 | 制定意识形态工作管理制度 | 含意识形态工作责任制度、意识形态内容供给制度、意识形态传播制度等 | | | | 3 | | | |
| O33-6 | 设置公共文化场所安全保障工作小组 | | | | | 3 | | | |
| O4 | 评估机制 | | | 22 | | | | | |
| O41 | 评估主体 | | | | 10 | | | | |
| O41-1 | 引入公众参与评估 | | | | | 3 | | | |
| O41-2 | 引入公共文化机构从业人员参与评估 | | | | | 2 | | | |
| O41-3 | 引入专业评估机构参与评估 | | | | | 3 | | | |
| O41-4 | 引入其他公共文化机构参与评估 | | | | | 2 | | | |
| O42 | 评估程序 | | | | 12 | | | | |

续表

| 指标代码 | 评定项目 | 检查评定方法与指标说明 | 大项分值栏 | 分项分值栏 | 次分项分值栏 | 小项分值栏 | 次小项分值栏 | 自评计分栏 | 评定计分栏 |
|---|---|---|---|---|---|---|---|---|---|
| O42-1 | 建立公共文化服务"事前—事中—事后"评估机制 | | | | | 1 | | | |
| O42-2 | 对标准实施情况的动态监测机制 | | | | | 1 | | | |
| O42-3 | 建立第三方公共文化服务评估机制 | 如建立社会组织公共文化服务绩效评估制度，建立社会力量兴办的公益性文化机构公共文化服务情况评估机制等 | | | | 3 | | | |
| O42-4 | 建立社会力量提供的公共文化服务情况评估机制 | | | | | 3 | | | |
| O42-5 | 建立绩效评估责任制 | | | | | 2 | | | |
| O42-6 | 建立评估方案、流程和结果信息公开机制 | | | | | 2 | | | |
| S | 社会化治理：多元参与与协同共治 | | 200 | | | | | | |
| S1 | 政府主导 | | | 33 | | | | | |
| S11 | 政府支出 | | | | 15 | | | | |
| S11-1 | 向社会购买公共文化服务财政支出部分逐年增加 | | | | | 5 | | | |
| S11-2 | 公共文化领域PPP项目实现逐年增加 | | | | | 5 | | | |
| S11-3 | 对民营公共文化机构的补贴逐年增加 | | | | | 5 | | | |
| S12 | 鼓励社会力量参与 | | | | 18 | | | | |
| S12-1 | 引入社会力量参与公共文化机构治理 | 本项为一般加分项，满分为5分 | | | | 5 | | | |

续表

| 指标代码 | 评定项目 | 检查评定方法与指标说明 | 大项分值栏 | 分项分值栏 | 次分项分值栏 | 小项分值栏 | 次小项分值栏 | 自评计分栏 | 评定计分栏 |
|---|---|---|---|---|---|---|---|---|---|
| S12-2 | 引入社会力量参与公共文化设施运营 | | | | | 5 | | | |
| S12-3 | 制定简化采购业务管理程序制度 | | | | | 3 | | | |
| S12-4 | 接受社会力量投资或捐赠实现逐年递增 | | | | | 5 | | | |
| S2 | 社会组织参与 | | | 87 | | | | | |
| S21 | 社会组织发展规模 | | | | 43 | | | | |
| S21-1 | 每万人拥有社会组织的数量 = 社会组织的单位数 / 人口数 | | | | | 3 | | | |
| S21-11 | 每万人拥有社会组织数量10个及以上 | | | | | | 3 | | |
| S21-12 | 每万人拥有社会组织数量5个及以上 | | | | | | 1 | | |
| S21-2 | 累计获得"3A"等级以上社会组织的数量 | | | | | 5 | | | |
| S21-21 | "3A"等级以上社会组织的数量不低于800个 | | | | | | 5 | | |
| S21-22 | "3A"等级以上社会组织的数量不低于500个 | | | | | | 3 | | |
| S21-23 | "3A"等级以上社会组织的数量不低于200个 | | | | | | 1 | | |
| S21-3 | 专职工作人员占社会组织工作人员总数的比重 | | | | | 5 | | | |
| S21-31 | 专职工作人员的比例占社会组织工作人员总数不低于90% | | | | | | 5 | | |

续表

| 指标代码 | 评定项目 | 检查评定方法与指标说明 | 大项分值栏 | 分项分值栏 | 次分项分值栏 | 小项分值栏 | 次小项分值栏 | 自评计分栏 | 评定计分栏 |
|---|---|---|---|---|---|---|---|---|---|
| S21-32 | 专职工作人员占社会组织工作人员总数的比例不低于80% | | | | | | 3 | | |
| S21-33 | 专职工作人员占社会组织工作人员总数的比例不低于70% | | | | | | 1 | | |
| S21-4 | 专业技术人员占社会组织专职工作人员总数的比重 | 专业技术人员指具有专业技术职称（含初、中、高级）的专职从业人员 | | | | 5 | | | |
| S21-41 | 专业技术人员占社会组织专职工作人员总数的比例不低于20% | | | | | | 5 | | |
| S21-42 | 专业技术人员占社会组织专职工作人员总数的比例不低于10% | | | | | | 3 | | |
| S21-43 | 专业技术人员占社会组织专职工作人员总数的比例不低于5% | | | | | | 1 | | |
| S21-5 | 文化类社会组织数量 | | | | | 5 | | | |
| S21-51 | 文化类社会组织数量达到5000个及以上 | | | | | | 5 | | |
| S21-52 | 文化类社会组织数量达到3000个及以上 | | | | | | 3 | | |
| S21-53 | 文化类社会组织数量达到1000个及以上 | | | | | | 1 | | |

续表

| 指标代码 | 评定项目 | 检查评定方法与指标说明 | 大项分值栏 | 分项分值栏 | 次分项分值栏 | 小项分值栏 | 次小项分值栏 | 自评计分栏 | 评定计分栏 |
|---|---|---|---|---|---|---|---|---|---|
| S21-6 | "3A"等级以上的文化类社会组织占"3A"等级以上社会组织总数的比例 | 依据民政部出台的《社会组织评估管理办法》获得社会组织等级评估结果。根据民政部5个级别的评估等次,"5A"是优秀,"4A"是良好,"3A"是合格,"2A"是较差,"1A"是差。各等次都对应一系列评价标准 | | | | 5 | | | |
| S21-61 | "3A"等级以上的文化类社会组织的比例不低于30% | | | | | | 5 | | |
| S21-62 | "3A"等级以上的文化类社会组织的比例不低于20% | | | | | | 3 | | |
| S21-63 | "3A"等级以上的文化类社会组织的比例不低于10% | | | | | | 1 | | |
| S21-7 | 公共文化服务机构行业协会（或理事会）数量 | 公共文化服务机构行业协会（或理事会），即博物馆行业协会、图书馆行业协会、群众文化协会等公共文化服务类协会组织 | | | | 5 | | | |
| S21-71 | 本级公共文化服务机构行业协会数量不少于3个 | | | | | | 5 | | |
| S21-72 | 本级公共文化服务机构行业协会数量不少于2个 | | | | | | 3 | | |

续表

| 指标代码 | 评定项目 | 检查评定方法与指标说明 | 大项分值栏 | 分项分值栏 | 次分项分值栏 | 小项分值栏 | 次小项分值栏 | 自评计分栏 | 评定计分栏 |
|---|---|---|---|---|---|---|---|---|---|
| S21-73 | 本级公共文化服务机构行业协会数量不少于1个 | | | | | 1 | | | |
| S21-8 | 有社会组织设立的公共文化机构 | | | | | 5 | | | |
| S21-9 | 每万人拥有艺术表演团体机构数 | 每万人拥有艺术表演团队机构数=本行政区域内艺术表演机构数/人口数（单位：万人） | | | | 5 | | | |
| S21-91 | 每万人拥有艺术表演团体机构数不低于1个 | | | | | | 5 | | |
| S21-92 | 每万人拥有艺术表演团体机构数不低于0.5个 | | | | | | 3 | | |
| S21-93 | 每万人拥有艺术表演团体机构数不低于0.1个 | | | | | | 1 | | |
| S22 | 社会组织的参与深度 | | | 44 | | | | | |
| S22-1 | 艺术表演团体演出场次 | 艺术表演团体指由文化部门主办或实行行业管理（经文化市场行政部门审批或已申报登记并领取相关许可证），专门从事表演艺术等活动的各类专业艺术表演团体、民间职业剧团 | | | | 6 | | | |
| S22-11 | 本年度艺术表演团体演出场次不低于30万场 | | | | | | 6 | | |

续表

| 指标代码 | 评定项目 | 检查评定方法与指标说明 | 大项分值栏 | 分项分值栏 | 次分项分值栏 | 小项分值栏 | 次小项分值栏 | 自评计分栏 | 评定计分栏 |
|---|---|---|---|---|---|---|---|---|---|
| S22-12 | 本年度艺术表演团体演出场次不低于10万场 | | | | | | 4 | | |
| S22-13 | 本年度艺术表演团体演出场次不低于5万场 | | | | | | 2 | | |
| S22-14 | 本年度艺术表演团体演出场次不低于3万场 | | | | | | 1 | | |
| S22-2 | 社会组织举办的文化活动获奖数量 | | | | | 8 | | | |
| S22-21 | 本年度获得省级及以上奖励的文化活动5个及以上 | | | | | | 8 | | |
| S22-22 | 本年度获得省级及以上奖励的文化活动3个及以上 | | | | | | 5 | | |
| S22-23 | 本年度获得省级及以上奖励的文化活动1个及以上 | | | | | | 1 | | |
| S22-3 | 政府购买服务收入占社会组织总收入的比重 | | | | | 5 | | | |
| S22-31 | 政府购买服务收入占社会组织总收入的比例不低于80% | | | | | | 5 | | |
| S22-32 | 政府购买服务收入占社会组织总收入的比例不低于60% | | | | | | 3 | | |
| S22-33 | 政府购买服务收入占社会组织总收入的比例不低于40% | | | | | | 2 | | |

续表

| 指标代码 | 评定项目 | 检查评定方法与指标说明 | 大项分值栏 | 分项分值栏 | 次分项分值栏 | 小项分值栏 | 次小项分值栏 | 自评计分栏 | 评定计分栏 |
|---|---|---|---|---|---|---|---|---|---|
| S22-4 | 社会捐赠收入占社会组织总收入的比重 | | | | | 5 | | | |
| S22-41 | 社会捐献收入占社会组织总收入的比例不低于10% | | | | | | 5 | | |
| S22-42 | 社会捐献收入占社会组织总收入的比例不低于7% | | | | | | 3 | | |
| S22-43 | 社会捐献收入占社会组织总收入的比例不低于5% | | | | | | 1 | | |
| S22-5 | 政府补助收入占社会组织总收入的比重 | | | | | 5 | | | |
| S22-51 | 政府补助收入占社会组织总收入的比例不低于10% | | | | | | 5 | | |
| S22-52 | 政府补助收入占社会组织总收入的比例不低于7% | | | | | | 3 | | |
| S22-53 | 政府补助收入占社会组织总收入的比例不低于5% | | | | | | 1 | | |
| S22-6 | 获得公共文化服务体系建设相关表彰 | | | | | 5 | | | |
| S22-7 | 定期举办或参与国际交流活动的次数 | | | | | 10 | | | |
| S22-71 | 年均举办或参与国际交流活动3次及以上 | | | | | | 10 | | |
| S22-72 | 两年举办国际交流活动3次及以上 | | | | | | 6 | | |
| S22-73 | 三年举办国际交流活动3次及以上 | | | | | | 2 | | |

续表

| 指标代码 | 评定项目 | 检查评定方法与指标说明 | 大项分值栏 | 分项分值栏 | 次分项分值栏 | 小项分值栏 | 次小项分值栏 | 自评计分栏 | 评定计分栏 |
|---|---|---|---|---|---|---|---|---|---|
| S3 | 企业参与 | | | 46 | | | | | |
| S31 | 文化企业发展规模 | 包括文化制造业、文化批发和零售业、文化服务业企业 | | | 15 | | | | |
| S31-1 | 文化企业数量 | | | | | 5 | | | |
| S31-11 | 文化企业数量不低于2万个 | | | | | | 5 | | |
| S31-12 | 文化企业数量不低于1万个 | | | | | | 3 | | |
| S31-13 | 文化企业数量不低于0.5万个 | | | | | | 1 | | |
| S31-2 | 规模以上文化企业占文化企业总数的比重 | | | | | 5 | | | |
| S31-21 | 规模以上文化企业的比例不低于30% | | | | | | 5 | | |
| S31-22 | 规模以上文化企业的比例不低于20% | | | | | | 3 | | |
| S31-23 | 规模以上文化企业的比例不低于10% | | | | | | 2 | | |
| S31-3 | 专业技术人才数量占文化企业从业人员数量的比重 | | | | | 5 | | | |
| S31-31 | 专业技术人员占从业人员总数的比例不低于50% | | | | | | 5 | | |
| S31-32 | 专业技术人员占从业人员总数的比例不低于30% | | | | | | 3 | | |
| S31-33 | 专业技术人员占从业人员总数的比例不低于20% | | | | | | 1 | | |

续表

| 指标代码 | 评定项目 | 检查评定方法与指标说明 | 大项分值栏 | 分项分值栏 | 次分项分值栏 | 小项分值栏 | 次小项分值栏 | 自评计分栏 | 评定计分栏 |
|---|---|---|---|---|---|---|---|---|---|
| S32 | 文化企业的参与深度 | | | | 31 | | | | |
| S32-1 | 政府向文化企业购买公共文化服务的数量逐年增长 | | | | | 5 | | | |
| S32-2 | 政府向文化企业购买公共文化服务的成交金额逐年增长 | | | | | 5 | | | |
| S32-3 | 文化企业提供公益性文化活动的次数 | | | | | 8 | | | |
| S32-31 | 本年度文化企业提供公益性文化活动不低于10场 | | | | | | 8 | | |
| S32-32 | 本年度文化企业提供公益性文化活动不低于6场 | | | | | | 4 | | |
| S32-33 | 本年度文化企业提供公益性文化活动不低于3场 | | | | | | 1 | | |
| S32-4 | 文化企业提供的公共文化服务项目获奖数量 | | | | | 8 | | | |
| S32-41 | 本年度获得省级及以上奖励的公共文化服务项目5个及以上 | | | | | | 8 | | |
| S32-42 | 本年度获得省级及以上奖励的公共文化服务项目3个及以上 | | | | | | 4 | | |
| S32-43 | 本年度获得省级及以上奖励的公共文化服务项目1个及以上 | | | | | | 1 | | |
| S32-5 | 获得公共文化服务体系建设相关表彰 | | | | | 5 | | | |

续表

| 指标代码 | 评定项目 | 检查评定方法与指标说明 | 大项分值栏 | 分项分值栏 | 次分项分值栏 | 小项分值栏 | 次小项分值栏 | 自评计分栏 | 评定计分栏 |
|---|---|---|---|---|---|---|---|---|---|
| S4 | 公众参与 | | 34 | | | | | | |
| S41 | 群众团体发展规模 | | | | 14 | | | | |
| S41-1 | 本级行政区域内社区成立公众文艺创作团队比例 | | | | | 6 | | | |
| S41-11 | 成立公众文艺创作团队比例达100% | | | | | | 6 | | |
| S41-12 | 成立公众文艺创作团队不低于85% | | | | | | 4 | | |
| S41-13 | 成立公众文艺创作团队不低于70% | | | | | | 2 | | |
| S41-14 | 成立公众文艺创作团队不低于50% | | | | | | 1 | | |
| S41-2 | 公共文化机构文化志愿服务覆盖率 | | | | | 3 | | | |
| | 公共文化机构文化志愿服务覆盖率达100% | | | | | | 3 | | |
| | 公共文化机构文化志愿服务覆盖率不低于85% | | | | | | 1 | | |
| S41-3 | 建成数字文化志愿者队伍 | | | | | 5 | | | |
| S42 | 公众的参与深度 | | | | 20 | | | | |
| S42-1 | 文化志愿者开展线下文化活动的次数 | | | | | 6 | | | |
| S42-11 | 本年度开展线下文化活动次数不低于5万场 | | | | | | 6 | | |
| S42-12 | 本年度开展线下文化活动次数不低于3万场 | | | | | | 4 | | |

续表

| 指标代码 | 评定项目 | 检查评定方法与指标说明 | 大项分值栏 | 分项分值栏 | 次分项分值栏 | 小项分值栏 | 次小项分值栏 | 自评计分栏 | 评定计分栏 |
|---|---|---|---|---|---|---|---|---|---|
| S42-13 | 本年度开展线下文化活动次数不低于1万场 | | | | | | 2 | | |
| S42-14 | 本年度开展线下文化活动次数不低于0.5万场 | | | | | | 1 | | |
| S42-2 | 文化志愿者开展线上文化活动的次数 | | | | | 6 | | | |
| S42-21 | 开展线上文化活动次数不低于1万场 | | | | | | 6 | | |
| S42-22 | 开展线上文化活动次数不低于0.5万场 | | | | | | 3 | | |
| S42-23 | 开展线上文化活动次数不低于0.2万场 | | | | | | 1 | | |
| S42-3 | 公众文艺创作团队举办的文化活动获奖数量 | | | | | 8 | | | |
| S42-31 | 本年度获得省级及以上奖励的文化活动5个及以上 | | | | | | 8 | | |
| S42-32 | 本年度获得省级及以上奖励的文化活动3个及以上 | | | | | | 5 | | |
| S42-33 | 本年度获得省级及以上奖励的文化活动1个及以上 | | | | | | 2 | | |
| T | 智能化治理：技术创新与智慧应用 | | 200 | | | | | | |
| T1 | 智能设施 | | | 119 | | | | | |
| T11 | 网络普及 | | | | 11 | | | | |
| T11-1 | 公共文化场所免费无线网络覆盖率 | | | | | 3 | | | |

第七章　互联网式治理的评估指标体系构建

续表

| 指标代码 | 评定项目 | 检查评定方法与指标说明 | 大项分值栏 | 分项分值栏 | 次分项分值栏 | 小项分值栏 | 次小项分值栏 | 自评计分栏 | 评定计分栏 |
|---|---|---|---|---|---|---|---|---|---|
| T11-11 | 公共文化场所免费无线网络覆盖率达100% | | | | | | 3 | | |
| T11-12 | 公共文化场所免费无线网络覆盖率不低于85% | | | | | | 1 | | |
| T11-2 | 本行政区域内5G技术覆盖率 | | | | | 8 | | | |
| T11-21 | 本行政区域内5G技术覆盖率不低于80% | | | | | | 8 | | |
| T11-22 | 本行政区域内5G技术覆盖率不低于60% | | | | | | 4 | | |
| T11-23 | 本行政区域内5G技术覆盖率不低于30% | | | | | | 2 | | |
| T12 | 公共数字文化云平台 | | | | 46 | | | | |
| T12-1 | 建立本级公共数字文化云平台 | | | | | 3 | | | |
| T12-2 | 有云计算、大数据、物联网、AI、VR、AR等技术应用 | | | | | 5 | | | |
| T12-3 | 整合本级及以下公共数字文化平台文化资源 | | | | | 5 | | | |
| T12-4 | 平台服务功能优化 | | | | | 17 | | | |
| T12-41 | 基本功能完善 | 基本功能是指具备文化资源服务、文化志愿服务、文化供需服务、文化导航服务等服务功能 | | | | | 5 | | |
| T12-42 | 具备文化产业服务功能 | 本项为一般加分项，满分为6分 | | | | | 6 | | |

续表

| 指标代码 | 评定项目 | 检查评定方法与指标说明 | 大项分值栏 | 分项分值栏 | 次分项分值栏 | 小项分值栏 | 次小项分值栏 | 自评计分栏 | 评定计分栏 |
|---|---|---|---|---|---|---|---|---|---|
| T12-43 | 具备特殊群体服务功能 | 本项为一般加分项，满分为6分 | | | | | 6 | | |
| T12-5 | 与其他公共数字文化平台共享 | | | | | 16 | | | |
| T12-51 | 链接其他公共数字文化平台门户网站 | 此处公共数字文化平台，即公共数字文化云平台及公共文化机构数字场馆 | | | | | 5 | | |
| T12-52 | 与其他公共数字文化平台资源共享 | | | | | | 5 | | |
| T12-6 | 与国外数字资源库合作共享 | | | | | | 6 | | |
| T13 | 公共文化机构数字场馆 | | | | 48 | | | | |
| T13-1 | 数字场馆建成率 | | | | | 5 | | | |
| T13-11 | 数字场馆建成率不低于95% | | | | | | 5 | | |
| T13-12 | 数字场馆建成率不低于85% | | | | | | 2 | | |
| T13-2 | 有云计算、大数据、物联网、AI、VR、AR等技术应用 | | | | | 5 | | | |
| T13-3 | 整合本级及以下同类数字场馆文化资源 | | | | | 5 | | | |
| T13-4 | 平台服务功能优化 | | | | | 17 | | | |
| T13-41 | 基本功能完善 | 基本功能是指具备文化资源服务、文化志愿服务、文化供需服务、文化导航服务等服务功能 | | | | | 5 | | |
| T13-42 | 具备文化产业服务功能 | 本项为一般加分项，满分为6分 | | | | | 6 | | |

续表

| 指标代码 | 评定项目 | 检查评定方法与指标说明 | 大项分值栏 | 分项分值栏 | 次分项分值栏 | 小项分值栏 | 次小项分值栏 | 自评计分栏 | 评定计分栏 |
|---|---|---|---|---|---|---|---|---|---|
| T13-43 | 具备特殊群体服务功能 | 本项为一般加分项,满分为6分 | | | | | 6 | | |
| T13-5 | 与其他公共数字文化平台共享 | | | | | 16 | | | |
| T13-51 | 链接其他公共数字文化平台门户网站 | | | | | | 5 | | |
| T13-52 | 与其他公共数字文化平台资源共享 | 此处公共数字文化平台,即公共数字文化云平台及公共文化机构数字场馆 | | | | | 5 | | |
| T13-6 | 与国外数字资源库合作共享 | | | | | 6 | | | |
| T14 | 信息化设备 | | | | 14 | | | | |
| T14-1 | 公共文化场所信息化设施设备覆盖率 | | | | | 6 | | | |
| T14-11 | 公共文化场所信息化设施设备覆盖率达100% | | | | | | 6 | | |
| T14-12 | 公共文化场所信息化设施设备覆盖率不低于85% | | | | | | 3 | | |
| T14-2 | 公共文化场所智能化文化体验交互专区建成率 | 运用人机交互、VR、AR、3D打印等现代技术,设立阅读、舞蹈、音乐、书法、绘画、摄影、培训等交互式文化体验专区 | | | | 8 | | | |
| T14-21 | 公共文化场所智能化文化体验交互专区建成率不低于60% | | | | | | 8 | | |

续表

| 指标代码 | 评定项目 | 检查评定方法与指标说明 | 大项分值栏 | 分项分值栏 | 次分项分值栏 | 小项分值栏 | 次小项分值栏 | 自评计分栏 | 评定计分栏 |
|---|---|---|---|---|---|---|---|---|---|
| T14-22 | 公共文化场所智能化文化体验交互专区建成率不低于40% | | | | | | 6 | | |
| T14-23 | 公共文化场所智能化文化体验交互专区建成率不低于20% | | | | | | 3 | | |
| T2 | 数字资源 | | | 59 | | | | | |
| T21 | 数字资源数量 | | | | 31 | | | | |
| T21-1 | 可用数字资源总量 | | | | | 8 | | | |
| T21-11 | 可用数字资源总量100TB及以上 | | | | | | 8 | | |
| T21-12 | 可用数字资源总量80TB及以上 | | | | | | 5 | | |
| T21-13 | 可用数字资源总量50TB及以上 | | | | | | 2 | | |
| T21-2 | 本年度加载更新资源总量 | | | | | 8 | | | |
| T21-21 | 本年度加载更新资源总量20TB及以上 | | | | | | 8 | | |
| T21-22 | 本年度加载更新资源总量10TB及以上 | | | | | | 5 | | |
| T21-23 | 本年度加载更新资源总量5TB及以上 | | | | | | 2 | | |
| T21-3 | 地方特色文化数字资源量占可用数字资源总量的比重 | | | | | 15 | | | |
| T21-31 | 地方特色文化数字资源量占可用数字资源总量的比例不低于30% | | | | | | 15 | | |

续表

| 指标代码 | 评定项目 | 检查评定方法与指标说明 | 大项分值栏 | 分项分值栏 | 次分项分值栏 | 小项分值栏 | 次小项分值栏 | 自评计分栏 | 评定计分栏 |
|---|---|---|---|---|---|---|---|---|---|
| T21-32 | 地方特色文化数字资源量占可用数字资源总量的比例不低于20% | | | | | | 10 | | |
| T21-33 | 地方特色文化数字资源量占可用数字资源总量的比例不低于10% | | | | | | 5 | | |
| T22 | 数字资源质量 | | | | 28 | | | | |
| T22-1 | 数字资源有效利用率 | 指数字资源下载量或播放量占总体访问量的比例 | | | | 10 | | | |
| T22-11 | 数字资源有效利用率不低于30% | | | | | | 10 | | |
| T22-12 | 数字资源有效利用率不低于20% | | | | | | 5 | | |
| T22-13 | 数字资源有效利用率不低于10% | | | | | | 2 | | |
| T22-2 | 定期举办品牌网络文化活动的数量 | 品牌网络文化活动指在本行政区域内具有较大影响力、主题延续并定期举办的网络文化活动 | | | | 10 | | | |
| T22-21 | 年均举办品牌网络文化活动5次及以上 | | | | | | 10 | | |
| T22-22 | 年均举办品牌网络文化活动2次及以上 | | | | | | 5 | | |
| T22-3 | 本年度获得具有较大影响的省级及以上奖励的网络文艺作品数量 | | | | | 8 | | | |

续表

| 指标代码 | 评定项目 | 检查评定方法与指标说明 | 大项分值栏 | 分项分值栏 | 次分项分值栏 | 小项分值栏 | 次小项分值栏 | 自评计分栏 | 评定计分栏 |
|---|---|---|---|---|---|---|---|---|---|
| T22-31 | 本年度获得具有较大影响的省级及以上奖励的网络文艺作品5部及以上 | | | | | | 8 | | |
| T22-32 | 本年度获得具有较大影响的省级及以上奖励的网络文艺作品3部及以上 | | | | | | 4 | | |
| T22-33 | 本年度获得具有较大影响的省级及以上奖励的网络文艺作品1部及以上 | | | | | | 2 | | |
| T3 | 技术创新 | | | 22 | | | | | |
| T31 | 管理系统 | | | | 5 | | | | |
| T31-1 | 建成业务管理信息化系统 | | | | | 5 | | | |
| T32 | 内容生产系统 | | | | 12 | | | | |
| T32-1 | 建成公共文化大数据采集与监测系统 | | | | | 6 | | | |
| T32-2 | 建成公共文化内容配送系统 | | | | | 6 | | | |
| T33 | 评估系统 | | | | 5 | | | | |
| T33-1 | 建成公共文化服务绩效评估系统 | | | | | 5 | | | |

注：专属加分项指该行政区域符合特定条件才能予以评分；一般加分项指该指标具有互联网式治理鲜明特征及前瞻性，应予以重视；黑色填充部分为打分点，分值总和为812分。

# 第八章　建议与展望

随着高新技术的快速迭代及与互联网的融合发展,以移动互联网、物联网技术为基底,5G、大数据、云计算、人工智能、边缘计算、虚拟技术、区块链等技术为支撑的技术新生态已渐具雏形。技术新生态逐步颠覆、重构全社会各行业的方方面面,同时,也逐步改变着人们的日常生活方式甚至思维方式、行为习惯等深层次的行为模式,渐进式进行着深层的社会变革。随着我国"新基建"建设逐步加快,我国产业数字化和数字产业化都将进入法治新阶段,以互联网为纽带的"科技革命"将会在未来更深刻渗透、改造社会的方方面面。在此背景下,我国公共文化服务将会更深层次,更密切地影响创意阶层、文化产业、地区文化品牌(地区吸引力)、地区文化治理、文化生态,乃至经济、社会系统等方方面面。我国公共文化服务与互联网的融合发展是社会发展大势所趋,也是满足人民文化需求的应有之义。

正如第一章所述,互联网式治理下的公共文化服务系统,以价值系统和技术系统为驱动力,通过各参与主体之间的相互作用和行为系统的有序运作,实现公共文化服务的政治、经济、文化等多维度价值。各系统之间相互影响,相互作用,最终通过行为系统产出直接效能。本章将从互联网式治理下的公共文化服务四个子系统分别进行建议与展望。

## 一、坚守价值

### (一)夯实核心价值

党的十九届四中全会审议通过《中共中央关于坚持和完善中国特色社会主

义制度、推进国家治理体系和治理能力现代化若干重大问题的决定》提出"坚持以社会主义核心价值观引领文化建设制度"❶。公共文化服务是培育弘扬社会主义核心价值观的重要阵地，是保障公民基本文化权益的主要途径，是提高国民文明素养和增强国民幸福感、归属感的重要手段。

在革命时期，我党通过戏曲、版画等人民喜闻乐见、易于接受的形式有效宣传党的执政纲领，起到了凝聚人心、汇集力量的重要作用，筑牢了全国各族人民大团结的思想堡垒。在改革开放后的中国特色社会主义建设新时代，面临更加复杂的社会环境和媒介环境，我国公共文化服务更应有所作为，筑牢我国社会主义核心价值观的牢固长城。

文化产业在内容上日渐丰富，社会价值塑造影响因素多元。流行文化大行其道，文化样式日益丰富，"粉圈"文化、"二次元"文化对青少年群体的影响已经上升到思维方式和价值观层面。在媒介环境方面，新媒介不断迭代，以短视频、直播等为代表的媒介形式成为"新宠"，以广播电视为代表的传统媒体逐渐式微。尤其在全球化背景及复杂的国际局势下，面对其他国家在文化产品外衣下的意识形态强势输出，更应在公共文化服务建设发力，筑牢我国社会主义核心价值观，补好"精神之钙"。

目前我国公共文化服务效能不足，宣传和巩固我国社会主义核心价值观的作用发挥受限。因此，我国公共文化服务需紧跟时代潮流，主动作为。以满足人民美好精神文化生活需求为出发点和落脚点，运用多元媒介载体，善用互联网平台与渠道，丰富公共文化服务供给的内容与形式，提升公共文化服务供给内容的趣味性、互动性。主动发掘中国红色文化、优秀传统文化及社会主义文化资源，主动适应公众消费习惯变化，"旧瓶装新酒"，用人民喜闻乐见的方式，在新时代语境下，为人民讲好中国故事，筑牢中国特色社会主义核心价值观。与此同时，善用互联网社交平台，善于通过热点事件发声、宣传与营销，助力中国文化"走出去"，塑造中国友好大国形象，柔性推广中国的价值理念。

---

❶ 王晓晖. 坚持以社会主义核心价值观引领文化建设制[N]. 人民日报, 2019-12-06.

## （二）融入时代价值

互联网的核心特质是互联互通、共建共享。任何人都可以通过一台计算机自由地接入互联网，开放、平等、免费地共享互联网的精彩世界。这与公共文化服务公益性、基本性、均等性、便利性四大属性相融相通。互联网时代，公共文化服务高质量不是简单地通过互联网技术实现公共文化服务数字化，而是将互联网互联互通、共建共享的内涵特质与公共文化服务有效嫁接、融合，使公共文化服务的运行体系全面现代化、信息化、互联网化，使公共文化空间在互联网世界全面延伸和拓展，为人们提供更多优质、便捷、实惠的公共文化服务，让人们全面享受互联网发展所带来的文化红利。

秉持人民理念。充分考虑老年人、少年儿童、残疾人、农民工等特殊群体文化的需求，为其提供丰富、便捷的公共文化服务，让公共文化服务阳光普照，不留盲区和死角。优化公共文化设施适老性、适童性和无障碍体验，加快残障群体公共文化设备的开发与应用，帮助老年人消除"数字鸿沟"。完善公共文化服务运行体系，从科学决策、内容供给、广泛反馈等各环节持续发力和改善，加强调研，开放沟通渠道，以公众需求为出发点和落脚点，实现公共文化服务精准供给。

秉持融合理念。充分整合线上线下资源，借力线上信息要素流通，加快建设公共文化数字平台，加速公共文化资源的流动与融通，提升资源使用效率与效能。实现不同类型公共文化服务内容的聚合服务，将公共文化服务发展与教育、旅游、扶贫等各领域结合，借用互联网社交平台营销与宣传，相互赋能。

秉持创新理念。互联网时代是开放、共享、融通、创新的时代，通过不同要素之间重新排列与组合，不断迭代、创新公共文化服务新模式。如联动图书馆、博物馆、文化馆共同举办主题展，通过二维码联动不同场馆的数字资源，不仅将图书馆相关文字资料的深度，博物馆文物的直观，与文化馆的互动参与性充分结合，实现不同场馆之间相互引流，实现运营与营销的创新。

## （三）守护地缘价值

从来没有哪个年代像今天这样，让更多人感受到"世界是平的"，人人皆可发出自己的声音，人人皆可找到自己的"圈层"。但"二八定律"呈现出资源头部聚集，某种内容、形式在短时间内在互联网平台集中"引爆"，这种流量资源集中聚集会在短时间内催生大规模复制、模仿，进而导致千篇一律的"工业化"模式生产，多样性又常常被消解。文化是多样的，无优劣之分，因多样而姹紫嫣红，因交流而绽放新的光彩。保护文化的多样性，挖掘、守护和开发我国丰富的文化遗产资源是公共文化服务的应有之义。促进"在地"文化资源的保护、交流与活化。以"在地"文化遗产为核心，聚沙成塔培育跨时空的虚拟社群，以互联网为纽带形成自己的"圈层"，从而拥有更生动和丰富的生态，生长出更多鲜活的文化内容和形式，实现文化的生长与更新，增强地缘文化的认同。

## 二、借力技术

技术革新带来的社会全方位变革已无须赘述，从两次"工业革命"到如今正在进行的"第三次工业革命"都彻底颠覆、重构了人类社会的方方面面。互联网科技领域已经形成了以 5G、大数据、人工智能、云技术、区块链、虚拟技术、边缘计算、量子通信等新技术群为支点的新技术生态。新技术生态拓展了各行业的应用"场景"，为创新公共文化服务场景，满足公共文化服务多样化需求提供技术保障。

（一）精准定位用户需求

以移动互联网、大数据、人工智能、云计算为代表的"技术组合"在近年来得到了快速应用与发展，其价值在于通过对用户数据的挖掘，实时更新与完善用户画像，对用户需求进行精准分析，进而促进精准化供给，从而在 Web2.0 时代产生源源不断的商业价值。随着新技术的不断发展，尤其是人工智能、大数据、云计算等技术的不断迭代，公共文化服务将会逐步进入"数据驱动"和智慧管理时代。通过对"用户画像"的精准勾勒，完成对公众文化消费偏好、文化消费习惯等个性特征的"工笔细描"，为公共文化服务的精准化供给提供依据。数据实时产生，通过数据轨迹分析，还可进一步分析公众对不同公共文化服务内容供给的反应、接受、喜爱程度，跟踪用户文化消费喜好的实时变化、实时更新、实时响应。对数据库中"用户画像"进行深度挖掘和类型分析，不仅有助于公共文化服务按需供给的高质量实现，还可以预测和拓展公众可能感兴趣的新文化领域，提高公共文化服务满意度和效能，帮助公众实现个人成长，提高"用户黏性"，还可大大提升公共文化服务决策、管理、供给的科学性。

（二）实现智能管理

通过对数据价值的挖掘和人工智能技术的结合，逐步实现公共文化服务智能场馆的构建，实现智能管理。以"三馆一站"中博物馆为例，智能博物馆的建设给博物馆发展带来新的可能。保护和展示历史文物是博物馆的首要功能。历史文物需要严格地保护环境，对光照、温度、湿度等环境条件要求严苛，通过智能文物保护系统可以自动调节文物环境的各项指标，实现对文物的精细化保护与管理，最大化延长文物的保护寿命。巴黎圣母院与巴西博物馆的火灾导致珍贵文物的彻底损毁，是全人类共同的损失，让人们意识到对文物保护环境进行实时精确监测的重要性及文物进行多维度、全指标数字化"备份"的必要性。通过现有技术对文物实现从材料到结构等全维度数字化备份，有助于永久保存人类共有文明遗产，避免文化遗产损毁的风险，更为提升文物展示互动性、趣味性、个性化提供了新可能。借助 VR、AR 等技术，对文物进行全维度的互动展示为文物展示场景提供了新的可能和空间。观览者有机会自主选择文物展出的主题和线索，虚拟技术"实景"还原文物应用场景，通过视觉、听觉、味觉、嗅觉等多种感官的场景化环境感知，直观理解文物产生的背景，通过了解文物背后的故事体会文物背后的人文和历史价值。文物可以真正在观览者眼中、心中"活"起来，变得有血有肉，而非陈列柜里的遥不可及的，更能消弭文物资源的地域不均衡，推动公共文化服务的均等化。

实现智慧化开发与生产。在文化资源的开发和管理上，通过线上数据的分析，通过观览者行为数据分析，为创意开发和构思提供宝贵的用户行为与认知数据库和学习库，提高文创产品开发的成功率。比如，通过场馆积累的实时数据，帮助场馆机构进行宣传内容的选择与制作等。

实现场馆人员的智慧化管理。因节假日或举办大型活动，大型文化场馆常存在阶段性人员不足问题。通过智能化场馆的建设，可实现人流的实时监控、预测和人流分时段规律展示，实现智能排班。提高人力资源的使用效率，减少人力资源的无谓浪费与不必要的损耗。从管理上实现对人力资源的精确使用，有效解决人力资源不足问题。

智能场馆的开发与应用的想象空间及使用场景绝不止于此。随着科技的发展，新媒介的产生与人民文化消费习惯的改变，智能化场馆的发展将不断带给人们巨大的想象空间。博物馆、美术馆、文化馆、图书馆等，这些场馆虽具体需求不同，类型不一，但都有较为相似的应用场景，可实现智慧管理场景的迁移与标准化。

（三）探索版权开发模式

版权保护作为行业难题，一直困扰和阻碍着整个文化行业的健康发展。互联网的发展降低了盗版的难度与门槛。技术发展带来的问题，终归需要技术发展来解决。近年来，以区块链、人工智能技术为代表的新技术发展，为解决盗版问题带来了新的解决思路与方案。区块链技术因其去中心化、开放性、信息不可篡改等特点适应了互联网信息的传播特点，契合在互联网条件下的版权保护需求。比如，图书馆逐步数字化，电子书资源更加普遍，公共图书馆的电子书版权付费体系受到了挑战。纸质书在资源获得上具有排他性，图书馆通过共享模式实现图书借阅，按照采购的图书数量进行与图书出版商的交易是合理的。但电子书可借助网络实现无限复制与共享，通过电子书图书数量购买进行付费显然不合理。借助区块链等技术，通过图书借阅次数来付费，辅之以图书数量借阅限制是更合适的付费方式。但区块链技术对版权保护是相对机械的，在当今环境中，盗版的形式更加多样，还需通过区块链、人工智能等技术的结合，才能筑牢版权保护的坚实之网。

在版权保护当中存在一个明显的"悖论"：版权保护过于严格，有损创造力的发挥和文物资源的应用与开发；反之，版权保护过于松懈，则有损原创者进行创新创造的积极性。对于公共文化服务机构馆藏资源的开发与应用，还需通过大数据、人工智能等技术辅助进行版权效果评估，帮助决策最优版权保护的最佳"度"。

（四）催生新服务场景

随着我国 5G 技术商用的逐步铺开，我国"新基建"工程的逐步实施，未来公共文化服务场景将会进一步扩展。无人驾驶技术等新技术的出现，将会极大解放人类双手，带来更多的可移动空间场景。5G技术，VR技术与边缘计算技术的结合，将会拓展更多的移动虚拟场景，实现公共文化活动在移动场景下的虚拟空间场景化实时交流、在线，跨空间体验公共文化活动，在统一虚拟空间的"真实感"。边缘计算的逐步应用，智能化可穿戴设备的应用场景会逐渐增多。

总之，新技术的发展与应用将会不断扩宽公共文化服务的场景与时空边界，提高公共文化服务的精准度与质量，消弭公共文化资源的地域发展不均衡，推动公共文化服务朝着更加公平的方向持续迈进。技术系统的不断完善和发展，为公共文化服务提供了无尽的想象空间和创意可能。

## 三、丰富主体

实现公共文化服务系统整体最优发展，需要丰富公共文化服务主体，调动各主体的参与积极性并协调主体间关系，促进各主体共同发展。正如第一章所述，主体系统包括政府、公民、企业、社会组织等参与公共文化服务的各个主体。在互联网治理背景下的公共文化服务主体系统，大致可定义为在政府领导下的多元协同治理组织。

### （一）丰富参与主体

政府在公共文化服务建设当中应该摆脱以往生产者的角色，而是转变成为服务者、合作者，在现代公共文化服务体系中发挥催化剂的作用。凡是市场可以解决的问题，政府不应介入；凡是社会组织能够独立自主解决的事情，政府不要插手，充分发挥社会组织和企业的作用，转变目前以政府管理为主的运行机制，构建起政府、市场、社会协同治理的现代公共文化服务治理机制。

在社会多元主体参与公共文化管理的实践过程中，事业单位的法人治理构建就是最为鲜明的例证。通过建立和完善法人治理结构，以图书馆、美术馆、博物馆为首的公益性事业单位的管理体制发生重大转变。决策主体由原来的主管部门转变为理事会，真正实现社会化管理；决策方式将原来的部门领导决策转变为理事会决策，更多地汇集社会智慧，使决策更加科学、合理；监督体系将更为完善与透明，由原来以行政监督为主转变为多渠道、多层次的监督方式。❶法人治理结构，外在表现为所有权与经营权的相对分离，而内在实质是由行政管理向法治治理转变，实现公共文化服务事业单位的体制改革，最终形成相对独立运作、自我管理、自我约束的现代法人治理结构。如果说法人治理结构的变革是自上而下的，那么"引入竞争机制，推动公共文化服务社会化发展"则是通过"自下而上"的力量来推动变革的发生。比如，福建省厦门市制定的《厦门市公共文化服务机构运营的公众参与办法》等政策，对社会主体参与公共文化服务机构的运作做出了具体的规定，通过社会力量的参与和政府购买公共服务，使得厦门市的特色文化活动空前繁荣。

通过实践，目前发展出了以民营企业参与公益文化活动运作的"活动运作型"，以公共文化设施市场化托管的"设施运营型"，以及以文化义工参与公共文化服务的"义工服务型"等多层次的公共文化服务的社会共建模式。概括来说，丰富参与主体即要在以多元社会主体为衔接，承上启下，实现社会治理"自上而下"和社会参与"自下而上"的双轨联动。

时代愿景下，从政府主管到社会参与、共建共享，对公共文化服务所提出的治理新要求不仅需要政策牵头，更需从多维度出发、创新思维；不仅需要理论指导，更需要切实可行的实践路径，方能实现公共文化服务的治理目标。

（二）促进主体发展

除通过体制机制创新激励多元主体参与，营造环境扶持主体壮大发展也是应有之义。充分激发市场主体的活力是公共文化服务供给市场繁荣的基础。通过完善市场环境，促进企业公平竞争，有利于丰富公共文化产品的种类，提高公共文化服务效率和水平，从而增强社会公共文化服务的整体供给能力，促进公共文化服务的全覆盖。市场主体理所应当成为公共文化服务治理的重要力量。同时政府要坚定主导作用，注重规避市场资本非理性趋利的风险，加大对公共文化服务社会化体系的规范和监督。

文化类社会组织作为政府与市场之间的耦合剂，既可以分担政府的管理职能，同时对市场主体进行监督和规范，政府应该大力引导支持其发展壮大，使其成为公共文化服务治理体系的中坚力量。公共管理领域中被多国采用的"一

---

❶ 肖容梅．公共图书馆法人治理结构初探［J］．深图通讯，2008（2）：5．

臂之距"管理原则即是充分发挥非政府组织的作用，由社会组织来代替政府对公共文化进行管理。

志愿服务是社会服务的重要环节，在动员社会资源、对接城乡居民文化需求、扩大公共文化服务范围等方面具有重要作用。壮大文化志愿者队伍，鼓励专业文化工作者和社会各界人士积极参与基层文化建设和群众文化活动，形成专兼结合的基层文化工作队伍。❶ 同时，通过加强志愿服务立法、强化志愿服务机构责任、保障志愿者权益等举措构建志愿服务保障机制，推动形成全社会参与公共文化服务志愿服务、支持公共文化服务志愿服务的良好氛围。

（三）协调主体关系

政府是公共文化服务的责任主体，必须肩负起现代公共文化服务体系建设的重任。充分发挥企业、非政府组织、公民的主体作用，绝不意味政府可以将公共文化服务的职责推给社会，政府作为公共文化服务的责任主体毋庸置疑无法推卸。但在管理模式上应该减少行政干预，简政放权，对各类市场主体而言"法无禁止即可为"，通过制度设计和政策制定搭建公共文化服务社会化发展的机制平台，引导和推动多元化的社会主体在公共文化服务领域发挥才干贡献力量。美国联邦政府为促进文化繁荣颁布法律，通过减免所得税和遗产税等鼓励企业和公民捐助博物馆、文化艺术中心等公共文化服务设施，如今捐助博物馆等公共文化服务中心已经成为美国的社会风尚和传统。由此可见，政府通过制度对社会主体起到的引导和催化作用远远胜过直接的行政管理。公共文化服务社会化制度环境的营造和完善应该才是政府管理的发力点。

畅通居民参与文化建设的意见反馈渠道。完善居民在公共文化服务需求自下而上的表达机制，提高居民在公共文化服务体系建设中的参与程度，确保居民的真实文化需求纳入政府的公共文化服务供给的决策范畴。统筹资源，共同参与基层文化的管理和服务。调动驻村（社区）单位、企业和社会组织等多方面力量，形成多元联动格局。鼓励、引导农民和社区居民自办文化，建设社区、乡村博物馆、图书馆等文化服务机构，开发独特文化资源，丰富面向基层、面向群众的文化产品种类和数量。建立信息公开机制，实现政府工作接受

---

❶ 赵明刚. 河南省农村文化发展中存在的主要问题与对策：以河南省南阳市农村文化发展为例[J]. 渭南师范学院学报，2014（10）：92-96.

社会各界的有效监督，切实提高社会各界参与公共文化服务事业的积极性。通过政府搭桥，建立官方研究机构与平台，积极引入学界、研究机构与公共文化服务机构进行合作，为公共文化服务提供智力支持。通过建立各方对话平台，促进各主体间增进沟通与交流，增强沟通与协调能力。

## 四、优化行为

行为系统是互联网式治理下公共文化服务体系中将价值系统、技术系统、主体系统相连接的最关键的落地化环节，包括决策、供给、传播、保障、评估等五个环节，这五个环节具有清晰的逻辑关系，各环节内部也组成自身的"闭环"，各环节、各要素之间相互作用，共同推动，推进公共文化服务的高质量发展。

（一）科学决策

科学决策是行为系统基础环节，是之后四个行为环节的基础。在互联网时代，大数据、人工智能等技术为人们提供了辅助决策工具，互联网也为信息传播及沟通交流提供了便捷。科学决策，从根本上说，需要以"人本思想"为指导，以"用户思维"为导向，充分借助互联网等工具，借助各类组织平台、沟通机制，借用各类智力资源，尽可能吸收更多利益主体的需求和反馈，在充分占有调研资料的基础上实现科学决策。

1. 完善决策机制

互联网大大推动服务型政府的建设，加速公共文化服务职能部门从高高在上的管理者回归到以人民为中心的服务者。互联网大大降低了公共文化服务信息公开的技术门槛，倒逼公共文化职能部门和公共文化机构建立透明、通畅的反馈通道。互联网就像一个放大镜，把公共文化服务体系中的每个细节都暴露在社会公众面前，供人们审视、检阅、评价和参与，从公共文化需求的表达、公共文化设施的建设运营、公共文化资源的更新、公共文化场所的使用、公共文化活动的组织开展、公共文化服务效果的评估到公共文化服务的服务流程、服务方式、服务内容都将成为公众的关注点。解群众文化之忧，将公共文化服务的内容与居民的文化需求相对接，主动适应互联网的趋势，自觉提高"用户意识"、运用"用户思维",从居民的文化需求出发,建立科学、完善、人性化的决策机制,为居民提供更多差别化、有特色、有针对性、便捷优质的公共文化服务。服务理念内化于心,外化于行,机制上的保障是基础。从制度设计上对公共文化服务的决策评价要从对"量"到"质"进行转变,立足于效能建设,从居民的满意度为出发点进行公共文化资源的配置、公共文化设施的布局和公共文化人才的培养。公共文化服务本身所具有的文化涵养功能更应该充分运用到公共文化服务队伍的自身建设上,逐渐提升公共文化服务管理者的服务意识和服务理念。

2. 借力智力机构

借助高校、研究机构等智力机构通过开展实地调研,撰写调研报告,提供经验总结,为政府提供系统化、更专业的决策依据。借力社会力量智力资源,调动行业组织、社区居民的积极性,积极为公共文化机构建言献策。借力大数据分析能力,与专业数字公司合作,通过数据分析,优化科学决策。公共文化服务线上服务开通以来,已拥有足够数量的数据可供决策参考,对用户使用行为进行数据分析,完善用户画像,为科学决策提供精准支撑。链接国外研究机构资源,拓展更多常态化获取智力资源的途径。

3. 畅通反馈渠道

利用"互联网+"建立公共文化服务反馈机制,打破现有的单向传播是公共文化服务互动的新渠道。随着文明的不断进步,人们的文化需求愈来愈强烈且呈现多元化个性化的趋势,也给公共文化服务建设提供了广阔空间,"点单式"服务应运而生,其核心理念就是个性化需求,这也正契合了"互联网思维"——不是做产品,是做个性化需求。"点单式"文化服务,最大的特点是给居民选择权,让服务和需求对接,给服务提供者和服务对象搭建沟通的桥梁。"点单式"服务思维的转换意味着管理者开启了面向居民需求的个性化政务服务模式。在文化需求多元化的今天,一种公共文化服务类型满足所有人需求的时代已一去不复返,公共文化服务也需要走"分众"路线。通过对居民进行"用户画像"分类,借助公共文化服务云平台、公共文化服务机构社交平台及微信群、QQ群等途径方式,随时接收居民反馈与需求。同时通过人工智能、大数据等技术对用户行为数据分析,精准响应。值得注意的是,在注意力被严重"碎片化"切割的今天,用户的耐心非常有限,反馈界面设计需醒目易操作，适合用户习惯。各地在公共文化服务的实践中，一些线下反馈创新的方式值得借鉴。比如，从不同群体中征选公共文化服务体验官，通过全程深度体验的方式，对公共文化服务做出系统分析和评价；设立"建议墙""吐槽墙"，并定期梳理公众的问题和建议。值得注意的是，公共文化服务尤其要关注弱势群体的文化需求，在设置以上设施时，充分考虑到老年人、残疾人等群体的需求，如为老年人及视障人士设置意见语音输入系统，设置"建议墙"时充分考虑高度问题等。

4. 评估决策效能

决策效能评价需要有两条基本路径。路径一是以大数据思维发现大众公共文化服务需求，实现评价目标设置真正做到以需求为导向。目前我国公共文化服务的评价工作普遍对"社会效益"的关注度不足，其中一大原因在于许多如"受众满意度"的指标无法量化，难以测量。因此应该运用大数据思维，多渠道收集大众数据，包括公共文化服务消费行为、各项服务的使用效率、大众消费偏好、意见反馈内容等信息，而后通过一定的评价设计，使大众文化需求得以量化。假设经过分析发现，大众对公共图书馆服务更倾向于图书电子化，那么将决定下一轮公共图书馆绩效考核的一大侧重点即图书电子化，真正做到以评促改，不断提升公共文化服务水平。路径二是在政务公开信息不对称得以消除的基础上，增加和创新评价方式，实现公众作为主体参与公共文化服务绩效评价工作。信息本身就具有极强的公共性，政府有义务和责任及时、全面向公众传达服务信息。与此同时，信息传播的通达，也是公众参与决策评价工作的前提。在此基础上，需要通过渠道创新，实现公众"有处可评"，即公众以何种方式参与评价。评价的内容应该是多层次的，或是单项评分，如接受某项公共服务，如博物馆导览服务后就此项进行评分，或是综合评价，如针对整个公共图书馆的所有服务，甚至是某个地区的公共文化服务体系；同时评价的方式应该是多样的，包括柜台打分、网上问卷评分、移动应用随时评分等。需要明确指出的是，两条路径是相互作用，相辅相成的。政务公开不仅是公众参与绩效评价的前提，也是大数据挖掘需求的前提，信息的通达与否也将决定公众对公共文化服务的满意度，其本身就是评价的对象之一。同时，二者的目标一致，即获得公众真实需求和评价，只是所采取的方式不同，路径一通过挖掘数据实现目的，路径二则通过明确受众的主体地位，鼓励受众主动参与绩效评价，为受众能"发声"、爱"发声"提供渠道。因此无论是路径一还是路径二，其实现的关键在于"渠道"，包括服务柜台、政务网站、社交媒体等，它们是各类受众信息的载体，同时它们也是公众参与评价的通道。对渠道的关注，体现了公共文化服务绩效评价工作内容精细化和方式多元化的要求。内容精细化要求在评价指标设置阶段，就充分关注受众需求，多方位收集有效数据，为评价目标的设定提供依据；同时，评价内容除了原有公共文化设施和服务外，还应该包括对"渠道"本身的评价，即对公共文化服务信息供给的评价。因为在评价某公共服务的价值时，若用户获得积极正面的体验，那么渠道本身便能增加该服务的价值；相反，若用户得到不好的体验，那么渠道就会降低服务的价值。而方式多元化则要求运用各种渠道，更大范围内收集公众评价，使评价结构更具有普遍性和真实性。建立线上主动反馈渠道。在决策结束之后，需要每个环节进行复盘，通过量化表格等方式，充分总结经验与不足，通过沟通平台进行经验分享，不断改进决策方式与决策流程，促进决策科学化。

### （二）丰富供给

优化供给是公共文化服务的中心环节。公共文化服务的内容提供，是每个公民享受文化权益的保障和途径。聚焦公共文化服务的均等化、公共文化设施效能提升和功能转型、智慧型公共文化服务、特殊群体的文化权益保障、广播电视免费、群众文化活动开展、传统优秀文化传承、公共文化服务个性化等公共文化服务的主要内容，探索公共文化服务丰富供给的诸多可能。互联网，带来实实在在的文化享受。

而公共文化服务的高质量发展，更是在整个经济社会高质量发展的宏观背景之下。不仅仅是公共文化服务本系统的完善和更新，更是与文化产业、夜间经济、文化治理、城市品牌、旅游公共服务等领域息息相关。

#### 1. 宏观发展思路

善用市场资源。在中国特色社会主义市场经济的发展历程中，始终肯定市场在资源配置效率中的重要作用。优化政府和市场关系，是我国深化经济体制改革的主攻方向。在文化领域，市场虽然不是决定性作用但仍然发挥着基础性作用。优化公共文化服务内容供给，需要充分利用好市场资源。文化事业与文化产业是文化建设的两翼。当前人民群众精神文化需求日益增长并呈现多层次、多样化的趋势。面对人民日益增长的美好文化生活需要，公共文化服务在标准化、均等化发展的现有基础上，需要文化产业提供优质文化产品与服务予以支撑，进一步提升公共文化服务质量与效能，以更好地满足人民群众多元化、个性化、便捷化、品质化的文化需求。而文化产业需要公共文化服务来拓展市场空间，增强发展动能，公共文化服务对文化产品与服务内容的直接需求是文化产业发展的广阔市场蓝海。公共文化服务对人民群众文化消费习惯培养和文化消费品位的提升，则为进一步拓展文化市场，激发文化发展活力、增强文化产业发展动能奠定了基础。消费影响生产，百姓文化需求的升级，是公共文化服务与文化产业融合发展的动力与源泉。明确文化事业与文化产业都是为了人民服务这一宗旨，将文化事业和文化产业平等对待，把构建现代公共文化服务体系和现代文化市场体系进行通盘考虑，把实现公共文化服务的全覆盖和均等化与推动文化产业成为国民经济支柱性产业进行整体规划，统筹基本文化需求与多样化文化需求的满足，统筹公益性与市场性的要求，积极推动文化事业和文化产业协调发展。同时深化文化体制改革，建立文化事业与文化产业相互融合转化的协调机制。打通社会力量参与公共文化服务的通路，在公共文化服务领域引入市场竞争机制，充分发挥市场在资源配置中的积极作用，采取政府采购、项目补贴、定向资助、贷款贴息、税收减免等政策措施鼓励各类文化企业参与公共文化服务，促进文化事业和文化产业比翼齐飞。此外建立面向文化事业与文化产业共同的文化产品的评价体系和激励机制，坚持把遵循社会主义先进文化前进方向、人民群众满意作为评价作品的最高标准，善用互联网最大限度地收集民意、整合资源，把群众评价、专家评价和市场检验统一起来形成科学的评价标准。

善于建立联结。公共文化服务系统是开放的系统，通过多维度建立联结，可促进资源流动，提高资源的使用效率，提高公共文化服务效能。优秀公共文化服务内容供给除公共文化服务机构生产或政府购买的方式，还可通过与海内外同类型机构建立合作，在"友好城市"等合作框架下建立合作关系，沟通交流与资源置换的方式，引进优秀公共文化服务内容。根据内容特点与合作规模，建立与夜间经济、文化旅游等领域的关联，发挥品牌效应，为更多的"引进来"与"走出去"蓄力。积极发掘本地区优秀文化，通过搭建产学研合作框架，打造本土公共文化服务文化品牌。公共文化服务作为城市发展系统中的一个环节，越来越多与经济、政治、社会等相关领域发生密切关系，善于挖掘红色资源、旅游资源，与其他部门进行合作，合作规划与相关活动策划，合力双赢，实现区域的整体融合发展与高质量发展。

关注弱势群体。公共文化服务面向广大人民的文化需求，需承担起补足市场缺陷，关注弱势群体的责任，老年人、残疾人、妇女、儿童，农民工、失业者等都是需要重点关注的对象。提升服务观念，及时根据公众需求更新服务内容。在提供公共文化内容时，应考虑到老年人、残疾人等人群在视力、听力及活动便捷度的要求，更需提供互联网相关培训、活动等，帮助老年人消除"数字鸿沟"，更好融入社会；应当考虑到失业者、农民工等群体的生存和发展的需求，开发相关产品及咨询服务，与用人单位及相关机构合作，主动搭建信息桥梁，帮助他们提高职业素养，满足就业市场用人能力要求。借助互联网提供电商直播培训等课程，帮助农民工返乡创业、就业等。公共文化服务承担社会教育功能，儿童、妇女等群体在家庭地位中处于弱势，较容易受到家暴等犯罪行为的伤害。公共文化服务机构应主动承担社会责任，通过线上线下的渠道，通过合适的方式，宣传妇女、儿童寻求救助的渠道和自我防护的方法。另外，随着我国人口老龄化的加剧和农村"留守老人"的增多，广播电视等传统媒体需在互联网时代，为隔离在互联网外的农村老人保留"戏曲"服务等功能，以满足农村留守老人的精神文化需求。

运用产品思维。在文化需求多样化的今天，公共文化服务内容供给首先需要明确"用户画像"，了解针对群体的文化需求、文化偏好形式和文化消费习惯，明确公共文化服务的定位。运用互联网产品思维，通过MVP产品形式小成本实现公共文化服务产品的快速迭代。通过产品式扁平化项目制管理和组织方式进行公共文化服务内容创作，维持组织高效运转，加速内容供给更新。通过运用产品思维提高公共文化服务内容供给的精准性，促进公共文化服务内容供给的优化和迭代，实现同类型人群的精准传播，提升公共文化服务满意度。

鼓励创新实践。互联网的发展将带来资源流动、技术发展、组织架构的颠覆与重构、思维的变革，这些环境变化都将对公共文化服务事业的发展产生极大的影响。政府和相关部门应为公共文化服务的进一步发展创造条件，适度松绑相关主体，通过制度、法律、机制、政策的制定，激发各主体的创新、创造活力和积极性，鼓励各主体创新新形式，创造新内容。在线下环境塑造上，可通过创造"试验田"的方式，如通过"公共文化示范区"等创新形式，鼓励创新实践。

2. 微观实践操作

新冠肺炎疫情的暴发让我们意识到公共文化服务需具备完全独立的线上服务能力，以应对非常态状况，配合国家治理体系，满足人民基本文化需求。但线上服务不能完全替代线下需求，线上资源应有效引导公众参加线下公共文化服务活动，线下优质内容资源也需数字化进行线上传播，实现线上线下双向互动。

目前全国各公共文化机构普遍建有官网、微信公众号、微博、文化云平台、App 等线上平台。官网是公众有明确目标搜索的首选之地，需承担更多的平台资源和形象展示功能。微信公众号作为社交平台，具有较强的社交黏性，以之为载体的文化资源，具有较高的使用频率。文化云平台在线上整合了公共文化服务，弱化了公共文化服务的分类，是公共文化服务的线上"中央厨房"。公共文化服务机构拥有其他机构和组织无法匹敌的馆藏资源，这是其真正的竞争优势。"活化"资源，走出一条差异化内容供给之路，是公共文化服务线上平台的发展着力点。

优化数字化展示。目前博物馆普遍通过 VR、AR、3D 技术等对馆藏文物进行了数字化，部分博物馆开通了虚拟展厅。但目前线上虚拟展厅存在操作不流畅、动线设计相对混乱、展览内容更新较慢、趣味性较差等问题。除了技术部门优化展示技术，提升数字化产品展示效果，更重要的着力点在于内容供给展示形式的优化和内容创作的更新，提升文物的交互性与沉浸感。各馆需加强对文物资料进行研究与分类整理，为进一步进行互联网内容创作展示前期资料准备。借助社会力量参与，通过购买内容服务，快速引入创意人力资源，解决数字文化内容开发人员不足，文化内容创意性欠缺的问题。针对不同群体进行创意策划，选择不同媒介如直播讲解、短视频动画等形式，进行不同媒介剪辑和分发。和各高校合作，通过举办针对文物故事创意比赛等形式，既为学生提供了实践平台，锻炼了综合能力，又积累了原创故事，用现代方式再现文物背后的人文精神，为后续版权开发，进行动画、创意展览、游戏等二次创作和文化传播奠定基础。图书馆针对不同群体，推出图书导读、讲解等线上教育活动，用精彩有趣的系列活动增强线上平台使用黏性。图书馆数据库资源的使用存在极大的地域差异，在某些前沿数据库使用频率较低，投入、回报不成正比，可以通过资源访问频次进行付费的方法增加本省前沿数据库的种类，满足本省创新人才的发展需求。图书馆推出图书资源推出"听书"服务，满足公众在通勤、休息时的多场景知识需求。

构建线上平台生态。在互联网时代，一切以用户为中心，才能获取用户忠诚度，公共文化服务平台也不例外。目前大部分公共文化服务的线上平台存在设计问题。用户界面大多简单从文化资源分类角度出发对资源做出分类陈列，不利于公众点击行为的达成和用户留存。从公众文化需求出发，更多版面空间应通过"用户画像"推荐机制进行优质文化资源的针对性推荐，而非目录式的展现。同时，推荐内容应根据点击量、互动量、用户兴趣及同类群体偏好度等指标综合考量推荐，在精准推荐的同时，避免推荐内容同质化及推荐主题过于局限等问题。考虑到审美多元化的特点，尤其是年轻人注重个性，张扬自我等特征，应推出可供选择的定制化版面，从"颜值"角度，吸引不同群体的加入。各公共文化平台使用率不高，尤其是对年轻人吸引力不足。年轻人并非对主流文化不感兴趣，而是缺少优质内容带其"入坑"，没有形成虚拟社区的交流和学习氛围。比如，《我在故宫修文物》等传统文化类优质纪录片在哔哩哔哩（以下简称"B站"）播出，吸引了年轻人的疯狂"围观"，他们通过视频"弹幕"进行交流，形成虚拟线上社区，直言"奇怪的知识增加了"。公共文化服务的线上平台需要借鉴商业平台的运营模式，挑选"文化能人"通过微录（Vlog）、纪录片等形式创作有温度、有质量的内容。公共文化机构可以开展数字内容培养计划，组织激励年轻的内容生产者成长和创新，激励产出更多有趣、高质、宣传社会主义核心价值观的内容。这批内容生产者因其年龄优势，创作内容天然符合此年龄段年轻人的审美。"弹幕"等交流方式也将直观吸引来自虚拟社区的新生力量。随着第一批内容创作者的成熟及影响力的扩大，新的内容创作者逐渐加入，内容创作的生态将活跃起来。与观众的互动和反馈也将指导内容的制作，不断优化内容供给，并逐步在内容供给中找到自身独特定位，促进平台生态的良性发展。在年轻群体社群的带动和辐射下，中老年群体内容创作生态也将逐步建立起来。

拓展内容范畴。公共文化服务与公众生活、发展紧密结合，需要不断更新扩容才能真正满足公众需求。随着互联网社会的不断发展，互联网搜索、音视频制作编辑、网络购物支付等技能成为当代人所不能或缺的工作生活技能。消除数字鸿沟，不仅仅是硬件设施的供给，紧贴老年人等群体的实际需求提供人性、细致的服务更是公共文化服务应尽的责任。在"三胎""双减"政策形势下，公共文化服务应该充实亲子类内容和服务，推动科学育儿、科学教育的普及。此外面临新冠肺炎疫情等全球化卫生危机事件，公共卫生、身体保健、疾病预防、营养学及饮食搭配、灾难自救等知识和信息需要成为公共文化服务的拓展内容。除了增加公众需要增加的内容，还需对公众进行引导。互联网时代的互联网治理是每个国家需要解决的问题，除了制定相关法律，进行网络空间的实名制外，还需对互联网虚拟空间的道德进行建设和重塑，在互联网虚拟空间也需"法治"和"德治"并举，以维护互联网空间的良好秩序。公共文化服务也应该发挥文化引导作用，在首页推荐相关案例视频，从直观和感性的角度，用更具同理心的方式呼吁和引导网络空间道德秩序的建立。除进行社会教育之外，更需"从娃娃抓起"，与学校等教育机构或组织合作，合力加强虚拟空间的"德育"。

　　增强数据指导。在公共文化服务线上服务效能数据考核中，注重数据的真实性，从平台设计根源杜绝作弊行为产生，通过多种方式，如一个账号同天点击只算一次点击量，结合在线时间和评论综合确定评论的积极与消极倾向，并通过人工智能自动筛选高价值评论，成为内容生产中反馈的重要一环。除此之外，通过电子问卷做相关调查，还需进行每周一次的随机电话深度访问等多种方式综合运用，以期得到真实的服务考核测评和反馈，不断得出内容供给改进。互联网等相关技术的出现，极大提高了信息传播的效率，为改善公共文化线下服务，丰富公共文化服务场景提供了条件。博尔赫斯曾说："我心里一直都在暗暗设想，天堂应该是图书馆的模样。"图书和知识、信息、成长这些关键词紧密结合在一起，在这个终身学习的社会，图书馆对人们的意义不言而喻，"无边界图书馆"必将成为未来图书馆的发展趋势。丰富图书馆使用场景，在居民区、写字楼、商圈建立"城市书屋"，在地铁站、公交站附近、步行街、郊游地等室外场景，建立图书小亭、图书漂流箱，通过互联网进行提前预约，通过同城速递或图书配送系统，实现图书资源的精准对接。"你读书，我买单"模式，实现图书资源的有效率更新，通过二维码技术，实现图书的全流程监管与维护。

改进艺术馆策展方式。美术馆、博物馆等艺术场馆展览一直都以策展人为中心，互联网技术的应用在丰富文物展示的虚拟场景之外，还增加了公众的话语权，美术馆、博物馆按照公众需求，举办互动式展览，根据不同主题，实现跨馆资源的合作办展。同时，根据不同区域公众需求，举办馆藏文物的"巡回展"。丰富文化活动触达渠道。在文化馆的使用场景中，通过互联网，实现文化场馆预约，文化活动"众筹"，提高文化场馆使用率及文化活动的针对性。通过"文化地图"，便于公众对周边公共文化活动资源进行搜索和合理使用。通过互联网平台发布消息，对部分活动内容进行线上展示，吸引公众参与"读书季""艺术季"等活动，也有利于公共文化机构提高活动组织的效果。

（三）强化传播

在互联网、数字信息技术的影响带动下，公共文化服务传播能力得到扩展与提升，但也应当注意到，当前我国公共文化服务的传播体系并不完善，传播潜力未能充分发掘，由此带来的公众知晓度低、公众参与率低等问题严重制约公共文化服务实际效能的提升。今后公共文化传播是满足用户美好生活需要、吸引用户关注并促进参与公共文化服务建设的重要途径，各地各级公共文化服务传播力建设和提升，将围绕增强传播意识、优化传播理念、拓宽传播渠道、丰富传播形式、优化传播效果五个方面进行加强和完善。

1. 增强传播意识

尽管国家在 2015 年就已提出构建现代公共文化服务传播体系的要求，但除湖北省、陕西省等少数地区对公共文化服务传播作出相对较为具体的要求外，大多数省市地区仍仅把传播作为提升供给能力与服务内容质量的附属品，传播作为现代公共文化服务体系重要一环的主体地位未能得到足够的认识，传播基础设施的构建完善、传播环境的营造、传播主体职责的明晰、传播效果的标准、传播内容与载体的监管反馈渠道及奖惩制度的确立等相关体制机制亟待建立与完善。

信息技术、融媒体技术的应用普及，减少了文化传播的成本，缩小了公众与公共文化服务间的距离，也改变了二者间文化传输的关系。在"全民传播"的时代，公众既是文化接受者，也是生产者、传播者。公共文化机构不再是公众获取文化资源的主要渠道，公共文化服务平台仅凭借单纯的信息发布已难以吸引公众追求个性化、差异化的目光。

传播格局和舆论生态的深刻变化，要求深入把握信息化社会和全媒体时代发展新趋势，重新认识传播体系对充分提升公共文化服务效能的重要意义，为此，各级政府及公共文化机构都应增强现代传播意识，更新思想观念，完善现代传播体系顶层设计，从受众分析出发进行公共文化传播设计。

增强传播意识，要解放思想、转变观念，深入把握新时代"互联网+"背景下媒体融合发展的关系，统筹处理好传统媒体和新兴媒体、中央平台和地方平台的关系，形成资源集约、结构合理、差异发展、协同高效的公共文化服务全媒体传播体系。

在传统媒体与新兴媒体的关系上，随着移动互联网和数字技术裂变式发展带来的网络格局的深刻调整，新兴媒体替代传统媒体是可预见的基本趋势。移动传播体系的出现，加速了这一过程。

移动传播的渠道和终端的普及和广泛应用，导致公共文化服务传播格局、传播方式发生深刻变化，公共文化服务传播工作面临新的挑战。现阶段我们应认识到，借助主流媒体机构所掌握的在传统媒体渠道与终端上的优势，如受众规模、品牌影响力、权威话语权等，支持主流媒体机构在新的基于互联网的传播渠道和终端上的发展，实现"优势互补"和传播资源的战略转移。也就是说，在实践中应当基于原有的主流媒体机构，借助其既有的内容生产能力、社会公信力等优势，推动它们向"新型主流媒体"升级迭代。

增强传播意识，还需创新思维，用互联网思维办媒体、抓融合、促发展。互联网强调"用户中心"，传播的基础是用户。媒体发展要赢得未来，必须强化用户意识，把占有用户、发展用户、集聚用户作为重要抓手，贯穿于媒体融合发展的全过程、各方面。要创新产品，搭建更符合现代信息传播的新平台，开发更适应受众信息消费需求的新产品。

完善现代公共文化服务传播体系，提升公共文化服务传播力，要求各级政府和公共文化机构增强对传播作为现代公共文化服务体系不可或缺的重要环节的认识，建立和完善相关传播体制机制。在具体实践中，更新现代传播观念，重视对微信、微博、抖音等新媒体平台的应用，同时坚守新媒体传播的"红线底线"，实现与传统公共文化服务传播体系中主流媒体强强联合，契合新时代公众获取公共文化服务信息的喜好和习惯，拓宽群众接受公共文化服务信息的知晓渠道，延伸信息发布链条，最终实现公共文化服务传播效果的最大化，激发公众参与公共文化服务的积极性和主动性。

2. 优化传播理念

目前公共文化服务机构大多只把传播当成信息的发布平台，但在"信息爆炸"的互联网时代，公共文化服务传播不仅需要承担信息发布的作用，更需承担营销的职能，争夺用户的注意力。优化传播理念就显得十分重要且迫切了。

建立统一品牌化宣传策略。我国公共文化服务近些年虽然取得了巨大的进步，但民众对公共文化服务的内容与分类，自身享有的权利认知依旧不清晰，这就造成民众对公共文化服务参与度不高的现象。建立公共文化服务品牌化宣传策略。邀请专业设计团队设计并确立全国统一的公共文化服务LOGO，在全国各公共文化服务机构和场馆及公共文化服务数字平台统一配备，在各公共文化服务场馆机构在各媒体与线下场馆进行宣传时，不论活动规模大小，大到国家级，小到社区级，公共文化服务LOGO需作为宣传标识出现。LOGO和公共文化服务线上线下活动持续关联，经过一段时间的"视觉锤"的打造，将"公共文化服务"概念逐渐"钉"入民众心智，民众对"公共文化服务"的感性认知将会有明显的提高，公共文化服务也将自然走入部分民众的生活。

完善公共文化服务宣传矩阵。目前公共文化服务机构宣传媒体存在宣传渠道狭窄、宣传效能低下等问题。针对中大型公共文化服务场馆，提升公共文化服务宣传效能需完善公共文化服务线上线下宣传矩阵。在线上部分，针对公众号、微博等粉丝量较低的现象，一方面通过参与微博话题，与其他微信订阅号相互推文等方法"涨粉"；另一方面还需拓宽视野，在其他平台开通账号并进行账号关联。百度"百家号"、今日头条"头条号"、UC"大鱼号"、腾讯新闻等市场占有量较大的具有新闻消息性质类App自媒体号，具有区域内消息推送的功能，通过这些自媒体账号推送，可提高公共文化服务机构和活动的曝光度，并有利于各公共文化服务机构媒体矩阵内相互"引流"。公共文化服务不仅局限在本领域，还与旅游紧密结合，除新闻信息类账号，还需进驻"马蜂窝""小红书"、抖音、快手等社交账号及年轻人喜爱的B站。各文化机构需根据自身定位、能力和需求，量力而行。社区级公共文化服务需借助微信群等形式进行线上社区运营。在线下部分，针对城市大型品牌活动，针对通勤场景的地铁、公交屏幕，机场、火车站等屏幕，公共场所的大屏，配合城市旅游等传播效果都十分可观。和公立学校合作，以学生为宣传对象，辐射到家庭，宣传效率极高。针对社区居民的社区级的小范围活动，利用好小区入口、单元门口等公示位置。

针对不同群体精准化宣传。公共文化服务，尤其是大中型活动，需要进行精准宣传，以达到活动效果的最大化。在宣传渠道方面，针对学生等年轻群体，应选择 B 站、微博、绿洲、抖音等平台，并用一定策略引导社交媒体自发评论、转发；针对中老年人，选择权威新闻平台等电视媒体，同时，在微信公众号、广播电视、公交屏幕等场景进行宣传，并引导其在以老年人为主的微信群进行分享；针对"上班族"及游客，需选择公交车（站）、地铁（站）、火车（站）、机场的宣传媒体及写字楼、超市、旅馆、城市公共空间大屏等民众生活、工作场景中的媒介。在宣传策略方面，需由媒体和宣传的专业人员统领。制定好宣传战略，把握好宣传节奏，制定好预热阶段、集中宣传引爆阶段的不同的针对性宣传策略、宣传密度及宣传媒体平台。针对体量较小的社区级公共文化服务活动，除社区线下场景的使用外，精准定位好虚拟社区运营中的不同群体。

3. 拓宽传播渠道

传统的公共文化服务是以地理意义上的文化设施为主要载体，以满足群众看电视、读报、听广播等需求为主的公益服务，具有较强的地域限制性。公共文化服务跨区域流动不畅，是公共文化服务均等化发展的重要障碍。

新的传媒时代，云计算、大数据、物联网等技术为公共文化服务开辟了前所未有的信息储存空间。网络媒体凭借其巨大的信息容纳功能，在短时间内将碎片文化资源进行有效整合，形成庞大的网络文化平台，将原有的公共文化以数字压缩形式呈现在人人都享有接近权的虚拟空间中。公众主要依靠微信或官方网站获取公共文化项目和活动的相关信息，关注信息的人群相对固定，微信、微博等社交媒体粉丝新增难度大，在线互动活跃度低，丧失新媒体"去中心化"后带来双向传播、二次传播的优势。这种单一不仅指社交媒体、直播平台等新媒体间缺少资源、渠道的整合与联通，更在于线上线下传播渠道与传播方式间存在的无形壁垒，割裂了二者相互映衬、彼此关照的联系。传播渠道和方式单一是当前制约公共文化服务传播力提升的主要原因之一。

要提升公共文化服务传播效力，其首要任务是加快构建现代文化传播体系，保障信息传播的高效快捷和安全有序。灵活运用宽带互联网、移动互联网、广播电视网、卫星网络等手段，拓宽公共文化资源传输渠道。大力推进"三网融合"，促进高清电视、互动电视、手机电视、IPTV等新业务发展，推广数字智能终端、移动终端等新型载体。推进数字出版，构建数字出版物传播平台。加强广播电视台、发射台（站）、监测台（站）建设，继续实施广播电视高山无线发射台（站）建设工程。积极推进有线电视网络建设和数字化双向化改造，加快推进直播卫星和地面数字电视覆盖建设，努力实现广播电视户户通。实施国家和地方应急广播工程，完善应急广播覆盖网络，打造基层政务信息发布、政策宣讲和灾害预警应急指挥平台。

通过打破公共文化服务信息传播的种种壁垒，拓宽公共文化服务的传播渠道，延长传播半径，缩短服务主体和受众之间的距离，深入群众，直达基层，"到边到角"。

新冠肺炎疫情发生以来，疫情防控进入常态化，宅家进行文化休闲娱乐活动的人数大幅增长，公共文化服务体系的一个显著变化，就是通过线上"云端"传播，引导市民公共文化生活，普遍进入线上时代。

短视频作为信息传播的重要方式之一，进一步拓宽了公共文化服务传播渠道，其采用生动活泼的方式讲述各种各样的文化样式和生活见闻，吸引了大众尤其是许多年轻人的目光。将丰厚的内容浓缩于方寸屏幕之间，传播面广，收看便捷的特点，可以说短视频吸引不同年龄、文化背景的观众在云端邂逅，以通俗易懂、引人入胜的方式，创造大众文化传播新样式。

地区政府和公共文化机构通过开辟公共文化服务新阵地，可进一步拓宽传播渠道，打破平台"孤岛现象"聚拢资源。文旅云的建设是聚拢公共文化资源、提升公共文化服务效能的新突破，而开辟微信、抖音等新兴媒体阵地，推行移动终端与广电网络合作新模式，则是拓宽文化资讯传播渠道，创新公共文化服务传播新业态、新方式、新机制的新尝试。

值得注意的是，在积极拓宽公共文化服务传播渠道的同时，也应加强对"数字快车"之下各类弱势群体的公共文化利益的关照。快速的"数字化"新媒体造成了日益严重的信息贫富分化，由于对新技术的接触和使用情况的差距，"文化鸿沟"也会随着"数字鸿沟"的差异而不断扩大。为此，在现代公共文化服务发展中要进一步落实全国文化资源信息共享工程，积极利用各种文化流动服务车，打破城乡、区域、群体间的"文化隔离带"与"数字鸿沟"，将公共文化服务成果真正落实到每位公众手上。

4. 丰富传播形式

要提升公共文化服务传播效力，既要加快构建现代文化传播体系，拓宽传播渠道，同时也要强化和突出"用户思维"，立足公众的实际体验和文化需求，有针对性地进行公共文化服务传播形式的创新实践，设计互动性强、趣味性浓、易于传播的推广形式，积极探索公众参与公共文化服务传播的新模式，进而将丰富多彩的公共文化设施和服务内容"精准触达"更多群众，提高传播效率。

北京市石景山区开展国家公共文化服务体系示范区创建宣传的形式值得学习借鉴。2020年，正值北京市石景山区创建国家公共文化服务体系示范区的关键之年。在疫情防控常态化的条件下，石景山区文化和旅游局通过微信朋友圈互动H5广告、公交车广告、《公共文化服务保障法》普法漫画、趣味表情包等"点、线、面"相结合的形式，在全区范围内掀起了国家示范区创建的宣传热潮，旨在通过形式多样的宣传活动，提升广大市民对公共文化服务的知晓率和认同感，真正使创建工作家喻户晓，人人皆知，形成人人参与创建，人人支持创建的浓厚氛围。

朋友圈广告推广效果卓著。区别于传统广告形式，微信朋友圈广告以大数据分析为支撑，将石景山区的公共文化设施和服务内容"精准触达"辖区居民，强化宣传效果。此外，微信朋友圈广告的形式也更具趣味性，包含的内容信息更加丰富。"点击扭一扭，进入妙趣横生的'宜'享文化空间"广告将石景山区文化中心、石景山区图书馆及九个街道综合文化中心的场馆设施、运营理念、品牌活动、特色服务等内容概况设计为长图文，通过设计"'宜'享"的概念，给各个公共文化服务场馆赋予了"宜读书""宜放松""宜天马行空""宜相识""宜追寻""宜动情"等标签，搭配文艺范儿的推荐理由，如"但愿我们相识，在我青春如火时""蹉跎莫遣韶光老，人生唯有读书好"等，力求在内容上推陈出新；在形式上，参考时下流行的"扭蛋机"游戏，设计开发线上H5互动页面，居民通过扭动手机屏幕上的按钮，点击查看扭蛋，将随机获取到一则"宜"享文化空间的信息，以这种轻松活泼、趣味性强的方式提高广告的接受度和渗透力，吸引更多的中青年群体参与到公共文化服务中。文末附上了"石景山文E"App、"石景山公共文化"微信公众号及各街道综合文化中心场馆微信公众号，也便于居民扫码了解、参与线上公共文化服务。趣味横生的朋友圈广告刚发布，便引起了火热反响，短时间内该则微信广告覆盖人群超过20万居民。

公交车广告借助核心交通干道增加曝光度。石景山区选取覆盖石景山区核心区的三条公交行车线路，上线公交车公益广告。其中597路公交车途经石景山区九个街道，598路和325路则是途经区内八角街道、苹果园街道、鲁谷街道等人口密集的商业圈及住宅区，深思熟虑的线路选择让广告投放的效益达到了最大化，公共文化服务和国家示范区创建的信息也通过这种广而告之的形式得到了长时间的曝光。在公交车外部大面积铺设清新的蒂芙尼蓝底色，加上原创设计的反映公共文化服务内容的人物及场景，如阅读、舞蹈、瑜伽、竖琴、萨克斯等，让市民直观感受公共文化服务的丰富多彩。车身上附有"石景山公共文化"微信公众号和"石景山文E"App的二维码，在公交车靠站的间隙，居民可在有限的时间内获取最关键的信息入口，高效便捷。

城市专属表情包突破区域位置限制更"出圈"。石景山区文旅局开发设计的主题趣味表情包，融合了石景山区文化特色、旅游景点和迎冬奥主题，生动地展现了石景山区地域文化的独特魅力。表情包内容健康向上，贴近日常生活，形象生动有趣，能够适用于各类聊天场景，市民在日常聊天中就能够切身感受并将石景山区的文化和旅游资源传播出去，实现公共文化服务信息的跨区域流通，充分发挥表情包作为流行文化先锋的传播意义。

5. 优化传播效果

新的传媒时代，"内容为王"是传播的不二法则。只有质量过硬的公共文化产品才能有效地满足人们日益增长的精神文化需求，加之完善的传播渠道和丰富有趣的传播形式，三管齐下，才能最大程度优化公共文化服务传播效果。

第一，要优化公共文化服务的内容生产，所提供的公共文化产品和服务在内容上既要"接地气"，也要做好文化生态维护。公共文化内容生产者要扎实践行群众路线，广泛深入基层，要"有生活"，要从传统文化中汲取营养，要从群众中去发掘文化因子，不断优化文化产品与服务的样式。同时，要集中力量加强文化精品的创作生产，形成文化引导力。要尊重公共文化服务的"群众首创性"，鼓励基层群众的自我生产和自我消费，打造社区"文化工程"，实现自我传播的和谐有序持续发展。同时，鼓励社区自媒体的发展，在有效的组织和监管下，提供并传播基层民众喜欢的各类文化服务。此外，要完善各类文化基础设施，为基层文化创新提供必要的空间。

而针对当前公共数字文化产品在社交平台蓬勃发展的新态势，应及时制定和出台有效的管理方式，把控好高流量短视频平台的质量和品质。更重要的，要加大高质量文化类平台的建设是公共产品的研发，通过开展多样化的创新活动，努力引导群众自导自演、自拍自发的短视频，成为公共文化传播又一全新载体。精准回应分众需求，弥补和提升互动性公共文化产品的缺失，可以依托5G网络和大数据，增强公共文化内容推送的互动性，营造更加健康的网络生态，提供丰富优质的线上公共文化内容，千方百计去满足人民群众不断增长的精神文化需求。

第二，要优化公共文化服务的服务空间和集成平台，化繁为简，将最丰富的公共文化资源以最简便的获取方式传递给受众。高度关注互联网虚拟储存空间，将文化信息有效聚合，形成庞大信息网络的开放性、平等性和集聚性。通过积极构建公共文化云、公共数字网站、公共文化信息智能服务终端、公共文化数字流动站等数字化传播载体，将图书馆、文化馆、艺术馆等传统公共文化服务空间的海量文化资源进行有效的整合，通过"一站式"门户平台和丰富的智能终端接入，着力打造数字图书馆、数字博物馆等数字化生产与储存空间，为公众按需索取、随时随地获取文化资源和文化服务提供保障，从而形成"大文化"数据库，真正实现"参与式"公共文化服务，打造一个全新的公共文化服务的"文化工厂"，构建智能化文化服务空间。

第三，要采取有效的绩效考核手段，完善考核监督和群众反馈制度。传统的公共文化服务传播较为关注产品的"出口和流通"，但对于公共文化服务的效能和受众的认可度关注不够，缺乏必要的考核和监督机制。现代公共文化服务要走集约化、内涵式发展之路，对建设与管理效果提出了新的评估考核要求，即公共文化服务要保障文化民生，要保障公共文化消费得以最广泛地实现，从而为公共文化服务的决策、执行和监管形成有力支撑。

要提升公共文化服务的现代传播能力，就必须明确服务标准，即公共文化服务的建设及效能考核标准，确保公共文化服务切实落地。要借助现代传播渠道，构建高效、便捷、覆盖广泛的公共文化服务供需的互动反馈机制，通过网络快速、真实、直接地表达文化需求，形成传播者与接受者之间的良好互动，实现公共文化服务的便捷、透明和高效。

第四，要加强专业宣传策划人才培养，充实现代公共文化服务体系的人才后盾。现阶段公共文化服务机构的宣传策划人员多是机构工作人员兼任，缺乏对新媒体传播特点的敏锐把握，缺少传播、营销、策划等必备的专业知识和技能，对公众尤其是年轻群体的兴趣点与需求点难以准确把握、精准预判，导致传播效果往往事倍功半。建立完善的公共文化服务传播体系既是提升公共文化服务效能的关键前提，也是推进现代公共文化服务体系建设的必然要求。

随着互联网时代的到来，注意力成为稀缺资源。公共文服务要有更大的影响力，需要注重培育、引入专业传播策划人才。目前大部分公共文化服务机构的宣传与策划人员大多由公共文化机构各部门工作人员兼任，他们对相关传播规律与知识缺乏系统的认知，对社会热点事件缺乏应有的敏感度，所谓传播大多只能起到信息对外"公示"的效果，影响力极其有限。增加相关岗位编制，提高相关岗位人员待遇，通过社会招聘及校园招聘，引入传播学、营销的专业人才，为公共文化服务通过热点营销事件"出圈"，提高公众认知奠定基础。

加强传播与营销类的专业培训。通过与学校、企业合作，增加公共文化服务传播工作人员获得专业传播与营销培训的机会。通过线上渠道分发专业课程，弥补相对落后地区学习资源较少的差距，提升相关工作人员专业知识与技能。优化培训方式，改变传统"你讲我听"形式，通过"沙盘演练"等形式，帮助工作人员更快掌握实际操作技能。

建立比赛与奖励机制。在公共文化服务体系内部，通过比赛方式，鼓励各机构传播与营销人员充分发挥主观能动性，主动营销与策划公共文化服务相关活动与热点话题。通过比赛与奖励机制，促进公共文化服务营销活动的升温，提升曝光度与知晓率，同时主动与相关领域学术、企业研究机构进行合作，借力外部智力资源，帮助在实践中公共文化服务领域传播与营销方法论的提炼。通过建立比赛与奖励机制，可以有效激活人才，促进本领域知识与经验积累。

（四）高效保障

公共文化服务是一个系统，要取得运行高效、人民满意的效果，需要有完善的法律体系，多元主体协同治理的管理体制，投入可持续的资金体系，层次多元化的人才体系共同为之保障。

1. 完善法制

目前，我国已经形成了以宪法为根本，以公共文化服务基本法、单行法和行政法规为主干，以地方性法规和行政规章为补充，形成相对完备的现代公共文化服务法律体系❶，构建了我国公共文化服务体系的制度保障，为实现公共文化服务事业发展有法可依，推进国家治理体系和治理能力现代化奠定了基础。经过多年发展，法律体系框架相对完整，但依然存在一些问题，如存在立法盲点，公共文化服务基本法、单行法缺失。法律立法不细致、指标不明确、权责不明晰等问题导致落地化较难，缺乏多元主体协同治理意识，相关法律没有起到引导社会力量参与公共文化服务的作用。立法存在片面性，强调政府的管理立场，而忽视公民的权利保障。我国公共文化法律体系强调公平性、公益性，坚持以人民为中心，符合人民群众对文化内容、文化习惯的需求，强调多元共治和人民参与，缩小区域、城乡差距，关注弱势群体，满足广大人民的文化需求。公共文化服务法律体系需加速立法，完善立法，注重基层创新，吸引多元主体的参与，以促进我国公共文化服务事业的进一步发展。

加速立法。我国公共文化服务法律体系还不完善，需行政法规、地方性法规、行政规章与单行法、基本法充分互动，相互启发与阐释、补充，需立法攻坚，解决现有法律体系中的难点、盲点。一方面，在已有的公共文化服务领域，部分领域还缺乏单行法，如博物馆、文化馆、农村文化站等领域。另一方面，随着科技和社会的发展，公共文化服务在不断地发展，也不断涉及一些新领域，可从行政法规、行政规章入手进行探索性立法，适当规范，维护行业秩序，加速立法，完善立法，运用"负面清单"的方式，通过立法推进公共文化新领域的发展，使公共文化服务事业的发展有法可依。

完善立法。我国部分法律，尤其一些落地性质的行政法规、地方性法规和行政规章，由于相关指标不明确，操作性差，落地困难，需要在综合研判的基础上，对具体指标进行细化、标准化和规范化。对于现阶段存在权责不明或交叉管理问题的，应配合行政体制改革，重新确立权责，并以法规方式确立下来，保证管理的有序有效。在公共文化服务实践的发展与经验总结中，需要不

---

❶ 刘京晶. 互联网时代：公共文化服务的治理变革［M］. 北京：知识产权出版社，2016：148.

断增加新服务内容与服务方式，这决定了公共文化服务体系建设需立改废释并举，以保证相关法规的及时性、有效性。在保证有法可依时，把握立法有度，为公共文化服务创新发展留下充足的空间。

注重基层创新。随着《公共文化服务保障法》《中华人民共和国文化产业促进法》等法律的出台，我国文化领域法律的顶层设计框架初步成型，但我国文化领域法律依然存在盲点和难点。基层细胞在社会创新中，往往最为活跃。我国文化在全国人民代表大会及其常务委员会制定的相对宏观的法律的指导下，基层在宏观方向的指引下，在政府的支持下，充分发挥自身的主观能动性和基层灵活性，因地制宜，积极创新实践，进行经验总结并进行法规的规范化。尤其要激励广大农村地区的文化实践创新。在基层实践基础上，得出创新型立法成果，对其进行合理化的一般化，运用到其他地区的立法实践及更宏观的法规、法律中，注重基层创新对立法顶层设计的持续启发和补充，为完善我国公共文化服务法律体系做出贡献。

加强立法程序民主。公共文化服务不仅涉及公共文化服务系统内部，与经济、社会等领域也紧密相连，立法涉及社会文化生活的方方面面，同时在主题上需协调各政府管理部门、行业机构、企业、公民各方利益，是个复杂的系统。建立政府部门各领域之间的协调机制，设立完善的多元主体协调机制，以协调和维护各方利益，保证各方参与公共文化服务事业的积极性。除已有的人民代表大会等形式，通过网络形式，开通常设网络建言献策渠道，实时收集公众和社会各界意见，以便完善公共文化服务立法内容，加快补足立法盲点，为社会力量参与公共文化服务提供"入口"。借助公共文化服务机构，尤其社区公共文化服务，进行参政、议政意识和能力的培养，提高公众参与立法的积极性。在立法内容上，需着重强调社会力量参与公共文化服务供给的权利和义务，尤其突出经济利益的量化，立法维护各方的权益，以法律形式引导社会各主体协同参与公共文化服务建设。

2. 优化组织

我国现有的公共文化服务机构管理体系大多沿用"金字塔"式组织结构，分工明确，上传下达，具有相对严密的组织层级关系，适应了之前公共文化服务相对稳定的供给与需求关系及等级化组织关系。从社会环境来看，随着互联网时代的到来，信息传播方式、人们的接受信息的行为方式发生转变。信息量快速膨胀，信息传播渠道多元，信息流通速度加快，传统的"金字塔"结构形式因其层级较多，决策进程缓慢，已无法适应快速变化的互联网时代。从内部组织来看，随着各部门协作频率增加，跨部门合作已成为常态。在公共文化服务领域，需调动各层级人才的工作积极性，努力创新，才能更好地满足人民文化需求。传统的"金字塔"组织体系，各职能部门之间相对封闭，沟通成本高；具有严密的等级关系，中下层工作人员大多作为执行者角色，不利于创新氛围的营造。故而，从外部环境变化与内部组织协调来看，公共文化服务机构在互联网时代都需进行组织体系的变革。

借助互联网建立扁平化与矩阵化的组织结构，有利于公共文化服务机构适应当前的环境与形势。

建立线上化办公平台。使用统一的在线办公平台，建立扁平化的组织结构。传统"金字塔"组织结构，信息传递层级过多，借用互联网办公平台可有效提高管理幅度，削减中间决策层的作用，提高跨部门沟通效率，降低沟通成本，有助于激活基层工作人员活力，提高基层员工的自主性与创新活力。各层级公共文化服务组织需在上级管理部门的指导下，建立或使用统一的互联网办公平台，实现组织内部无障碍跨部门、跨层级沟通，为组织内部跨部门协作及今后的跨组织协作奠定基础。

建立矩阵化组织结构。矩阵化结构打破部门之间过于垂直与封闭的管理体系。通过项目进行跨部门连接，打破组织中统一指挥的组织运作方式，各部门之间具有职权平衡对等性。借用互联网管理系统，各部门之间可以实现在项目中的快速沟通与协作。但在工作跨部门沟通中，还需避免同一任务多头管理，项目负责人与部门负责人需运用 SMART 原则对任务进行多次分解与对齐，以保证各项目参与团队信息的一致性。

引入外部"活水"资源。公共文化机构不仅需要实现组织内部的有效沟通与协调，更要从外部引入"活水"，建立理事会，引入外部"人脉"资源，为组织的科学决策，有效监督，提高社会资源引入效率，优化管理结构设计等方面做出贡献，提升组织活力与效能。

3. 土地保障

公共文化服务土地保障是线下服务的前提，尤其是随着城市急速扩张与土地、空间资源的紧张，更需切实保证公共文化服务土地用地。

盘活土地增量与存量资源。随着互联网在城市管理中的渗透与城市管理朝着"集约型"转型，以精益思维为代表的互联网发展理念也渗透到公共文化服务用地管理中。随着城市工业产能的退出与转移，以老旧厂房为代表的"腾退空间"成为新的土地存量。在二、三线城市及农村地区，随着城市化的发展，房地产行业快速发展，土地增量快速增加。盘活土地的增量和存量资源对促进公共文化服务高质量发展，具有重要意义。盘活土地的增量和存量资源需有效激发社会主体的参与积极性。通过立法、财政、税收等手段保证和提升公共文化土地资源的有效供给。加强立法，按照建筑面积比例规定公共文化服务最少用地占比，保证公共文化服务基本用地量。对主动建设、提供公共文化空间与服务的私人博物馆、美术馆、图书馆等经营类文化场馆，企业和个体户予以财政补贴和税收优惠。对主动提供公共文化服务建设面积的企业，可适当增加鼓励性经营用地面积审批。此外，在城市"微更新"、发展"夜经济"及促进文旅发展等理念指导下，加强创意机构与社区、历史街区等空间的合作，用公共文化服务为社区和谐与文旅发展有效赋能。

加强土地统一管理。在管理职能部门上，国土资源部门与住房和城乡建设部门公共文化服务用地的划拨与管理，公共文化服务用地上缺乏统一管理体系。在公共文化服务用地划拨与管理过程中会出现交叉管理、多头管理或"两不管"问题。需合并国土资源部门与住房和城乡建设部门相关土地职权，统一公共文化服务用地标准与权责统一进行管理。

加强顶层设计。在顶层设计上，建立统一的公共文化服务用地立法体系，规范用地标准，确保公共文化服务用地划拨、管理有法可依。完善监督监管机制，保证公共文化服务土地用地的有效落实。尤其注重在城市产能升级，工业产能腾退背景下，土地用地性质转变问题，尤其是工业老厂房土地实际性质转变带来的行政管理与审批问题。针对土地性质问题，除政府特殊批示外，更需加强立法，随着现实情况转变，及时调整相关法律法规，助力公共文化服务发展。

### 4. 资金体系

公共文化服务稳定、足量的资金持续投入是保证公共文化服务体系进一步完善的必要保障。当前，我国公共文化服务体系存在财政支出虽有提升，但投入力度仍显不足；财政资源配置结构和文化事业经费支出结构有待优化；公共文化服务资金渠道有待拓展等问题。这些问题亟待解决。

提高财政投入数量。加大公共财政投入力度，建立健全财政公共文化服务投入持续稳定增长的长效机制。除通过立法等形式，保证每年公共文化服务财政资金稳定投入外，还需继续"补短板"，加大文化和旅游事业费的投入，继续完善公共文化服务基础建设，保证每年公共文化服务财政投入的增长比例。加大公共文化设施建设专项资金的统筹力度，落实预算管理科学化、精细化要求，提高经费使用效率和效益，形成法治化、标准化、制度化投入体制和经费分配机制。重点补齐公共文化数字平台建设与提高优质公共文化服务内容供给，提高公共文化服务机构运营能力等方面的财政支持。

优化财政支出比例。新冠肺炎疫情暴露了我国在公共文化服务数字建设的短板，提高专项资金在公共数字文化建设的投入比例，通过专项资金的支持，快速补齐我国在公共文化服务领域在数字化服务与应急化治理上的"短板"。降低公共文化服务场馆门票等经营性收入财政支持，倒逼各类场馆改变运营观念，提高自身"造血能力"；提高各类场馆发展文创，举办文化活动及宣传、营销等财政投入比例，引导各场馆优化文化供给，改变"重建设、轻运营"的现状。及时跟进公众需求，对不适应当前公共文化服务的财政支持，及时退出，避免财政浪费。优化财政投入比例，用财政资金撬动公共文化服务体系各机构改革，优化公共文化服务，提高文化治理能力。

拓宽资金来源渠道。首先，完善多渠道公共文化服务经费筹措机制。除稳定投入的财政拨款，各公共文化机构需提高"自我造血"能力，盘活场馆空间资源、文化资源，通过场馆租赁，开发文创产品，依托文化资源开发针对青少年、老年人的半公益性课程，开发针对夜经济、旅游的文化活动等手段提高公共文化场馆的"自我造血"能力。其次，拓宽资金筹措渠道。以理事会各位理事为桥梁，提高向社会各界尤其是企业的资金来源渠道。在完善的监管体系下，通过互联网众筹、捐赠等手段，整合个人零散捐赠渠道，提高公共文化服务场馆资金筹措能力。

增强财政资金全链路管理。建立全国统一的财政支出流向追踪平台，通过互联网平台链接每笔资金的使用情况。通过各系统后台数据打通与共享，评估资金的使用效能与"杠杆"作用，从而为指导财政资金投入方向、比例，做出科学决策提供支持，提升财政资金使用效能。

5. 人才体系

公共文化服务的服务效能和人才之间存在直接的关系，公共文化服务人才的数量、质量、结构直接影响公众对公共文化服务的体验和评价，只有不断优化公共文化服务人才质量和结构，才能适应社会发展和满足人民需求。

当前，我国公共文化人才队伍建设依然存在诸如缺少完备的人才培训体系；缺少人才交流与多元的志愿服务渠道，合作形式单一、模式僵化；公共数字文化专业人才数量不足等问题。我国公共文化服务系统人才体系亟待优化。

完善人才培训体系。公众对公共文化服务的要求越来越高，决定了对公共文化服务工作人员的能力要求也需更新和提高。为适应公共文化服务"以人为本"的价值导向，为公众提供更丰富、多元的高品质公共文化活动与服务，工作人员需具备相关领域的文化素养，掌握管理学、心理学、教育学、计算机等知识，还需掌握策划、运营、营销的一般方法，并具备一定的创新能力。目前公共文化服务机构对工作人员的要求相对较低，需要通过系统培训提高公共文化服务机构工作人员的工作能力。现有的人才培训多为不成体系的讲座，培训体系不完善，培训方式单一、陈旧，效能不足且缺乏相关考核。目前公共文化服务体系亟须开发针对工作人员的培训课程与讲座培训体系，并针对课程进行卷面和实践考核，考核标准分研究岗和实践岗，对两种岗位考核权重设置需有不同侧重。借用异地代培，运用先进的互动性教学与培训方式，快速提高公共文化服务从业人员的业务水平与能力。

拓宽人才选拔途径。首先，更新招聘考试大纲，增加编制数量，通过已有的编制考试，招聘符合在编工作人员，尤其注重招聘公共数字文化专业人才，保证公共文化服务工作人员数量和质量基本盘的稳定。其次，充分借助优秀人才人脉、社交圈的力量，设置相关激励政策，通过人才推荐，拓宽优质人才选拔渠道。与学校合作，通过社会实践、课程实践，提供实习平台、志愿者、兼职等方式，与学校建立合作，给予学生实践平台。最后，降低专业人才的志愿服务门槛，充分宣传，完善志愿服务激励体系。志愿者体系可吸收社会各界的人力资源，志愿者作为公共文化服务人力资源的重要补充，既可缓解公共文化服务机构用人紧张的状况，也能为公共文化服务带来新鲜血液，吸收更多文化创意人才、运营人才的加入。但目前公众对志愿者招募的入口、方式、权利与义务等了解相对较少，志愿者的激励体系还未有效建立，志愿者体系在我国还未大面积发挥作用。应建立完善的志愿者体系，建立完善清晰的量化激励机制，将志愿者服务内容、时长与将享受到的福利结合起来，兼职、专职相结合，为专业技能人才进入公共文化服务志愿领域降低门槛。建立志愿者公众号、微博、抖音、快手等社交账号，通过持续内容运营吸引年轻人的加入。针对倾向吸收的群体进行针对性宣传，去学校进行宣讲活动，吸收学校师生的加入，与定位受众为白领等年轻人群体的自媒体持续合作，进行相关招募信息推送。通过多种方式，建立志愿者的"导流"机制、激励机制和考核机制，提升志愿者体系的效能。

建立人才考核机制。对公共文化服务人才考核标准需可量化，分解为具体行为指标。考核指标需多元，注重实践效果的考察，不仅注重对工作完成度的考察，更需注重对工作效果的考察。对公共文化服务人才的考核需"以人为本"，从公众的需要与立场出发制定考核标准。

本章内容通过坚守价值、借力技术、丰富主体、优化行为四个角度分别展开论述，在互联网时代，公共文化服务与互联网的深度结合已成为必然。公共文化服务数字化进程的加快，线上线下融合发展的趋势明显，公共文化服务必将为公众提供更优质、精准的公共文化服务，必然在文化治理与社会政治、经济等各领域承担更重要的责任。